자기 통제의 승부사
사마의

跟司马懿学管理(GEN SIMAYI XUEGUANLI) by 赵玉平ZHAO YU PING
Copyright 2011 ⓒ 赵玉平ZHAO YU PING
ALL rights reserved
Korean copyright ⓒ 2013 by WISDOMHOUSE PUBLISHING CO., LTD
Korean language edition arranged with CHNA INT'L TV CORPORATION
through Eric Yang Agency Inc.

이 책의 한국어판 저작권은
에릭양에이전시와 CHNA INT'L TV CORPORATION을 통한
WISDOMHOUSE PUBLISHING CO., LTD가 소유합니다.
저작권법에 의하여 한국 내에서 보호를 받는 저작물이므로 무단전재와 복제를 금합니다.

자기 통제의 승부사
사마의

자오위핑 지음 | 박찬철 옮김

자신을 이기는 자가 최후의 승자가 된다

위즈덤하우스

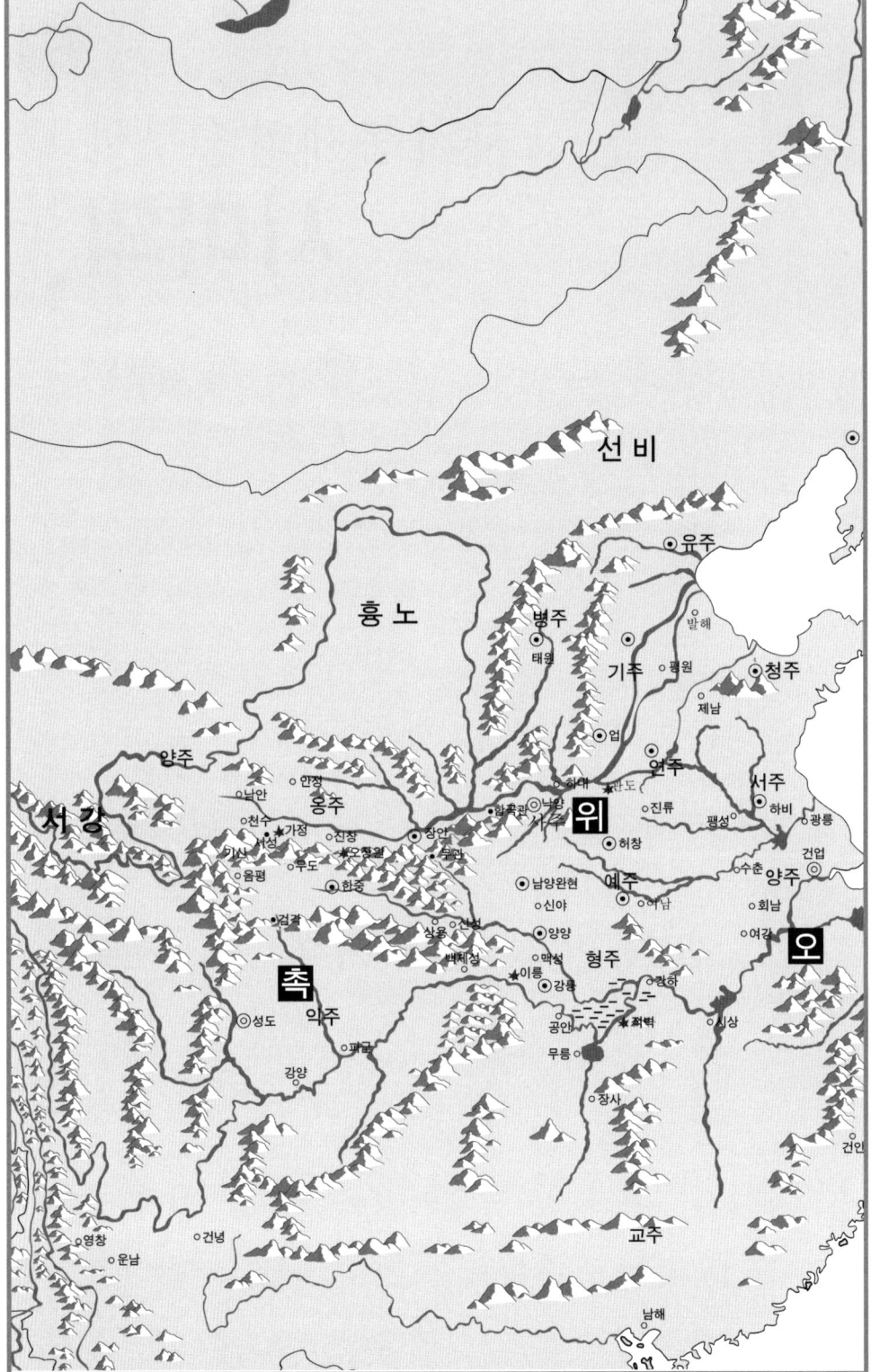

서문

'사마의로부터 관리를 배우다'라는 주제로 강의를 준비하는 일은 생각했던 것보다 훨씬 어려웠다. 늘 출장에서 돌아오자마자 프로그램을 녹화해야 했고, 녹화가 끝난 후에는 바로 강의할 내용을 정하고 준비해야 했기 때문이다. 특히 4장과 5장을 녹화할 때는 전날 밤까지 외부 출장 중이었다. 이처럼 빡빡한 시간 내에 「백가강단」과 같은 수준 높은 프로그램을 녹화하는 일은 필자에게는 상상을 초월한 도전이었다.* 가장 어려웠던 것은 강의 주제에 해당하는 과거 에피소드를 복원하는 일이었다. 역사서는 당시 일어난 일들을 세세하게 다 기록하고 있지 않다. 비록 그 사건이 확실히 일어났다고 해도 이미 오랜 시간이 흐른 뒤라 제대로 기록이 남아 있지 않으면 존재하지 않은 일이나 다름없었다. 몇몇 기재된 사건도 역사서에는 몇 마디 단편적인 기술만 있어 현대인들이 그 사건의 존재를 인식하기에는 너무 단순했다.

사건의 진실성과 과정의 생생함을 강조하기 위해 몇몇 중요한 사건에 대해서는 세세한 묘사를 복원해야 했다. 이것이 내가 직면

---

* 이 책은 중국 국영방송 CCTV가 '고급지식의 대중화'를 모토로 기획한 인기 교양 프로그램 「백가강단」에서 저자가 강의한 내용을 책으로 엮은 것이다. 같은 기획으로 「마음을 움직이는 승부사 제갈량」이 출간되었다. _편집자 주

한 첫 번째 도전이었다. 예를 들자면 사마의가 병을 가장하여 조조의 초빙을 거절하자 조조가 특별히 사람을 보내 몰래 사마의를 정탐한 사건이었다. 이 장면은 『진서晉書』에 단지 열네 자, "위무사인야왕밀자지, 제견와부동魏武使人夜往密刺之, 帝堅臥不動"이라고만 기록되어 있다.

많은 사람들이 이 사건을 자객이 사마의를 암살하려 했다는 것으로 묘사하는데, 사실 여기서 '자刺'는 '정탐하다'라는 뜻이지, '암살하다'라는 뜻이 아니다. 이 열네 글자에 비추어 우리는 당시에 일어난 세세한 정황을 복원해 볼 수 있다. 이 책은 모두 열 개의 강의로 이루어졌고 각각의 장마다 한 개 혹은 두 개의 에피소드를 복원해 담으려고 노력했다. 이 일은 전체 준비 과정에서 가장 신경을 많이 쓴 부분이었다.

두 번째 도전은 역사를 이해하는 일이었다. 『자기 통제의 승부사 사마의』는 이전에 출판된 『마음을 움직이는 승부사 제갈량』의 스타일을 그대로 이어서 관리학의 법칙과 관점을 운용하여 인물과 사건을 분석한 책이다. 따라서 조직관리, 사회심리학, 조직행동학, 경제학의 법칙을 많이 사용했다. 이런 법칙을 운용하여 삼국을 해독하자니, 역사적 사건이나 관리 법칙을 어떻게 효과적으로 결합할 것인가 하는 문제가 발생했다. 늘 전전반측하며 며칠을 고민하여서야 비로소 인물과 법칙의 적합한 접점을 찾을 수 있었다. 예를 들면 조상이 권력을 장악하여 사욕을 팽창하던 때를 경제학의 '한계효용체감의 법칙'을 사용하여 설명한 것이다. 이러한 설명 방식은 가뿐하고 활기차게 보이지만 사실은 한걸음 내딛기도 상당히 힘들어서, 600자를 분석하는 데만 원고를 몇 번이고 고쳐 거의 일주일의 시간을 소모하기도 했다.

세 번째는 언어의 도전이었다. 이 책을 쓴 방식은 이전의 『마음을 움직이는 승부사 제갈량』과는 조금 달랐다. 제갈량 책은 먼저 원고를 완성한 다음 녹화를 하고, 이어 책으로 출판을 했다. 하지만 이 책 『자기 통제의 승부사 사마의』는 먼저 프로그램을 녹화하고 원고를 정리한 다음, 현장에서 녹음한 내용을 기초로 전체 원고를 다시금 수정하고 윤색하여 완성한 것이다. 구어를 책에 알맞은 언어로 바꾸어 서술하는 일은 아주 힘든 과정이었다. 그 꼼꼼하고 세밀한 정도는 마치 수를 놓는 것과 같았다. 이 마지막 싸움은 나를 거의 와해시켰다.

구어는 사의화寫意畵(중국화의 전통 화법畵法 중의 하나. 정교함을 추구하지 않고 간단한 선이나 묵색墨色 또는 채색彩色으로 사람의 표정이나 사물의 모양을 묘사하는 것)와 같이 뜻이 통하면 된다. 하지만 책에서 쓰는 문장은 세밀화로, 모든 곳이 정확해야 한다. 그래서 녹음 원고를 윤색하고 정리할 때 수많은 구어체 문장을 문어체 표현으로 바꾸어야 했다. 20만 자에 근접한 전체 원고를 밤낮 없이 꼬박 이틀 동안 문장 부호 하나하나까지 살피려니, 그야말로 마의 48시간이었다. 이렇게까지 노력을 기울였음에도, 일을 마치고 돌아보면 여전히 하자가 있는 문장들이 나타났다. 말하는 것과 쓰는 것이 확실히 다른 일임을 진정으로 체감할 수 있었다.

이 책은 『마음을 움직이는 승부사 제갈량』 및 이전에 출판된 『양산정치』, 『청매자주론 영도』와 마찬가지로 지난 20여 년간 나 자신이 학습한 성과의 총결이다. '학습'이라는 단어의 '학'은 이론을 획득하는 것을 의미하고, '습'은 실천적 체험을 얻는 것을 의미한다. 요즘 우리 학생들의 가장 큰 문제는 '학'은 너무 많고 '습'은 너무 적다는 점이다. 이 책에 나온 많은 원리들은 어디서 나온 것일까? 사실 그것은 '학'이 아니라 '습'에서 나온 것이다.

각각의 강의마다 민간 지혜와 속담을 많이 사용했는데, 이는 근거 없이 만들어진 것이 아니라 모두 실천적 체험들을 총결한 것이다. 능력을 키우기 위해서는 '학'뿐만 아니라 반드시 '습'도 필요하다. 즉 실천 속에서 경험하고 연마해야 한다. 이러한 경험을 '작은 일을 함으로써 능력을 키운다'고 이른다. 작은 일부터 시작하여 조금씩 개선하고 진보하며 습관을 들이면 마지막에는 기량이 성장하게 된다. 좋은 것은 모두 누적되어 나타나는 것이다. 성공의 비결은 열정에 꾸준함을 더하는 것이다.

어떤 공부를 하든 항상 심각한 치우침이 있을 수 있다. 사람의 편견은 모두 자신이 잘하는 영역에서 나온다. 역사학자의 편견은 역사에서 나오고 문학가의 편견은 문학에서 나오고, 관리전문가의 편견은 관리에서 나온다. 글을 쓰는 과정에서 자신도 모르게 관리학 지식을 과시하고 있다는 느낌이 들면, 주화입마에 빠져 극단적으로 말하고 지나치게 원리를 강의하는 것을 삼가자고 다짐했다. 하지만 결국에는 재능이 모자라고 학문에 깊이가 없으며 능력에도 한계가 있어 누락된 부분이 있을 것이다. 현명한 독자들이 엉성한 것은 버리되 유용한 것을 취하고 잘못된 것은 버리되 진실한 것은 남겨, 취할 것은 취하고 버릴 것은 버리기를 희망한다. 역사의 창조자는 민중이라는 말이 있다. 모든 역사에 대한 해석은 모두 이 '창조자'의 검증을 받아들여야 한다!

사마의는 제갈량과는 달리 냉철한 머리, 정확한 판단, 남다른 담력과 식견, 모략에 기대어 정치 투쟁 속에서 승리를 쟁취했다. 그에게도 보통의 사람처럼 사심과 잡념이 있었고, 개인적 욕망과 권력에 대한 야심이 있었다. 사마의의 일생을 읽는 것은 우리와 같은 보통 사람들에게 깨우침과 본보기를 더 많이 보여준다. 왜냐하면 우리의 내심 세계에는 사심, 잡념뿐만 아니라 욕망과 야심이 포함되어 있고, 오늘날처럼 유혹으로 가득한 시대에는 어떻게 자신의 내심세계를 잘 관리할 것인가가 우리 모두가 직면한 커다란 과제이기 때문이다.

비유를 들어 본다면, 제갈량은 등대와 같다. 이 등대는 역사의 먹구름을 뚫고 그 밝은 빛으로 우리의 영혼을 비춘다. 반대로 사마의는 거울이다. 이 거울을 마주하면 우리는 진실한 자신을 볼 수 있다. 먼저 진실을 밝힌 후 세상의 이치를 따질 수 있다. 진실한 자신을 보는 것은 한 사람이 진보하는 첫발이고 한 민족이 진보하는 시작이다.

우리 모두는 우리가 나아가는 길 위에 영혼의 세계를 비추는 등대도 있고 결점과 부족함을 비쳐주는 거울도 있기를 희망한다. 그렇게만 된다면 우리는 밝은 마음으로 거리낌이 없이 인생의 대도를 걸을 수 있을 것이다.

자오위핑
북경 우전대학교 명광루에서

차례

서문   005

제1강
적의 선택지에 함부로 뛰어들지 말라

단번의 선택으로 국면을 바꾸다   016

[제 1 책 략] — 최고보다는 만족을 택한다   025
[제 2 책 략] — 좋은 선택은 후회를 남기지 않는다   028
[제 3 책 략] — 적이 준비한 선택지는 절대로 택하지 않는다   034

제2강
군왕을 모실 때는 호랑이를 옆에 둔 것처럼 하라

이리의 얼굴을 감추고 호랑이를 섬기다   050

[제 1 책 략] — 근면勤하고, 자중自하며, 인내忍하라   059
[제 2 책 략] — 겸허謙하고, 온화溫하며, 침묵沈하라   072

제3강
위기와 돌발의 순간에는 지체함과 망설임이 없게 하라

간교한 상대는 뿌리째 뽑아내다   082

[제 1 책 략] — 오래 관찰하고 일관되게 비판한다   092
[제 2 책 략] — 권위에 맞는 문제 해결 방법을 찾는다   097
[제 3 책 략] — 쥐를 이용하여 쥐를 감시한다   101

제4강

역풍이 불 때에 오히려 평상심을 지키라

위축된 조직의 사기를 고무하다 110

【제 1 책 략】— 일관된 선택으로 권위를 유지한다 118
【제 2 책 략】— 긍정적인 암시로 부하의 사기를 북돋운다 120
【제 3 책 략】— 감정을 다스려 합리적으로 해석한다 126

제5강

절제와 성과로 조용히 경쟁자를 제압하라

조직 내 경쟁에서 우위를 점하다 142

【제 1 책 략】— 큰소리로 일을 하고 작은 소리로 관계를 맺는다 153
【제 2 책 략】— 사심을 버리고 경쟁자의 성공을 돕는다 162
【제 3 책 략】— 후퇴로써 나아가고 지키면서 공격하지 않는다 168

제6강

위로 겸허하고 아래로 단호하여 신망을 얻으라

위임받은 권한으로 역경을 헤쳐 나가다 176

【제 1 책 략】— 먼저 소통하고 후에 움직인다 184
【제 2 책 략】— 지혜로 싸우고 힘으로 보완한다 187
【제 3 책 략】— 멀리서 충성하고 가까이에서 존경한다 198

제7강

기회가 임할 곳에 먼저 가서 기다리라

기회를 잡기 위해 판을 설계하다   204

[제 1 책 략] ─ 정치적 연맹으로 내부의 지지를 얻는다   212

[제 2 책 략] ─ 보스의 성향을 파악해 스타일을 맞춘다   216

[제 3 책 략] ─ 유형에 맞춰 설득하고 행동에 앞서 동의를 얻는다   223

제8강

승기를 잡은 뒤엔 가차 없이 행동하라

위기를 전화해 왕좌의 발판을 삼다   232

[제 1 책 략] ─ 역전의 순간에는 여지를 남기지 않는다   242

[제 2 책 략] ─ 안은 조이고 밖으로는 여지를 남겨둔다   248

[제 3 책 략] ─ 여론을 조성하여 조직의 동의를 얻는다   255

제9강

전쟁에 나가 싸울 때는 부자가 함께해야 한다

자녀교육에도 정성을 들이다   262

[제 1 책 략] ─ 모범을 보여 좋은 습관을 가르친다   269

[제 2 책 략] ─ 어머니의 교육이 좋은 성격을 만든다   274

[제 3 책 략] ─ 경험을 통해 스스로 익힐 수 있게 한다   279

제10강

이익으로 범인을 꾀고 가치로 인재를 설득하라

새로운 정국을 안정시키다	290
【제 1 책 략】— 역전力戰	303
【제 2 책 략】— 심전心戰	310
【제 3 책 략】— 지전智戰	314

부록 사마의 열전_『진서』「선제기」 327

사마의가 삼국지의 무대에서 본격적으로 활약하는 시기는 제갈량의 북벌이 시작되면서부터다. 그는 불세출의 기재 제갈량과 대적하면서 여러 차례 어려움에 처하고, 심지어 자신이 제갈량에 미치지 못한다고 탄식하면서도 결국에는 제갈량의 북벌을 저지하고 조위 정권을 지켜냈다. 그렇다면 그는 어떤 전략적 선택을 통해 제갈량의 능란한 공격을 막아낼 수 있었을까? 오늘날 우리도 살아가면서 수많은 선택에 직면하고 결정을 해야 한다. 이중에는 별로 중요하지 않은 가벼운 선택도 있지만, 인생과 사업의 성공에 결정적인 영향을 미치는 중요한 선택도 있다. 사마의는 인생의 향방을 결정하는 중대한 순간마다 탁월한 결단을 내리는 선택의 고수였다. 우리가 올바른 선택을 하기 위해 사마의에게 배울 수 있는 지혜는 무엇일까?

제1강

적의 선택지에 함부로 뛰어들지 말라

단번의 선택으로 국면을 바꾸다

선택이 노력보다 더 중요하다는 말이 있다. 우리의 인생과 사업을 성공으로 이끄는 중대한 요소 중 하나는 결정적인 시기에 정확한 선택을 하는 것이다. 그러나 적지 않은 사람들이 어떠한 선택을 해야 하는지 알지 못하여 초조하고 불안해한다. 그렇다면 선택을 하는 데 있어 우리가 보고 따를 만한 규율이 있을까? 인생에서 중대한 선택에 직면했을 때 우리는 어떻게 기회를 움켜쥐어야 할 것인가? 이 방면에서 사마의는 아주 탁월한 사람이었다. 아침에 저녁을 장담할 수 없는 격렬한 전쟁이 계속된 삼국시대에 사마의의 모든 선택은 손에 땀을 쥐게 하는 것이었다. 그리고 최종적인 결과는 사마의의 출중한 지혜와 능력을 증명했다. 결정적인 문제를 선택하는 데 있어 사마의에게 어떤 능력이 있었고, 이로부터 우리는 어떤 깨우침을 얻을 수 있을까?

제갈량을 강의할 때 '선택이 노력보다 중요하다'는 말을 한 적이 있습니다. 실제로 인생과 사업에서 성공한 많은 사람들은 중요한 선택의 기로에서 올바른 판단을 내렸기 때문에 실패하지 않을 수 있었습니다. 선택은 인생 성공의 기초입니다. 하지만 동시에 번뇌의 근원이기도 합니다.

최근 나는 한 뷔페에서 몇몇 사람들이 음식을 먹는 데 쓰는 시간보다 선택하는 데 들이는 시간이 더 길다는 아주 흥미로운 현상을 발견했습니다. 여러 가지 맛있는 음식을 마주하면 이것도 맛있어 보이고 저것도 맛있어 보이기 때문에 이러지도 저러지도 못하고 망설이는 것입니다. 유사한 예로, 대부분의 여자들은 쇼핑을 하기 위해 돌아다니는 것을 좋아합니다. 쇼핑센터 한 곳을 다 돌아 본 후 다른 쇼핑센터에 더 좋은 옷이 있을 것이라 기대하며 이동을 하고, 거기서 또 다른 곳에 더 적합한 옷이 있을 것이라 믿으며 쇼핑센터를 옮기는 것입니다. 쇼핑을 하러 돌아다니면 돌아다닐수록 마음에 드는 것은 없고, 돌아다니는 일 자체에 중독되어 결국에는 녹초가 될 뿐입니다.

단지 하나의 선택만 있고 하나의 출구만 있다면 근심할 일이 없을 것입니다. 하나의 목표를 향해 돌진하면 그만이고, 일을 끝낸 후에도 불안한 마음 없이 집으로 돌아가 편안히 자면 됩니다. 그러나 우리가 생활에서 마주치는 문제의 대부분은 선다형으로, 반드시 무엇인가를 선택해야만 하는 경우가 허다합니다. 게다가 각각의 선택 항목 또한 모두 장단점을 가지고 있습니다.

그러므로 우리는 '살아가면서 맞닥뜨리는 대부분의 고통은 선택 항목이 너무 많은 데서 비롯한다.'는 결론을 얻을 수 있습니다. 이처럼 고통스러운 상황에서 사람들은 어떻게 정확한 선택을 해야 할까요? 오늘 삼국지의 내용을 빌어 여러분에게 선택을 잘하는 방법에 대한 한 가지 교훈을 제공하고자 합니다.

삼국지를 좋아하는 사람들에게 『삼국연의』 전반부의 클라이맥스는 '적벽대전赤壁大戰'이고, 후반부의 클라이맥스는 '육출기산六出祈山'일 것입니다. 신묘한 계책을 가진 우리의 제갈량은 여섯 차례나

기산을 정벌하기 위해 출정하면서 이전에 만나지 못한 강력한 적수를 만나게 되는데, 그 사람이 바로 성은 사마司馬이고 이름은 의懿인 하남성 온현 효경리 사람이었습니다. 『삼국연의』 무대에 사마의가 본격적으로 등장한 것은 이야기가 시작되고 한참이 지난 제94회부터입니다.

이 때는 적벽대전이 있은 지 20여 년이 넘게 흐르고 조조, 유비, 관우, 장비와 같은 영웅들도 이미 세상을 떠난 시기였습니다. 비록 많은 영웅호걸들이 운명한 후반부에 이르러서야 무대에 등장하지만, 사마의는 고독하지 않았습니다. 역사는 그에게 자신의 재능을 펼칠 무대를 제공했습니다. 제갈량 또한 외롭지 않았습니다. 운명은 제갈량에게 강력한 상대를 안배했습니다. 사마의와 제갈량 이 두 강자들은 우주에 떠다니는 두 개의 행성처럼 각자 우여곡절의 인생 역정을 거친 후 마침내 기산이라는 작고 작은 지역에서 '꽝'하고 부딪쳤습니다. 이리하여 기산이라는 이 작은 지역에서 파란만장한 용쟁호투가 벌어진 것입니다.

228년 봄, 기산 깊숙이 위치한 서성西城은 이상하리만큼 평온했고, 한나절이 지나도 거리에 사람 하나 보이지 않았습니다. 너무나 평온하고 조용하여 오히려 기이함과 스릴이 넘치는 공포영화의 한 장면 같았습니다. 성안 거리에는 2,500여 명의 서촉 병사들이 엄숙한 표정으로 길 양편에 늘어선 점포에 매복하고 있었고, 새소리조차 들리지 않았습니다. 승상 제갈량이 군령을 내렸기 때문이었습니다. '제군들은 각자 성내의 길목을 지

사마의(179~251년)
자는 중달. 하남성 하내군 온현 효경리 사람이다. 삼국시기 위나라의 걸출한 정치가, 군사가이며 서진(西晉) 왕조의 기반을 닦은 사람이다. 일찍이 조위의 대도독, 태위, 태부를 역임했다. 위나라 3대를 보좌한 고명대신으로 후에 위나라 조정의 전권을 장악한 권신이 된다.

켜라. 만약 함부로 나다니거나 큰 소리로 말하는 자가 있으면 참한다!' 비록 모두들 아무런 말도 하지 않았지만 병사들의 눈빛 속에서 커다란 두려움을 읽을 수 있었습니다.

> **제갈량(181~234)**
> 자는 공명, 호는 와룡. 낭야 양도 사람으로 촉한의 승상이다. 삼국시기 걸출한 정치가, 전략가, 발명가, 군사가였다. 과로로 병을 얻어 오장원에서 쓰러졌고 정군산에 묻혔다.

그들은 모두 사마의라는 한 사람을 두려워했습니다. '죽은 제갈량이 산 중달을 놀라 달아나게 했다'는 말까지 있을 지경인데, 이런 보잘것없는 사마의를 무엇 때문에 두려워한단 말인가? 사실 사마의보다는 그가 이끄는 15만 대군이 두려웠을 것입니다. 원래대로라면 15만 대군도 두려울 것이 없었습니다. 그러나 제갈량의 병사는 작고 작은 서성에 단 2,500명이 모여 있었고 싸울 수 있는 장수라고는 제갈량 외에 모두 문관뿐이었습니다. 이런 서생들이 2,500명의 병사들을 거느리고 어떻게 사마의의 15만 대군을 막아낼 수 있단 말인가? 병사들은 모두 절망했고, 그저 제갈 승상이 어떻게든 신묘한 계책을 찾아 살아나갈 방법을 찾아주기만 고대하고 있었던 것입니다.

제갈량은 범상치 않은 방법을 생각해 냈습니다. 『삼국연의』는 이를 매우 빼어나게 묘사하고 있습니다.

> 공명이 성에 올라 바라보니 흙먼지가 하늘을 뒤덮고 위나라 군대는 두 길로 나뉘어 서성현으로 몰려오고 있었다. 공명은 전령에게 명을 내렸다. "깃발을 모두 숨기고, 성문을 활짝 열고, 각 문마다 스무 명의 병사를 일반 백성으로 분장하여 물을 뿌리고 길을 쓸도록 하라." 그리고 제갈 승상을 보니, 머리에는 윤건을 두르고 흰 학창의를 입은 채, 두 명의 동자를 데리고 누

각 난간에 기대어 향을 사르며 거문고 줄을 고르는 것이었다. 마치 한가로이 바람을 쐬러 나온 사람처럼 태연자약했다.

사마의의 부대는 성 아래에 도착하여 깜짝 놀랐습니다. 사마의는 제갈량이 성문을 모두 열고 망루에서 거문고를 타고 있을 줄은 꿈에도 생각하지 못했습니다. 이때 사마의는 하나의 선택에 직면하게 되었습니다.

'성에 들어갈 것인가 말 것인가? 만약 진입에 성공한다면 제갈량을 생포할 수 있지만, 성공하지 못한다면 상대에게 잡힐 수도 있다. 잘못하다가는 훔치려던 닭은 못 훔치고 공연히 쌀만 축내는 꼴이 된다. 하지만 만약 성에 들어가지 않기로 결정했는데 매복이 없다면, 황금 같은 기회를 놓치고 마는 것이 아니겠는가? 이는 마치 삶은 오리가 날개를 펴고 도망가는 꼴을 두고만 보는 격이라 할 수 있을 것이다.'

그래서 사마의는 성문에 이르러 이러지도 저러지도 못하고 발만 동동 구르며 어떻게 해야 좋을지를 생각했습니다.

사람은 인생의 중대한 선택 앞에서 종종 극도의 불안감을 보이곤 합니다. 저는 언젠가 자신의 블로그 제목을 '선택 불안증'이라 지은 사람을 본 적이 있는데, 이러한 불안감은 매우 보편적인 현상입니다. 예를 들어 배가 고픈 당나귀 한 마리가 있다고 칩시다. 이 배고픈 당나귀에게 한 무더기의 싱싱한 풀을 준다면 당나귀는 아주 기뻐하며 맛있게 먹을 것입니다. 그러나 당나귀에게 각각 두 무더기의 풀을 따로 준다면 당나귀는 한쪽 풀을 먹으면서도 다른 쪽 풀을 신경 쓰느라 오가는 데 기진맥진하여 배불리 먹지 못하게 됩니다. 만약 당나귀에게 다섯 무더기의 싱싱한 풀을 준다면 어떻게 될까요? 당나귀는 한 입 먹을 틈도 없이 이리저리 오가다 지쳐 죽을 것입니다. 따라서 "한 무더기의 싱싱한 풀은 즐거운 만찬이지만, 두 무더기의 풀은 고통이며, 다섯 무더기의 풀은 학대와도 같다."라고 말하는 것입니다.

그렇다면 제갈량은 도대체 왜 성문을 열어 놓았을까요? 아마도 그의 머릿속에는 두 가지 계산이 있었을 것입니다.

첫째, 어찌해 볼 도리가 없었을 것입니다. 병사도 없고, 장수도 없이 겨우 2,500명만으로 싸울 방법이 없었기 때문에 이 위험천만한 초식을 생각했던 것입니다.

둘째, 제갈량에게는 믿는 바가 있었을 것입니다. 의심이 많은 사마의의 성격으로 볼 때, 자신과 처음 교전하는 순간에 이와 같은 비정상적인 상황을 직면하게 된다면 절대 무작정 성에 들어올 수 없으리라 판단했던 것입니다.

과연 제갈량의 예상은 적중했습니다. 사마의는 활짝 열린 성문을 보고는 깜짝 놀랐습니다. 『삼국연의』에는 서성 앞에 이른 사마의에게 척후병이 정탐한 상황을 보고하는 장면이 나옵니다. 척후병이 사마의에게 "대도독께 보고합니다. 성문은 모두 열려 있고, 제갈량은 거문고를 타고 있습니다."라고 하자 사마의는 '웃고 믿지 않았다.'고 쓰여 있습니다. 이 '웃고 믿지 않았다'는 문장을 통해 우리는 사마의가 형세에 대해 비교적 자신감이 있었고, 제갈량에 대해서도 잘 파악하고 있었음을 알 수 있습니다. '제갈량은 누구보다 신중한 사람인데, 어떻게 이런 일이 일어날 수 있을까?' 사마의는 의심했습니다. 그래서 직접 말을 타고 성 앞으로 나가 보기로 했습니다. 성 아래에 이르자 사마의는 자신의 눈을 의심했습니다. 눈을 들어 바라보니 정말 성문이 모두 열려 있고, 20여 명의 백성들이 한가로이 땅을 쓸고 있었습니다. 성루에서는 제갈량이 얼굴 가득 웃음을 머금고 거문고를 타고 있었고, 왼편의 어린 동자는 보검을 들고 오른편의 동자는 불진拂塵을 들고 있었습니다. 사마의는 15만 대군을 이끌고 오면서, 누각에 올라 거문고를 타며 노래를 부르는 제갈량을 마주하리라고는 결코 생각하지 못했던 것입니다.

'이상한데, 너무 거리낌이 없어. 뭔가 잘못되었구나!'

사마의는 아무리 생각해 보아도 제갈량의 꿍꿍이를 알아낼 수 없었습니다. 사마의는 자신의 인생 경험을 바탕으로 기본적인 행동 원칙을 가지고 있었습니다. 그 원칙이란 무엇일까요? 그것은 형세가 불분명하고 정확한 판단을 내릴 수 없을 때에는 절대 경솔하게 손을 쓰지 않는다는 것이었습니다. 차라리 그대로 포기할지언정 결코 모험을 하지 않는 것입니다. 그래서 사마의는 군령을 내려 전군이 후군이 되고 후군이 전군이 되도록 한 뒤 북쪽 산으로 후퇴를 명령했습니다.

누군가는 바로 이때 "돌격 앞으로!"를 외치면서 제갈량을 사로잡았어야 하는 것이 아니었냐고 반문할 수도 있습니다. 기실 오늘날 많은 사람들이 이런 생각을 합니다. 당시에도 이렇게 생각하는 사람이 있었습니다. 바로 사마의의 둘째 아들 사마소司馬昭였습니다. 부대가 철군을 시작하자 사마소는 말을 달려 사마의에게 다가와 물었습니다.

"제갈량이 군사가 없어 혹시 고의로 이런 행태를 보이는 것은 아닐까요? 부친께서는 무슨 연유로 군사를 물리십니까?"

사마의가 회답합니다.

"제갈량은 평생 근신하고 모험을 한 적이 없다. 그런 자가 지금 성문을 활짝 열고 있으니 반드시 복병이 있을 것이다. 우리 병사가 들어간다면 그 계책에 당하는 것이다. 어린 네가 뭘 알겠느냐? 어서 병사나 물리거라."

조위의 대군은 이렇게 물러나게 됩니다.

여기서 우리는 사마의가 형세를 판단하는 중요한 기준 하나를 알 수 있습니다. 바로 '사람을 볼 때는 일관성을 가지고 봐야 한다.'는 것입니다. 임시로 드러난 모습이 아닌 그가 오랫동안 보여 준 모습을 봐야 한다는 것입니다. "열 길 물속은 알아도 한 길 사람 속은 모른다."라는 속담이 있습니다. 사람이 어떤 행동을 할 때에는 동기가 무엇이고 어떤 꿍꿍이를 숨겼는지 속내를 알기가 어렵습니다. 이를 알아내려고 할 때에는 그의 일관된 주장, 행위, 사고방식을 고려해야 하고, 그러한 일관성을 바탕으로 판단해야 그가 내린 선택의 원인을 알 수 있습니다. 사마의가 파악한 제갈량의 일관성은 '일관근신一貫勤愼'이었습니다. 그렇게나 신중한 사람이 어떻게 성문을 활짝 열어놓을 수 있겠습니까? 마치 강도가 올 것을 알고도 미리 문을 열어놓고 틀어놓은 음악에 맞추어 "어서 안으로 들어오세요."라며 손짓하는 꼴이나 마찬가지인데, 이것이 제갈량에게 가능한 일이겠습니까?

관리학에는 "비정상적인 행위의 배후에는 반드시 예상치 못한 비밀이 있다."는 말이 있습니다. 직장에서 평상시 미적지근하게 대하던 사람이 어느 날 얼굴에 웃음을 띠고 당신에게 어깨동무하며 친한 척한다면 거기에는 분명 어떤 문제가 있기 때문입니다. 사마의는 이러한 관점으로 제갈량을 본 것입니다.

'이 같은 이상행동을 하는 그대에게 속지 않겠다.'

따라서 사마의는 전군을 철군했습니다. 그러나 문제는 제갈량 또한 사마의가 이러한 사유방식으로 자신을 판단할 것을 알고 있었다는 것입니다. 이것이 바로 공명 선생의 고명한 점입니다. 고명한 사람은 다른 사람을 제대로 볼 수 있을 뿐만 아니라, 다른 사람이 자신을 어떻게 판단하는지도 알 수 있습니다.

중달의 잠언

이상 행위의 배후에는 반드시 예상치 못한 비밀이 있다.

사마의가 군대를 물린 뒤 제갈량은 수하에게 말합니다.

"그가 나를 평생 근신하며 위험을 무릅쓰지 않는 인물로 알고 있다는 것을 파악하고 있었기에, 성문을 열어두면 반드시 물러날 것이라고 생각했다."

사람들이 모두 탄복하며 말합니다.

"승상의 기지는 귀신도 헤아리지 못할 것입니다. 저희들의 소견이었다면 틀림없이 성을 버리고 도망갔을 것입니다."

공명이 말합니다.

"내가 거느린 병사는 2,500명뿐이다. 성을 버리고 달아났다면 멀리 가지 못했을 것이다. 무슨 수로 사마의에게 사로잡히지 않을 수 있겠느냐?"

말이 끝나자 모두 박수를 치고 크게 웃습니다. 별다른 계략도 아닌 그저 공성계에 패한 사마의는 아마도 상당히 비참했을 것입니다.

공성계를 마주한 사마의는 결국 성에 들어가는 모험을 택하지 않았다. 그의 선택은 대관절 올바른 것이었을까? 많은 사람들은 하나의 기준을 두고 선택하기를 좋아하는데, 그 기준이란 다름 아닌 완벽함이다. 과거 패배를 몰랐던 사마의는 제갈량과의 첫 교전에서, 공성계에 걸려들어 완벽함에 미치지 못하는 것은 물론이고 소심한 선택으로 세인의 웃음거리가 되었다. 그러나 사마의의 행위는 창피스런 일이 아닐뿐더러 오히려 뛰어난 지혜로 말미암았음을 알아야 한다. 어떻게 이러한 결론을 내릴 수 있었던 것일까?

겉보기에는 완연한 참패 같았던 제갈량과의 첫 대결도 『삼국연의』의 서술에 비추어 보면 일면 성공적인 부분이 있었습니다. 사마의가 제갈량의 공성계에서 사용한 책략을 살펴보면 그 이유를 알 수 있습니다.

제 1 책략
최고보다는 만족을 택한다

사마의가 제갈량과의 교전에서 직면한 형세는 '위기'라는 두 글자로 함축할 수 있습니다. 『삼국연의』의 제92회는 '조자룡이 힘으로 무장을 베고, 제갈량이 지혜로 세 개의 성을 얻다'이고, 제93회는 '강유가 공명에게 귀순하고, 제갈량이 왕랑을 욕하여 죽이다'입니다. 과연 제갈량의 전투력이 어느 정도였는지를 유추해 볼 수 있는 대목입니다. 입을 떼는 것만으로 한 사람의 늙은이를 죽게 만들었으니 대단하달밖에요. 단지 제목만 보아도 조자룡이 조위의 오원대장을 베었고, 제갈량이 연이어 안정, 남안, 천수 3군을 점령해 하후무, 조진, 곽준을 물리치고 전장을 석권했다는 사실을 알 수 있습니다. '관동이 진동하니, 천하가 진동했고', 조위 정권은 어쩔 수 없이 급하게 사마의를 파견하여 임시로 군대를 지휘하게 한 것입니다. 사마의는 이러한 위급 상황에 전장에 투입되었습니다. 또한 군사를 헤아려보아도 당시의 사마의 수중의 군대는 제갈량보다 많지 않았고, 장수들의 수도 많지 않았음을 알 수 있습니다. 이런 피동적인 상황에서 제갈량을 압박하여 물러나게 했던 것은 대단한 성공이었다고 할 수 있는 것입니다. 챔피언과 대결해 물러나게 하거나 혹은 그와 균형을 이루었다면 이미 그 자체를 승리라고 할 수 있습니다. 누군가는 서성에 진입하여 제갈량을 생포하는 것이 더 좋은 일이 아니냐고 반문할 수 있습니다. 확실히 그랬더라면 그것은 100점, 금상첨화로 당연히 좋은 일이었겠지요. 하지만 만약 서성에서 제갈량의 매복에 당했다면, 그것은 화사첨족畵蛇添足으로 어렵게 얻은 승리를 날려 버리는 상황이었습니다.

여기에서 사마의를 대신해 사마의가 취한 책략의 득실을 따져볼 필요가 있습니다. 만약 서성에 들어가지 않고도 상대를 압박하여 철군시키고 실지를 회복했다면 이 선택은 90점은 됩니다. 만약 서성에 들어가 제갈량을 사로잡았다면 그것은 100점, 곧 완벽한 결과라고 할 수 있겠지요. 하지만 만약 잘못되어 매복에 걸리게 되면 앞서 세운 전공은 모두 날려 버릴 수밖에 없게 됩니다. 0점이 되고 말지요. 이러한 선택의 기로에서 사마의는 90점 답안을 선택했습니다. '90점이면 충분하다. 100점을 얻으려고 모험할 필요가 없다.' 최고의 것을 선택하기보다는 만족스러운 것을 선택한 것이지요.

실제로 많은 사람들이 이와 유사한 잘못을 저지르곤 합니다. 예를 들어 한 여성이 여름을 맞아 시원한 치마를 사기 위해 백화점을 방문했다고 칩시다. 시내에는 백화점이 여럿 있고, 그녀에게 잘 어울리는 치마는 어딘가에 반드시 있을 것입니다. 하지만 완벽한 치마를 찾아내려면 서울 시내의 모든 백화점을 일일이 돌아보면서 모든 선택 가능한 옷을 살펴야만 할 것입니다. 그러한 방법으로 그녀가 가장 완벽한 옷, 가장 잘 어울리는 옷을 구입할 수 있을 때쯤이면 아마도 여름은 지나고 겨울이 오고 있을 것입니다.

그러므로 객관적으로 완벽한 결과를 얻을 수 있는 가능성이 있다고 하더라도 시간이 없거나 완벽함을 구축할 만한 자본을 구하기 어렵다면, 제한된 시간과 제한된 범위 내에서 비교적 만족할 만한 것을 찾아야 합니다. 그래도 기어이 완벽함을 추구해야겠다면 앞서 들인 공을 모두 날리고 아무것도 얻을 수 없는 상황이 되더라도 감내해야 함을 깨달아야 합니다.

인생에서 90점을 얻는 것은 노력으로 가능하지만, 100점을 얻기 위해서는 운이 있어야 합니다. 사마의가 취한 원칙은 제갈량을 물러나게 하고 잃어버린 땅을 되찾을 수 있는 꽤 괜찮은 방안으로, 애초부터 100점을 얻을 필요가 없었습니다. 관리학에서는 이러한 원칙을 "최고를 추구하는 것은 오히려 최고의 적이다."라고 합니다.

일을 잘하려는 의욕은 좋습니다. 하지만 언제나 국면은 나쁜 방향으로 변할 수 있고, 이러한 상황에서 최선만을 추구하면 더욱 부정적인 상황에 내몰릴 수 있습니다. 일을 하는 데 있어 100점의 완벽함은 없어도 100점의 잘못은 있기 마련입니다. 완벽한 100점을 추구하다 보면 반드시 하나의 잘못을 하기 마련입니다. 따라서 적당한 정도에서 멈추고, 만족할 줄도 알아야 합니다. 사마의가 제갈량을 물러나게 하는 데서 만족한 뒤 더 이상의 추격을 멈추고 부대를 철수시킨 것은 이런 까닭이었습니다.

중달의 잠언

최고를 추구하는 것은 오히려 최고의 적이다.

서성에서 공성계로 사마의를 따돌린 후 제갈량은 인마를 조직하여 3군의 백성을 데리고 안전하게 한중으로 퇴각했습니다. 제갈량이 서성에서 철수한 이후 사마의는 서성으로 다시 돌아왔습니다. 그리고는 두 번째 책략을 꺼내들었습니다.

제 2 책략
좋은 선택은 후회를 남기지 않는다

제갈량이 떠난 후 사마의는 서성으로 돌아왔습니다. 사마의는 성에 들어간 후 곧바로 제갈량을 뒤쫓지 않고 서성의 현지 백성을 한데 모은 후 요즘말로 하면 대규모의 '군민軍民간담회'를 개최했습니다. 먼저 그곳 백성들로부터 정보를 얻은 후 다음 행보를 어떻게 할지에 대해 결정한 것입니다. 모두들 제갈량이 매우 신중하다고 말하지만, 사마의 역시 매우 신중했습니다. 군민간담회를 통해 제갈량의 상황을 들은 사마의는 아연실색했습니다. 제갈 승상에게 2,000여 명의 병력밖에 없었고 싸울 장수와 매복도 없었다는 백성들의 이야기를 들은 사마의는 하늘을 우러르며 길게 탄식합니다.

"나는 공명에 미치지 못하는구나!"

인생에서 가장 고통스러운 순간은 물밀 듯 후회가 이는 때입니다. 반면, 좋은 인생이란 후회 없는 선택을 한 인생입니다. 누가 어떻게 평가하든지, 본인에게 후회가 없다면 그것으로 된 것입니다. 우리들 모두가 중대한 선택의 기로에서 희망하는 것은 후회하지 않는 경지에 이르는 것입니다.

그러나 한 치 앞을 예측하기 어려운 인생에서 어떤 선택을 하든지 후회는 남기 마련입니다. 후회는 선택의 그림자이고, 유감은 인생의 반려입니다. 생활에는 유감이 있고 선택에는 후회가 있을 수 있습니다. 일하는 데 있어 매번 100퍼센트 자신감을 가질 수는 없습니다. 일을 하면 후회도 있기 마련입니다.

그러나 아무리 모든 선택 항목에 후회할 가능성이 존재한다고 해도, 이를 한 곳에 늘어놓고 하나하나 검토해 보는 과정이 필요합니다. 어떤 항이 후회할 가능성이 더욱 작은지를 검토하여 그것을 선택하는 것입니다. 이 방법을 '최소후회법'이라고 해 봅시다.

이 최소후회법으로 사마의가 서성에 들어가지 않은 것이 올바른 선택이었는지를 평가해 볼 필요가 있습니다.

만약 서성에 진입하는 데 성공한다면 제갈량을 사로잡을 수 있고 실패한다면 포로가 될 수 있습니다. 반대로 서성에 들어가지 않고도 압박하는 데 성공한다면 제갈량을 물러나게 할 수 있으며, 실패한다고 해도 제갈량을 몰아내는 데에는 별다른 문제가 발생하지 않습니다.

이는 마치 1억 원에 당첨된 복권을 손에 쥐고 있는 상황과 같습니다. 만약 누군가가 이 1억 원을 내기에 걸어 이기게 되면 1억 원을 더 얻게 되고 지게 되면 빈털터리가 된다고 가정해 봅시다. 내기에 돈을 걸지 않으면 1억 원은 수중에 확보하게 됩니다. 계산해 보면 답은 매우 분명합니다. 내기에 진다면 1억 원을 더 얻지 못하는 것은 물론이고 가진 1억 원도 날리게 되어 내기에 참가한 선택을 후회할 수밖에 없습니다. 그러나 내기에 돈을 걸지 않으면 후회는 기껏해야 2억을 만들지 못한 것일 뿐입니다. '1억 원을 날린' 후회가 큽니까, '1억 원을 따지 못한' 후회가 큽니까? 당연히 '1억 원을 날린' 후회가 훨씬 클 것입니다. 그래서 우리는 내기에 돈을 걸지 않는 쪽을 선택하는 것입니다.

이 때문에 사마의는 서성에 들어가지 않았던 것입니다. 그는 후회하지 않을 선택을 한 것이고, 이는 아주 이성적인 선택이었습니다. 중대한 의사 결정을 할 때에는 단지 경험, 감정, 분노에 기대서 판단해서는 안 되고, 이성에 근거해야 합니다. 하지만 우리는 평시에는 아주 이성적이지만 결정적인 순간에 분기탱천하여 이성을 잃고는 하는데, 이는 커다란 문제입니다. 이러한 이유로 사마의의 결정은 아주 적절했다고 할 수 있습니다.

군민간담회를 마친 후 사마의는 부대를 조직하여 장안으로 물러날 준비를 합니다. 철군을 준비하면서 사마의는 "나는 제갈량에 미치지 못하는구나!"라고 한탄했습니다. 그런데 이 말은 아주 뛰어난 말입니다. 오늘날 비즈니스 현장은 기업 간의 경쟁으로 아주 치열합니다. 어떤 기업가가 회의에 나가 부하들을 앞에 두고 "나는 경쟁 상대의 사장에 비해 실력이 떨어진다."라고 말하겠습니까? 대부분의 사장들은 모두 "내가 천하제일이다."라는 말을 입에 달고 다닐 것입니다.

하지만 사마의는 그렇지 않습니다. 실패를 하든 성공을 하든 늘 "나는 공명만 못하다."라는 말을 입에 달고 다닙니다. 그래서 사마의를 간단히 봐서는 안 되는 것입니다. 자신을 이해하고 있으니 이는 분별력이 있는 것이고, 자신을 받아들이고 있으니 이는 정신이 맑은 것이고, 자신을 인정하고 있으니 이는 용기 있는 것입니다. 한 사람이 이 세 가지 덕목을 모두 겸비하고 있다면 가히 불패의 경지에 이를 수 있습니다. 노자의 『도덕경』에 이런 상태를 묘사한 구절이 있습니다. "남을 아는 사람은 지혜로운 사람이고, 자신을 아는 사람은 총명한 사람이다. 남을 이기는 사람은 힘이 있는 사람이고, 자신을 이겨내는 사람은 강한 사람이다. 知人者智, 自知者明, 勝人者有力, 自勝者強."

우리는 흔히 "명지明智를 가진 사람이 되라."고 말합니다. 여기서 '명'이 '지' 앞에 있는 것은, 사람은 반드시 자신을 아는 총명함이 있어야 하고 자신의 결점을 인정한 후에야 비로소 발전할 수 있다는 뜻입니다. 사마의가 가진 이런 장점은 우리를 탄복하게 합니다.

중달의 잠언

자신을 이해하면 분별력이 있는 자이고, 자신을 받아들이면 정신이 맑은 자이고, 자신을 인정하면 용기 있는 자이다.

사마의의 선택을 통해 사마의가 취하는 행위의 기준은 상황이 좋을 때에 진행하던 바를 멈추는 것으로, 그가 결코 욕심을 부리지 않는 인물임을 알 수 있습니다. 바둑에는 "성공하려면 승리를 탐하지 말라."는 격언이 있습니다. '승리를 탐한다'는 말은 무슨 뜻일까요? 이미 형세가 좋은데 더 좋게 만들 생각을 하는 것입니다. 작은 욕심은 좋은 국면을 오히려 망쳐 버립니다. 많은 사람들이 인생에서나 비즈니스에서 또는 증시나 심지어 도박판에서 더 좋은 결과와 큰 성공을 얻으려 욕심을 부리다가 결국 전체 형세를 어그러뜨리는 것도 같은 이유입니다.

관리학에 이런 말이 있습니다. "전쟁을 시작하는 것은 용기이고, 철수하는 것은 지혜이다." 많은 사람들이 전쟁을 개시할 용기는 있어도 철수할 지혜는 갖추고 있지 못합니다. 중대한 결정을 내려야 할 때에는 어떻게 철수할지에 대해 먼저 생각해야 합니다. 철수할 방법이 없다면 차라리 싸우지 않는 것이 오히려 좋을 때가 많습니다.

한 가지 더 강조하고 싶은 것은 성공에 가까웠을 때가 가장 위험한 순간이고, 형세가 가장 좋을 때가 잘못을 범하기 가장 쉬운 순간이라는 사실입니다. 작은 성공에 우쭐거리지 말고 맑은 정신을 유지해야 합니다. 뜻을 이룰수록 맑은 정신을 가져야 합니다. 사마의는 아주 냉철했습니다. 빈 성을 마주하며 안전하게 철수한 것은 사마의의 분별력 있는 선택이었고, 제갈량도 사마의가 이렇게 선택할 것임을 알았습니다. 그래서 이 두 사람은 거문고를 타야 할 때 탔고 철수해야 할 때 철수했습니다. 돼지는 앞을 헤집고 닭은 뒤를 파헤치는 것처럼, 각자 주어진 역할을 한 것이라고 할 수 있습니다. 고수들의 초식은 따로 꾀하지 않아도 일치하는 법입니다.

중달의 잠언
성공에 가까웠을 때 위험이 가장 크고, 형세가 좋을 때 잘못을 범하기 쉽다.

그렇다면 공성계라는 초식은 누구에게나 사용할 수 있는 전법일까요? 그렇지 않습니다. 사마의와 같은 고수에게나 쓸 수 있는 초식입니다. 고수에게 고수의 초식을 쓰고, 하수를 만나면 하수의 초식을 써야 합니다. 만약 제갈량의 상대가 사마의가 아니라 10만 대군을 거느린 허저였다면, 그는 성문을 활짝 열고 성 위에서 거문고를 타는 제갈량을 발견한 순간 앞뒤 가리지 않고 성에 올라 제갈량을 생포했을 것입니다. 그러므로 책략을 쓸 때에는 상대의 상태를 잘 판단해야 하는 것입니다. 고수의 초식이라고 모든 사람에게 다 통하는 것은 아닙니다. 책략의 성질을 고려하지 않고 하수에게도 고수의 초식을 쓰면 총명함이 도리어 어리석음이 되어 자신을 곤경에 빠뜨릴 수가 있습니다.

결론적으로 공성계를 통해 우리는 사마의에게 두 가지 중요한 책략이 있었음을 알게 되었습니다. 첫 번째는 최고보다는 만족스러운 것을 선택한다는 것이고, 두 번째는 후회가 없는 선택이 가장 좋은 선택이며 선택을 해야 할 때에는 후회가 가장 적은 것을 선택한다는 것입니다. 이는 우리가 귀감으로 삼아 흡수해야 할 보배와 같은 교훈입니다.

인생에서 선택을 하는 것은 바둑을 두는 것과 같다. 어떤 사람이 고수가 될 수 있는 까닭은 선택을 할 때마다 가능한 한 멀리 길게 내다보고 전체 국면을 살펴 눈앞의 부분적인 이해에 유혹되지 않았기 때문이다. 『삼국연의』에 등장하는 사마의는 대국을 보는 관점을 가진 인물이었다. 활달한 기도와 비범한 계략, 명석한 판단에 근거하여 중대한 선택을 한 후에는 하늘을 원망하거나 남을 탓하지 않았다. 후회하지 않을 선택을 한 탓에 지혜의 화신 제갈량의 면전에서도 무릎을 꿇지 않을 수 있었다. 그렇다면 사마의가 인생의 원칙으로 삼은 선택의 책략에는 무엇이 있을까?

제 3 책 략
적이 준비한 선택지는 절대로 택하지 않는다

지금까지 우리는 불꽃 튀는 공성계에 대해 이야기했습니다. 그러나 정사 『삼국지』나 이와 관련된 역사서에 흥미가 있는 분이라면 이 공성계가 지어낸 이야기임을 알 것입니다. 『삼국연의』 중 제갈량과 관련된 많은 이야기, 예를 들면 초선차전草船借箭, 동풍을 빌리는 이야기, 주유를 세 번 화나게 하는 것, 공성계 등은 사실이 아니라 소설속의 허구입니다. 이런 허구는 첫째, 고대인들의 문학 창작의 지혜를 체현한 것이고, 백성들의 머릿속에 있는 뛰어난 상상력을 체현한 것입니다. 둘째로는 제갈량에 대한 중국인들의 사랑을 체현한 것이기도 합니다. 그렇다면 실제 역사적 상황을 한 번 살펴봅시다.

제갈량이 사마의와 진정한 대결을 펼친 것은 228년이 아니라, 3년 후인 231년입니다. 공성계에 앞서 가정을 잃는 싸움에서 마속을 패배시킨 사람은 사마의가 아니라 조위의 대장 장합이고, 그가 바로 제갈량을 핍박하여 전군을 철수하게 만든 장본인입니다. 『삼국연의』에는 사마의가 장합을 지휘하여 장합을 선봉장으로 삼았다고 하는데, 장합에게는 억울한 말입니다. 가정에서 전투가 발생했을 때 사마의는 동쪽 전선에서 완성宛城(지금의 하남성 남양)에 주둔하며 동오를 방어하고 있었습니다. 거리가 너무 멀어 서성에 가기에는 시간도 없었고 그럴 조건도 되지 않았습니다. 사마의가 진짜 제갈량과 대적한 것은 231년 봄, 제갈량이 기산으로 출병하자 때마침 조위의 대도독인 조진이 중병을 얻은 때였습니다. 제갈량이 조위의 장군 가사賈嗣, 위평魏平의 주력을 기산 부근에서 포위하자, 위주 조예曹睿가 동쪽을 방어하던 사마의를 긴급하게 완성에서 서쪽 전선으로 투입하여 제갈량을 방어하게 한 것입니다. 이렇게 두 고수가 만났을 때에 제갈량의 나이는 50세, 사마의의 나이 52세로, 사마의가 제갈량보다 두 살 많았습니다.

이 두 고수는 반세기를 기다린 후에야 마침내 세기의 만남을 갖고 절정의 대결을 시작했습니다. 이 결정적 대결의 승자는 과연 누구일까요? 역사의 기록에 근거하여 사마의와 제갈량의 첫 번째 대결을 재현해 보고자 합니다.

『자치통감』과 『삼국지』는 사마의가 패하고 제갈량이 승리한 것으로 기록하고 있습니다. 그런데 조금 재미있는 것은 당나라 시대에 편찬된 『진서晉書』의 「선제기先帝記」는 사마의가 승리한 것으로 기록하고 있다는 사실입니다. 무엇 때문일까요? 어떤 사람은 누군가가 『진서』에서 사마의의 허물을 걷어낸 것으로, 실제로는 사마의가 패배한 것이라고 말합니다. 여기서 『진서』의 배경을 살펴볼 필요가 있습니다. 『진서』는 당나라 정관 연간의 방현령房玄齡, 저수량褚遂良이 편찬한 것으로, 사마의의 전기에 당태종 이세민이 쓴 다음과 같은 특별한 평론이 첨부되어 있습니다.

> 삼 년간 좋은 일을 해도 이를 아는 이는 적지만, 하루라도 나쁜 일을 하면 천하 사람들이 다 알게 되는데, 그렇지 아니한가! 비록 당시에는 덮어 둘 수 있다고 해도 종국에는 후세 사람들에게 발견되어 조소를 받는다. 또한 이는 귀를 막고 방울을 훔치며 다른 사람이 듣지 못한다고 생각하는 것과 같고, 시장에서 남몰래 돈을 훔쳐도 다른 사람이 보지 못한다고 생각하는 것과 같다. 績善三年, 知之者少, 爲惡一日, 聞于天下. 可不謂然乎! 雖自隱過當年, 而終見嗤後代. 亦猶竊鐘掩耳, 以衆人爲不聞, 銳意盜金, 謂市中爲莫睹.

이세민의 말은 아주 준엄합니다. 위의 평가를 통해 당나라 시대의 관리들이 사마의에 대해 별로 좋지 않은 인상을 갖고 있었음을 알 수 있습니다. 이러한 태도를 갖고 『진서』를 편찬했다면 특별히 사마의를 생각하여 어떤 결점을 숨겼으리라고는 생각할 수 없습니다. 방현령이 숨겼다고 해도 이세민이 이를 인정하지 않았을 것입니다. 이 때문에 우리는 『진서』에 기록된 사마의의 승리가 어느 정도 근거가 있는 내용임을 알 수 있습니다. 따라서 『진서』와 『자치통감』의 자료를 종합해 본다면 제갈량과 사마의의 교전은 응당 승리와 패배를 서로 주고받은 사건이라고 생각하는 것입니다.

> **장합(?~231)**
> 자는 준예(儁乂)이다. 하간군 막현(지금 하북 임구 북쪽) 출신. 삼국시기 위나라의 명장. 관도 전투 때 원래 원소의 부장이었으나 조조에 투항하였고. 조조의 막하에서 여러 차례 공훈을 세워 조위 정권 건립 후 정서거기장군에 봉해졌다. 장합은 여러 차례 촉한 제갈량의 진공을 막아냈으나, 231년 목문도에서 제갈량의 매복에 걸려 화살을 맞고 사망하였다. 장후(蔣侯)의 시호가 내려졌다.

사마의와 제갈량 교전의 첫 번째 단계는 사마의가 대군을 이끌고 기산 부근에 이르러 제갈량과 싸울 준비를 하는 것입니다. 사마의의 기본전략 배치는 소규모 부대를 상규上邽(지금의 감숙성 천수시)에 보내 그곳을 지키게 하고 자신은 주력 부대를 이끌고 제갈량의 주력군을 찾아 결전을 치르는 것이었습니다. 이런 결정을 내리자 한 사람이 반대의견을 내는데, 그 사람이 바로 장합이었습니다.

장합은 당시 조위의 서쪽 전선을 책임지는 2인자였습니다. 가정에서 벌어진 전투에서 마속을 패배시키고 제갈량을 물리쳐 좌장군에서 정서거기장군征西車騎將軍으로 승진하였습니다. 진수의 『삼국지』는 장합에 대해 이렇게 평가하고 있습니다.

> 장합은 전술의 변수를 알고 진영을 잘 설치했으며, 전쟁의 형세와 지형을 잘 헤아려 예측하지 않음이 없었다. 제갈량 이하 촉나라 장수들은 모두 그를 두려워하였다.

장합은 사마의 수하 중 성적, 경험, 위신, 무게감이라는 네 가지 덕목을 갖춘 장수였습니다. 장합은 군대를 전후 2군으로 나누어 전군은 제갈량을 요격하게 하고, 후군은 옹성(지금의 섬서성 봉상성 남쪽), 미성(지금의 섬서성 미현 북쪽)에 주둔하게 하자는 의견을 제출했습니다. 사마의는 단연코 장합의 의견을 부정하면서 전쟁의 원칙에서 무엇보다도 중요한 것이 집중의 원칙으로, 주먹을 꽉 쥐어야 적을 때려눕힐 수 있는 것처럼 우세한 병력을 집중하여야 섬멸전을 벌일 수 있다고 말했습니다. 그래서 사마의는 병력을 집중하기로 결정하고 곧장 제갈량의 군영이 있는 기산으로 돌진했습니다.

그러면 제갈량은 사마의와 싸웠을까요? 제갈량은 싸우지 않았습니다. 제갈량은 사마의가 총출동하는 것을 보고, 적군의 주력을 피하고 약한 곳을 공격하는 피실취허避實就虛의 책략을 채택하여 상규로 달아나 버립니다. 상규에는 4,000여 명의 위나라 군사가 주둔하고 있었지만 제갈량의 진군 속도가 너무 빨라 사마의가 기산에 도착했을 때는 이미 상규에 이른 뒤였습니다. 이런 상황이 조위 군영에 끼친 위력은 아주 컸습니다. 사마의는 처음으로 자신이 확실히 제갈량에 미치지 못함을 깨닫게 됩니다. 이런 피동적인 형세에서 사마의는 또 한 번의 특별한 결정을 내리는데, 그것은 바로 즉시 추격하는 것이었습니다. 제갈량이 이미 상규에 도착했고, 그쪽의 전투는 이미 시작되었을 뿐만 아니라 가는 길에 매복이라도 있다면 정말 위험할 수밖에 없는 상황이었습니다. 이치대로라면 쫓아가서는 안 되는 일이었지요. 그러나 『진서』「선제기」는 사마의의 추격을 두고 '권갑신야부지卷甲晨夜赴之'라고 기록하고 있습니다. '갑옷과 투구를 버리고 전군이 경장차림으로 밤낮을 가리지 않고 상규로 내달렸다'라는 뜻입니다. 당시 장군들은 사마의에게 "적들이 이미 도착했으니 우리가 가 봐야 헛일입니다."라고 말했습니다. 그러자 사마의는 웃으며 말했습니다.

"너희들은 제갈량을 알지 못한다. 제갈량은 일을 할 때 아주 신중한 사람이어서 상규에 도착했어도 반드시 전투를 하지 않고 보리도 베지 않았을 것이다. 그는 반드시 영채를 세우려고 할 것이다. 그렇게 많은 사람들이 영채를 세우려면 분명 시간을 많이 허비할 터이니, 우리가 갔을 때는 아마도 영채를 다 세웠을 것이다. 우리가 조금만 빨리 간다면 적시에 도착할 수 있을 것이다."

사마의의 판단은 과연 옳았습니다. 사마의가 상규에 도착했을 때 제갈량의 영채는 막 완성되어 전투를 시작하지 못한 시점이었습니다. 제갈량의 장점은 신중한 것이지만, 지나친 신중함이 바로 결점이었던 것입니다.

사마의는 '장점을 보고 약점을 잡아낸다.'는 책략을 이용해 제갈량을 제압할 수 있었습니다. 사람은 자신이 가장 잘하는 일을 할 때 다른 사람에게 약점을 잡히기 쉽습니다. 말 잘하는 사람은 말을 할 때 약점을 잡히고, 달리기를 잘하는 사람은 달릴 때 약점을 잡히며, 싸움을 잘하는 사람은 싸울 때 약점을 잡힙니다. 모든 일이 이렇습니다.

중달의 잠언
사람은 자신이 가장 잘하는 일을 할 때 약점을 잡히기 쉽다.

이리하여 전투는 두 번째 단계에 접어듭니다. 보리를 보호하려는 사마의의 대군과 보리를 베려는 제갈량의 대군이 곧 마주칩니다. 이후 양군은 몇 차례 전투를 벌이지만 그 규모는 그리 크지 않았습니다. 사마의는 맹장 우금을 보내 서촉과 작전을 벌이게 하지만 한 차례의 싸움으로 승부가 가려지지 않자, 병사들을 거두어들이고 대규모 영채를 짓고 제갈량과 대치하기 시작합니다. 제갈량은 사마의의 군영이 빈틈없이 잘 지어진 것을 보고는 전군을 다시 기산으로 철수시킵니다. 제갈량이 취한 전법은 기동전으로, 구체적으로 말하면 '적이 반드시 구하려고 하는 곳을 공격하여' 적을 끌어낸 연후에 적이 움직일 때 대규모 군사를 투입하여 해치우는 것이었습니다.

제갈량이 물러나자 전역은 세 번째 단계로 진입합니다. 사마의는 직면한 문제를 두고 고민했습니다. 좇을 것인가 말 것인가? 사마의는 또 다시 추격을 결정합니다. 그가 추격하기로 결정했을 때 장합은 또 다른 의견을 내놓습니다.

"여기에 군사를 주둔시키고 기병을 내어 그 뒤를 쫓아가야지, 나아가고도 감히 압박하지 못하여 앉아서 사람들의 기대를 잃는 것은 적절하지 않습니다. 可止屯于此, 分爲奇兵, 示出其後, 不宜進前而不敢逼, 坐失民望也."(『자치통감』)

장합은 이미 사마의의 속내를 꿰뚫어보고 있었습니다.

'바싹 붙어서 가지만 싸우지는 않는다. 네가 가면 나는 바로 너를 따라 간다. 네가 멈추면 나도 옆에서 너를 감시한다. 네가 싸우려고 해도 나는 너와 싸우지 않는다. 그러나 네가 가면 다시 너를 쫓아간다.'

그래서 장합은 "도독, 그만하십시오, 제갈량이 어디로 향하든 도독은 분명 추격만 하고 싸우지는 않을 것입니다. 추격하기만 하고 감히 싸우려들지 않으면 병사들이 실망할 것이고, 천하의 백성들이 비웃을 것입니다! 여기에 군사를 주둔시키고 기병을 내어 싸울 틈을 찾는 것만 못합니다."라고 말한 것입니다.

사마의는 조급하게 성내지 않고 장합의 건의를 묵살하고는 추격을 명령합니다. 이리하여 전군이 재빨리 추격을 시작했습니다. 이때가 전역의 네 번째 단계에 접어드는 때입니다. 촉군은 노성(지금 감숙성 천수 남쪽)에 진을 펼쳤습니다. 이 진세는 얼마나 컸을까요? 『진서』에는 '거남북이산, 단수위중위據南北二山, 斷水爲重圍'라고 기재되어 있습니다. 두 개의 산을 점거하고 중간이 강에 의해 나뉜 거대한 진형을 만든 것입니다. 사마의가 자신의 십여 만 대군을 이끌고 살기등등하게 달려오자 일순간에 천수 남쪽의 작고 작은 노성에는 전운이 감돌며 긴장된 분위기가 넘쳐났습니다. 조위와 서촉의 모든 장령들은 한바탕의 생사대전이 곧 시작될 것으로 알고 피비린내 나는 전투를 기다리고 있었습니다.

하지만 노성에 이른 사마의가 기세가 등등하게 이를 갈며 서슴없이 진행한 일은 서촉의 진영보다 더 견고한 진영을 세우는 것이었습니다. 한바탕의 피비린내 나는 싸움 대신 노동 경쟁에 돌입한 것입니다. 이 두 대군은 집을 지으며 품질과 속도를 경쟁했습니다.

사마의는 군영을 세운 이후 견고하게 지키며 싸우지 않고 쥐 죽은 듯이 원군을 기다리고 있었습니다. '나는 너와 싸우지 않고, 네가 어떻게 하는지 지켜보겠다.' 이 일은 조위의 많은 장병들에게 의혹을 불러일으켰고, 당연히 서촉의 많은 장병들에게도 의혹을 불러 일으켰습니다. '싸우지 않으려면 무엇 하러 추격했느냐? 싸우지 않으려면 쫓아오지 마라! 그래도 추격하겠다면 이제 그만 싸우자!'

그러나 사마의의 이 이상스런 행위에는 아주 고명한 책략이 숨어 있었습니다. 바로 격렬한 경쟁 상황에서 절대로 다른 사람이 준비해 놓은 선택 항목에 동참하지 않는다는 것입니다.

> 기산에서의 싸움에서 사마의는 제갈량과 고집스럽게 대치하며 상식대로 패를 던지지 않는다. 만약 경쟁 상대가 제시한 선택항 중에서 하나를 선택해야 하는 상황이 되면, 가볍게는 우리의 사고가 방해를 받을 수 있고 엄중하면 피동적 국면에 빠질 수 있다. 사마의는 제갈량이 의도한 포석에 따라 패를 내지 않았다. 사마의가 발휘한 선택의 지혜를 통해 우리가 발견할 수 있는 책략에는 무엇이 있을까?

총명한 사람과 겨룰 때에는 반드시 사유에 돌파구가 있어야 합니다. 상대가 준비해 놓은 선택 항목을 돌파해서 이들 외에 다른 선택지를 볼 수 있어야 합니다.

사마의는 제갈량에 이렇게 대응했습니다.

'감히 내가 매복이 두려워 추격하지 않을 것이라고 생각하고, 나에게 성을 지킬 것인지 영채를 습격할 것인지를 물었겠다? 내 너에게 알려 주마, 나는 너를 쫓겠다! 이후 나를 만나게 된다면 일대일로 싸울 것인지 집단으로 싸울 것인지를 물으려고 하겠지. 내다시 너에게 말해 주마. 나는 싸우지 않으련다!'

하지만 사마의의 이런 조치는 조위 장수들의 강력한 반대에 부딪쳤습니다. 가사, 위평 등이 앞장서서 사마의에게 반발했는데, 이들 장수들은 "공이 서촉 두려워하기를 호랑이 보듯이 하니, 세상 사람들이 비웃으면 어쩌시렵니까? 公畏蜀如虎, 奈天下笑何!" (『자치통감』)라고 읍소했습니다. '하루 종일 영채 안에 웅크리고 싸우려 하지 않으니 당신이 정말 사마의가 맞습니까?'라며 성토한 것입니다.

여러 장수들이 재촉하자 5월 사마의는 마침내 싸움을 하기로 결정했습니다. 그는 장합에게 한 부대를 이끌고 촉군의 남쪽 진영을 치게 하고, 자신은 군사들을 이끌고 촉군의 북쪽 진영을 공격했습니다. 촉군 남쪽 진영의 주장은 왕평이었고, 북쪽 진영의 주장은 제갈량이었습니다. 이렇게 위촉 양군이 대치한 형세는 장합 대 왕평, 사마의 대 제갈량이었습니다. 제갈량은 한편에서는 진영을 굳게 지키면서 한편으로는 위연, 고상, 오반을 보내 전투를 치르게 했습니다. 한바탕 격전을 치른 후 위병은 퇴각하고 다시 쌍방의 대치는 계속됩니다. 하지만 사마의의 마음속에는 자신감이 있었습니다.

'나는 군량이 충분한데, 너에게는 군량이 없지. 내가 너를 이렇게 붙잡아 두고 군량을 다 쓰게 하면 너는 스스로 철수할 수밖에 없을 것이다.'

과연 6월에 되자 촉나라 군대는 군량이 떨어져 철군할 수밖에 없었습니다.

왕평(?~248)
자는 자균(子均), 삼국시기 촉한의 장수, 파서군 탕거현(宕渠縣) 사람이다. 관직은 진북대장군, 한중태수, 안한후에 이르렀다. 사실상 군사 분야의 제갈량의 첫 번째 후임자이다.

촉나라 군사가 철수한 후 사마의는 또 하나의 결정을 합니다. 바로 장합을 보내 추격하는 것이었습니다. 이때 장합은 또 추격해서는 안 된다는 반대 의견을 내놓습니다. 『삼국지』는 『위략』을 인용하여 이렇게 기록하고 있습니다.

> 제갈량의 군대가 퇴각하자 사마의는 장합으로 하여금 그들을 추격하도록 했다. 장합이 이르길, '군사를 움직이는 전법에서 성을 포위할 때에는 반드시 출로를 열어두고 돌아가는 군사는 쫓지 말라고 했습니다.' 亮軍退, 司馬宣王使郃追之, 郃曰, 軍法, 圍城必開出路, 歸軍勿追.

성을 포위할 때 반드시 출로를 남겨두어야 한다는 것은 만약 출로를 남겨두지 않으면 적들이 분명 목숨을 걸고 싸울 것이라는 것을 의미하고, 출로를 남겨두어 적들이 철수할 수 있도록 한 다음에 적이 움직일 때 공격하자는 것은 비교적 상대를 쉽게 제압할 수 있기 때문이라는 뜻입니다. '돌아가는 적을 쫓지 마라.'는 말은 적이 철수할 때 결코 가볍게 여기고 추격하지 말라는 뜻으로, 장합은 미리 대비를 잘 해놓고 철수하던 제갈량의 군사를 추격하다가 매복이라도 만나면 어찌할 것인가를 염려한 것입니다.

사마의의 책략은 그러나 일상적이지 않은 책략이고, 생각지도 못한 책략입니다.

'너는 내가 추격하지 않을 것이라고 생각하겠지만 나는 추격할

것이다.'

그래서 사마의는 장합에게 강력히 추격을 명령합니다. 장합은 어찌할 수 없어 명령에 따라 추격을 했습니다. 하지만 이번 결과는 사마의가 잘못 생각한 것이었습니다. 제갈량이 몇 차례의 교전을 통해 사마의의 책략을 정확하게 파악했기 때문입니다.

'너 또 예상치 못한 것을 하려는 것 아니냐? 그러면 너를 위해 특별히 준비해 두지.'

그래서 제갈량은 목문도木門道에 매복을 설치하고 장합이 그곳에 이르자 포위망 속에 빠져들게 만들었습니다. 사서에는 여덟 자로 이를 기록하고 있습니다. "높은 곳에 올라 매복을 배치하여 궁노를 쉴 새 없이 발사했다. 乘高布伏, 弓弩亂發."(『자치통감』)

촉군은 목문도의 높은 곳에 미리 매복을 두어 장합이 오자 일제히 화살을 날립니다. 애석하게도 장합은 너무 갑작스러운 공격을 미처 막아내지 못하고, 비틀거릴 겨를도 없이 그 자리에서 죽고 맙니다. 이 내용을 평하면서 대장군 장합이 천명의 군사를 두려워한 것이 아니라 빠르게 날아오는 화살 즉, 촌철을 두려워했다고 말하는 이유입니다. 일대의 명장 장합은 이렇게 목문도에서 죽고 맙니다. 사마의와 제갈량의 대결도 여기서 끝이 납니다.

전체 전략으로 보면 사마의는 다음 세 가지 면에서 성공했다고 할 수 있습니다. 무엇일까요?

첫 번째, 기산의 포위를 푸는 것. 목적을 달성했습니다.

두 번째, 농서 지역의 보리를 보호하는 것. 목적을 달성했습니다.

세 번째, 공명을 쫓아내는 것. 목적을 달성했습니다.

비록 마지막 단계에서 제갈량의 계략에 걸려 장합을 잃었지만 앞의 세 가지 목적을 모두 달성했으니, 이 전투에서 아주 잘 싸운 것이라 할 수 있습니다. 이 모든 것은 사마의가 비교적 정확한 선택을 한 것에서 비롯되었습니다. 전체 국면에서 보면, 사마의는 피동적인 국면하에서 강력한 상대를 만나 정확한 선택을 했고, 정靜으로써 동動을 제압하여 싸움의 목적을 달성한 것입니다. 이는 쉬운 일이 아니었습니다. 따라서 우리는 두 팀 간의 경쟁, 특히 1인자 사이의 경쟁에 있어서 가장 중요한 문제는 누가 더 정확한 선택을 하는지에 달려 있다고 결론지을 수 있습니다.

더불어 살펴볼 것이 있다면, 당시 사마의의 처지는 상대인 제갈량과는 전혀 달랐다는 것입니다. 제갈량은 당시 대권을 장악하고 위로는 황제의 신임을 받고 아래로는 백성들의 지지를 받았으며, 조직 내부는 비교적 강하게 단결되어 있었습니다. 하지만 사마의가 처한 상황은 그렇지 않았습니다. 그는 새로 발탁되어 위로는 황제의 시기, 아래로는 부하들의 불복과 싸워야 했고, 주위는 몰래 고자질하는 사람들로 넘쳐났습니다.

"보이는 곳에서 날아오는 창은 피하기 쉽지만, 몰래 쏘는 화살은 막아 내기 어렵다. 明槍易躱, 暗箭難防."라는 말이 있습니다. 이렇게 사마의는 실제로 두 개의 싸움을 해야 했습니다. 이는 마치 '화로를 머리에 이고 쇠줄 위를 걷는' 것과도 같았습니다. 자칫 잘못하면 위로는 불에 타 죽고, 아래로는 떨어져 죽을 수 있어, 한 치의 소홀함도 용납되지 않았던 것입니다. 사마의가 인생에서 마주한 가장 큰 위험은 사실 제갈량과의 싸움이 아니라, 자신의 보스를 상대하는 것이었습니다. 중국에는 "군왕을 모실 때는 호랑이를 옆에 둔 것처럼 하라."는 오래된 말이 있습니다. 한 순간이라도 조심하지 않으면 호랑이에게 잡혀 먹힐 수 있습니다. 그리고 사마의가 모신 호랑이는 보통 호랑이가 아닌 심기가 깊고 성질이 매서우며, 소통하기 어려운 호랑이였습니다. 잠깐이라도 조심하지 않으면 머리통이 날아갈 수 있었습니다. 이런 상황에서도 사마의는 일들을 아주 잘 처리했습니다. 분명 간단한 일은 아니었습니다.

여기에서 사마의가 상하관계를 처리하는 법을 살펴볼 필요가 있습니다. 조직의 핵심으로서 그는 어떻게 자신의 위치를 바로잡았을까요? 여기에서 우리는 사마의의 또 다른 훌륭한 면모를 발견할 수 있습니다.

사마의는 어려서부터 뛰어난 자질을 드러낸 명문가의 자제였다. 하지만 그는 반역의 상이라고 이야기되는 '낭고상狼顧相'을 가져 조조의 의심을 사고 조씨 집안의 집중 견제를 받았다. 하지만 그는 조위 정권의 4대(조조, 조비, 조예, 조상)를 섬기면서 조직의 핵심으로 성장했고, 결국 삼국을 통일하는 서진西晉 왕조의 기초를 닦았다.

잘나가는 조직에는 보통 사마의처럼 뛰어난 능력을 가진 핵심 인재가 있기 마련이다. 그런데 이런 사람은 일은 아주 잘하지만, 종종 보스와 갈등을 일으키고 심지어는 보스의 시기를 불러 일으키기도 한다. 그래서 핵심 인재가 되기 위해서는 단지 능력뿐만 아니라 보스와의 관계를 잘 처리하고 조직 구성원들로부터 인정과 지지를 받을 수 있는 적절한 처신이 필요하다. 이 방면에서 사마의는 뛰어났다. 조조 집단의 핵심 직원으로서 보스와의 관계를 처리하는 방면에서 사마의는 남들보다 한 수 높은 책략과 지혜를 발휘했다. 도대체 사마의가 보여준 고수의 책략과 지혜는 무엇이었을까?

제2강

군왕을 모실 때는 호랑이를 옆에 둔 것처럼 하라

이리의 얼굴을 감추고 호랑이를 섬기다

조직에서 핵심 직원은 보스의 신임을 받으며 보스에게 비교적 가까이 다가갈 수 있다. 하지만 이것은 또 다른 문제를 대동하는데, 보스의 성격에 따라 말 한마디라도 신중하지 못하면 쉽게 오해를 불러일으킨다는 것이다. 이는 적게는 조직의 단결에 영향을 미치고, 크게는 사업의 발전에 손해를 끼칠 수 있다. 그러면 핵심 직원은 어떻게 해야 보스와의 관계를 잘 처리할 수 있을까? 이 방면에서 사마의는 범상치 않은 모습을 보여주었다. 조조와 조비라는 까다로운 보스 아래에서 처세는 말할 것도 없고 일하는 데 있어서도 아주 큰 애를 먹었지만, 그래도 공훈을 쌓고, 보스의 인정을 받았다. 그렇다면 사마의가 보스와의 관계를 처리하는 데 있어 뛰어났던 점은 도대체 무엇이었을까?

핵심 직원이 직면한 문제에 대해 언급하기 위해서는 먼저 '군계일학群鷄一鶴'이라는 단어를 생각해 봐야 합니다. 한 마리의 학이 한 무리의 닭 가운데에 서 있다고 생각해 보십시오. 닭들이 괴로울까요, 학이 괴로울까요? 모여 있는 닭들은 학을 보며 이렇게 떠들어 댈 것입니다.

"저놈의 학을 봐라. 큰 키에 하얀 피부, 한 겨울에도 빛이 나는 예쁜 다리 때문에 우리의 짧고 굵은 허리가 더욱 못나게 느껴지잖아? 저런 녀석을 그냥 둘 수는 없지. 날이 어두워지면 쪼아서 죽여 버리자. 저 녀석만 없어져도 아무도 우리를 빈정대진 못할 거야!"

이러한 상황에서 어떻게 스트레스를 받지 않을 수 있겠습니까? 이를 '선두주자 스트레스'라고 합니다. 뒤쳐진 사람은 왕왕 진취적으로 생각하기보다는 자신보다 앞선 사람을 괴롭혀 죽이는 것을 먼저 생각합니다.

그래서 관리학에 이런 말이 있습니다. "칼에서 가장 쉽게 금이 생기는 곳이 칼날이고, 창에서 가장 쉽게 마모되는 곳이 창끝이다. 능력이 뛰어난 핵심 인력일수록 조직에서 가장 쉽게 상처받을 수 있다."

중달의 잠언
칼에서 가장 쉽게 틈이 생기는 곳이 칼날이고, 창에서 가장 쉽게 마모되는 곳이 창끝이다. 능력이 뛰어난 핵심 인력일수록 조직에서 가장 쉽게 상처받을 수 있다.

그래서 조직의 리더는 칼날을 보호하고 창끝을 보호하듯이 우수한 인재를 보호할 줄 알아야 합니다. 많은 리더들이 우수한 인재는 강자이고, 강자는 보호할 필요가 없다고 오해합니다. 사실을 말하자면 우수한 인재는 약자이고, 그들은 커다란 압박에 직면하고 있습니다. 가장 먼저 인간관계의 압박이 있고 곧이어 학습의 압박, 성과 목표의 압박, 가정생활의 압박, 감정의 압박 등 수많은 스트레스에 노출되어 있습니다. 영웅이 먼저 죽게 되면 아무도 영웅이 되려 하지 않을 것이고, 모범이 망가지면 아무도 모범이 되려 하지 않을 것입니다. 영웅을 죽지 않게 하고 모범이 행복한 생활을 누리게 해야 더 많은 사람들이 영웅이 되려고 할 것입니다. 많은 조직에서 우수한 인재를 보호하려는 노력이 부족한데, 이는 잘못된 것입니다.

여기에서 조명해 볼 문제가 있습니다. 능력이 출중한 핵심 인재일수록 인간관계에 주의해야 한다는 점입니다. 조직행동학의 이론에 따르면 업무에는 두 종류의 행위가 있다고 합니다. 하나는 '임무행위'이고, 하나는 '관계행위'입니다. 지표, 업적, 업무량을 완수하고 이를 보고하는 것은 '임무행위'입니다. 또한 상하좌우의 관계를 잘 처리하여 상사를 만족하게 하고 동료나 아랫사람의 인정을 받는 것이 바로 '관계행위'입니다. 성공하기를 원한다면 반드시 이 임무행위와 관계행위를 잘 수행해야 합니다. 어느 한쪽이라도 소홀히 해서는 안 됩니다.

인생을 잘 살기 위해서는 '네 명의 어른'을 잘 모셔야 한다는 말이 있습니다. 네 명의 어른이란 아버지, 선생님, 사장, 아내를 뜻합니다. 어렸을 때는 아버지와의 관계를 잘 처리해야 하고, 학교에 가면 선생님과의 관계를 잘 처리해야 하고, 일을 할 때는 사장과의 관계를 잘 처리해야 하며, 결혼을 하면 아내와의 관계를 잘 처리해야 한다는 것입니다. 이 네 어른들과의 관계를 잘 처리하면 인생이 행복해질 수 있습니다.

이 때문에 자신이 핵심 직원이라고 생각한다면, 자신의 위치를 정확하게 파악하고 주위와의 관계를 잘 처리할 것을 특별히 주문하고 싶습니다. 사마의의 경우를 한번 살펴보도록 하지요.

동한 건안 6년의 여름, 사마의의 고향 하남 온현 효경리에 몇몇 낯선 사람들이 나타났습니다. 이들은 비록 평상복을 입고 있었지만 행방이 묘연하고 몸놀림이 민첩하여 한눈에 보아도 훈련된 무술의 고수들이라는 것을 알 수 있었습니다. 이들의 진짜 신분은 조조 수하의 자객으로, 조조의 밀명을 받고 임무를 수행하러 온 것이었습니다. 이들은 전문가였습니다. 낮에는 종적을 찾을 수 없다가 밤이 되면 은밀히 활동하던 이들은 며칠을 넘기지 않고 효경리의 가가호호를 상세하게 파악했습니다. 달빛은 어둡고 바람이 세차게 불던 어느 밤, 검은 그림자 몇이 한 저택 앞에 나타났습니다. 넉넉한 기세에 고풍스런 분위기를 풍기는 집에는 건물 높이 빨간 등불이 걸려 있어 한눈에도 관리의 집임을 알 수 있었습니다. 자객들은 귀신도 알지 못하게 은밀히 집안으로 잠입하여 창문 틈으로 안을 들여다보았습니다. 방안에는 한 젊은이가 침대에 누워 있었습니다. 얼굴에 생기라고는 없는 이 청년은 누가 보아도 중병에 걸린 병자였습니다. 곁에서 어린 몸종이 몸을 부축하고 물을 떠먹이고 있었는데, 자세히 보니 청년은 마신 물 대부분을 삼키지도 못하고 입가를 따라 줄줄 흘리고 있었습니다. 병이 나도 큰 병인 듯했습니다. 자객들은 몸종이 나간 후에도 계속 그를 주시했습니다. 젊은이는 드러누운 채로 허리를 비틀며 등 밑에 베개를 조정하는가 싶더니 이내 죽은 물고기처럼 꼼짝도 하지 않았습니다.

자객들은 속으로 생각했습니다. '병이 이토록 깊은 것을 보니 가망이 없겠구나.' 그들은 수신호를 교환하고는 담장을 넘어 어둠 속으로 사라졌습니다. 침상에 누워 있던 젊은이는 여전히 꼼짝하지 않았으나 그의 관자놀이에서는 미세한 땀이 흘러내리고 있었습니다. 이 젊은이가 바로 사마의였습니다.

사마의가 이 같은 연극을 한 배후에는 말 못 할 비밀이 있었습니다. 이 비밀을 파헤치려면 먼저 사마의의 출신을 알아야 합니다.

사마의는 명문세가에서 태어났습니다. 사마의의 할아버지 사마준司馬俊은 영천태수를 지냈고, 부친 사마방司馬防은 경조윤京兆尹 낙양령洛陽令을 지냈는데 이는 오늘날의 서울시장에 상당합니다. 사마의의 형 사마랑司馬朗은 22세에 조조 아래에서 관직에 나아가 신임을 받았습니다. 그리고 사마의는 집안의 둘째로서 '어려서부터 재주와 이름이 높았다少有才名'고 할 만큼 인정을 받았습니다.

동한 말년에 최염崔琰이라는 '인력자원전문가'가 있었는데 그는 사마랑의 친한 친구였습니다. 한번은 최염이 사마랑에게 "네 동생의 재주와 능력은 너와는 비교가 안 된다."라고 말한 적이 있습니다. 『진서』「선제기」에는 사마의가 "어려서부터 비범한 절기를 보였고, 총명하여 대체를 파악했으며, 널리 배우고 많이 들어 유교에 마음을 두었다. 동한시기에 대란이 일어나자 항상 천하를 걱정하는 마음으로 탄식하곤 했다. 少有奇節, 聰明多大略, 博學洽聞, 伏膺儒敎. 東漢大亂, 常慨然有憂天下心."라고 기록되어 있습니다. 최염은 또한 사마의에게 여덟 자로 된 간단한 평을 한 적이 있습니다. '총량명윤, 강단영특總亮明允, 剛斷英特'이라는 여덟 자의 뜻은 이러합니다. '총總'은 지혜, '양亮'은 성실, '명明'은 고명, '윤允'은 공정, '강剛'은 굳건, '단斷'은 결단, '영英'은 탁월, '특特'은 독특하다는 뜻입니다. 이 여덟 글자는 사마의가 얼마만큼 주변으로부터 높은 평가를 받았는지를 보여줍니다.

최염이 말한 이 여덟 글자는 당시 사회에 커다란 화제를 몰고 왔습니다. 특히 한 사람, 조조의 주목을 끌게 되었습니다. 조조에게는 중요한 믿음이 있었는데, 그것은 큰일을 하려면 반드시 인재에 의지해야 한다는 것이었습니다. 한 사람을 얻어 천하를 안정시킬 수 있고, 한 사람을 잃어 천하를 어지럽힐 수 있다는 것이었습니다. 관리학의 관점에서 보면 모든 중대한 성공은 결론적으로 용인의 성공입니다. 같은 이치로 모든 중대한 실패도 용인의 실패나 다름없는 것입니다. 역사는 일찍이 이 점을 증명했습니다.

> **최염(?~216)**
> 자는 계규(季珪). 청하동무성(지금의 산동 무성 동북쪽) 사람. 동한 말년 조조의 부하. 위망이 높아 조조도 경외했다. 건안 21년(216년) 양훈에게 보내는 서신에서 "시호시호라, 반드시 변이가 생길 것이니. 時乎時乎, 會堂有變時."라는 글을 썼는데, 조조는 이를 불손한 뜻을 가진 것으로 여겨 그를 하옥하고 곧 사사(賜死)했다.

조조는 사마의가 인재임을 알게 되자, 곧바로 사람을 보내 임명장을 주고 일을 맡기려 하였습니다. 이는 매우 이례적인 일이었습니다. 불과 20여 세에 불과한 젊은이가 최고실력자의 눈에 들어 '중앙'에서 일할 수 있게 된 것입니다. 이는 오늘날 거의 모든 젊은이의 꿈 아니겠습니까? 하지만 이는 사마의의 꿈은 아니었습니다. 만약 꿈이라고 한다면 그것은 악몽이나 다름없었습니다. 사마의는 일찍이 조조라는 보스를 쉽게 다룰 수 없는 사람, 모시기 힘든 보스로 보았습니다. 그와 함께 일을 하면, 잘한다고 해서 반드시 좋다고 할 수 없고 잘못하면 운수 사나운 꼴을 보게 될 것이 분명했습니다. 조조를 위해 일한다는 것은 호랑이의 엉덩이를 쓰다듬는 일이었습니다. 제대로 쓰다듬어도 죽고 잘못 쓰다듬으면 더욱 흉하게 죽게 되는 문제였습니다. 더욱 결정적인 것은 동한시대가 문벌 출신들을 중요시했다는 점이었습니다. 사마의는 명문세

조조(155~220)
자는 맹덕, 패국 초현 출신. 동한 말의 저명한 군사가, 정치가이면서 시인이었다. 삼국시대 위나라의 기반을 닦은 창립자로, 후에 위왕이 되었다. 아들 조비가 황제가 된 후 위 무후로 추존되었다.

가 출신이었지만 조조는 태감 가문 출신이었습니다. '나는 관리 집안 출신인데, 너는 환관 집안 출신이 아니냐. 나의 재능을 고작 너를 위해 쓰지 않겠다.' 사마의는 조조를 안중에 두지 않았던 것입니다.

중달의 잠언

모든 중대한 성공은 결론적으로 용인의 성공이다. 모든 중대한 실패도 결국 용인의 실패이다.

그렇더라도 사마의는 함부로 거절하지 않았습니다. 거절에도 책략이 있어야 합니다. 먼저 수단을 고려하고 이후에 대상을 고려해야 합니다.

리더에는 두 종류가 있습니다.

첫 번째 유형은 '관용 민주형 리더'입니다. 예를 들면 유비 같은 사람입니다. 이런 유형의 사람에게는 할 말이 있으면 하고 사고가 생겼을 때에도 바로 이야기해야 합니다. 솔직하고 진솔한 인물일수록 그의 마음을 열 수 있습니다.

또 다른 유형의 리더는 '전제 독단형 리더'입니다. 이런 리더에게는 함부로 직접적인 말을 해서는 안 됩니다. 특히 사람들 앞에서 위세를 상하게라도 한다면 그에 상응하는 값으로 목숨을 요구할 것입니다. 조조가 바로 이런 사람입니다. 그래서 조조에게는 반드시 간접적인 거절 방법을 사용해야 했던 것입니다.

상대의 요구를 직접적으로 거절하는 방식은 아주 간단합니다.

자신이 원하지 않는다는 것을 표시하면 그만입니다. 그러나 간접적인 거절은 보다 복잡합니다. 객관적으로 불가능한 이유를 들어 이를 강조해야 하기 때문입니다. 데이트를 신청하는 남성을 거절할 때 "미안합니다. 나에게는 이미 남자 친구가 있어요."라고 말하거나 "저는 아직 나이가 어려요."라고 거절하는 방식이 "전 그 쪽이 싫어요."라고 표현하는 것보다 간접적이고 온화한 방식이지요.

사마의는 조조의 제안을 간접적인 방식으로 거절하기로 했습니다. 그래서 병을 가장하여 관직을 맡을 수 없음을 보인 것이지요.

역사책을 넘기다 보면 사마의에게 병을 가장하는 특기가 있었다는 사실을 발견할 수 있습니다. 20대에 조조를 속인 것에서 시작하여 60세에 이르러서 조상曹爽을 속인 것까지, 사마의는 병을 가장하여 조씨 3대를 속였습니다.

"조씨에게 절개를 굽힐 수 없다고 생각하여 중풍 때문에 일상생활을 할 수 없다고 말했다. 不欲屈節曹氏, 辭以風痺, 不能起居."
(『진서』「선제기」)

그가 가장한 병은 중풍으로, 반신마비가 되어 스스로는 생활을 할 수 없는 병이었습니다. 이는 가장하기 아주 어려운 병입니다. 분명 배가 고픈데도 입으로 가져가지 못하고 땅에 흘리는 연기를 해야 합니다. 분명 목이 마른데도 물을 입안에 넣지 못해서 옷에 흘려야만 합니다. 분명 눕고 싶은데도 행동이 불편한 척 몸을 돌리다 땅에 굴러 떨어져야 합니다. 이런 연기는 주말 저녁 드라마에서나 볼 수 있는 것입니다.

사마의는 조조에게 보이려 이러한 병을 가장했습니다. 그러나 조조가 일생동안 가장 싫어한 것이 바로 다른 사람이 자신을 속이는 것이었습니다. 그래서 조조는 마음속으로 생각했습니다. '나이도 어린 녀석이 전에는 아프지도 않다가 내가 함께 일을 하자고 하니 병이 났다고 하네? 진짜일까, 거짓일까?' 그래서 조조도 매서운 초식을 쓰게 됩니다. 『진서』「선제기」에는 '조조가 사람을 보내 야밤을 이용하여 몰래 그를 염탐했다. 魏武使人夜往密刺之.'라고 쓰여 있습니다. 여기서 사마의는 긴장하지 않을 수 없었습니다. 이는 생사와 관련된 문제였습니다. 『진서』「선제기」는 이에 대해 '사마의는 누워 움직이지 않았다. 帝堅臥不動.'라고 기록하고 있는데, 이는 사마의가 꼿꼿하게 누워 미동도 않으면서, '당신의 사람이 왔으나, 나는 움직이지 않겠다. 칼이 들어와도 움직이지 않고, 지진, 폭풍이 와도 움직이지 않겠다. 나는 지금 스스로 생활하기가 어렵다.'라고 응답한 것입니다. 결국 자객들은 조조에게 돌아가 그가 정말로 병이 났다고 보고하게 됩니다. 이에 조조는 비로소 사마의를 놔줍니다. 이처럼 사마의와 조씨 집안의 속고 속이는 싸움은 이미 20대에 시작된 일이었습니다. 그야말로 쉽지 않은 일이었습니다.

　사마의는 30세가 되어 조조 휘하의 관직에 나가 73세에 죽기까지 무려 40여 년 동안 네 명의 보스를 보좌했습니다. 조조, 조비, 조예, 조상을 보좌한 4대를 잇는 원로였습니다. 뿐만 아니라 각각의 보스 밑에서 언제나 핵심 인사였고, 4대에 걸쳐 원로 역할을 수행한 뒤에도 편안하게 천수를 누리고 죽었습니다. 과거 역사를 뒤져보아도 이는 결코 쉬운 일이 아닙니다.

우리는 일생에 걸쳐 다양한 성격과 기질의 보스를 만나게 된다. 각기 다른 보스를 모시면서 긍정적인 관계를 유지하는 것은 핵심 간부에게 커다란 과제이다. 이 관계를 제대로 맺지 못하면 개인의 사업과 조직 발전에 잘못된 영향을 미칠 수 있다. 조위 집단의 절대적인 핵심 간부로서 사마의 역시 똑같은 문제에 직면했다. 그는 어떻게 이 문제를 돌파했을까?

제 1 책 략

근면勤하고, 자중謹하며, 인내忍하라

결론적으로 말하면 사마의는 핵심 간부로 활동하면서 다음의 여섯 개의 초식을 사용했는데, 이를 '육자잠언'이라고 부르겠습니다.

먼저 의심형 보스에 대응하기 위해서 세 개의 글자 근勤, 근謹, 인忍을 사용했습니다. 만약 열심히 일을 하는데도 윗사람의 신임을 얻지 못한다면 이 세 개의 초식을 사용할 필요가 있습니다.

『진서』「선제기」의 기록에 따르면 건안 30년 즉 208년, 조조는 경사를 맞이합니다. 승상이 된 것이죠. 사람이 경사를 만나면 마음이 편안해집니다. 조조는 십기일전하여 다시 사마의를 불러들일 생각이 들어 사마의를 초빙합니다. 이때 조조는 단호했습니다. 인력자원부에서 인재 등용 책임자를 불러 "만약 다시 핑계를 대고 머물려고 하면 그를 감옥에 집어넣어라. 若復盤桓, 便收之."라고 명합니다. 그 녀석이 또 오지 않으면 그를 붙잡아서라도 데리고 오라는 뜻입니다. 여러분은 혹시 수갑을 들고 경찰차를 몰고 가서 인재를 초빙하는 것을 본 적이 있습니까? 조조가 사마의를 초빙한 해와 같은 208년의 초겨울, 유비도 제갈량을 초빙했습니다. 그러나 유비의 초빙은 조조의 초빙과는 사뭇 분위기가 달랐습니다. 유비가 제갈량을 초빙한 것이 바로 그 유명한 삼고초려입니다. 자신을 낮추고 예로써 인재를 대하고 거기에 공경까지 더했습니다. 조조가 사마의를 초빙할 때는 경찰차를 몰고 수갑을 들이대며 오지 않으면 잡아가겠다고 했습니다. 이러한 입사 과정을 통해 우리는 제갈량의 업무 환경이 아름다운 봄날처럼 따뜻했다고 하면, 사마의의 업무 환경은 얼음과 눈으로 뒤덮인 엄동설한이었음을 알 수 있습니다. 사마의는 이런 엄혹한 환경에서 무려 40여 년을 일하고, 마지막 73세에 집에서 편안하게 숨을 거두었습니다. 이 점이 바로 우리를 탄복하게 하는 점입니다.

이러한 조조의 모진 초식에 사마의는 어떤 반응을 보였을까요? 『진서』「선제기」에는 사마의가 '두려워 나아가 직무를 맡았다. 懼而就職.'라고 기록되어 있습니다. 원래 지식인들은 문맹은 두려워하지 않아도 건달은 두려워하기 때문에, 한 번 협박하자 무서워 바로 받아들인 것입니다. 이렇게 사마의는 30세가 되던 해 조조의 수하가 되었습니다.

흔히들 조조를 섬기기 어려운 보스라고 말하는데, 그 이유는 무엇일까요? 결론부터 말하면 조조라는 사람에게는 밑에서 일하기 어려운 두 가지 특징이 있었습니다.

첫 번째는 그가 자기중심적이고 의심이 많은 데다, 항상 불안해한다는 점입니다. 이와 관련한 많은 고사가 있지만 그 중 대표격인 '몽중살인'을 예로 들어 볼까 합니다.

조조는 자신이 잠들었을 때 누군가가 자신을 해치지 않을까 하는 두려움을 항상 가지고 있었다고 합니다. 그래서 주위의 시종들에게 "나는 병이 있는데, 꿈속에서 살인하는 것을 좋아한다. 그러므로 내가 잠들어 있을 때 내게 너무 가까이 다가오지 마라."고 이야기하곤 했습니다.

그러던 어느 날, 곤히 낮잠에 빠져든 조조가 덮고 있던 이불을 바닥에 떨어뜨리자, 곁에 있던 시종이 이불을 덮어주러 조조에게 다가가는 일이 발생했습니다. 아니나 다를까, 조조는 돌연 일어나 칼을 빼들고 시종을 베어 버렸습니다. 그러고는 아무 일 없었다는 듯이 칼을 내던지고 계속해서 잠을 잤습니다. 얼마 지나서 그는 짐짓 깨어난 것처럼 가장하고 놀란 듯이 물었습니다. "누가 내 시종을 베었느냐?"

주위에 있던 시종들이 "조 승상, 당신입니다."라고 하자, 조조는 "그럴 리 없다."라고 막무가내 주장했습니다. 당시에는 CCTV 같은 것이 있을 리 만무했기 때문에, 조조는 딱 잘라 말했습니다. "내가 죽인 것이 아니다."

그러자 모두들 한입으로 말합니다. "승상, 바로 당신입니다."

이에 조조는 통곡하며 비 오듯 눈물을 흘리며 말합니다. "아아, 내가 꿈속에서 살인을 했구나. 내 일찍이 내가 잠들었을 때 너무 가까이 오지 말라고 하지 않았느냐."

그러고는 죽은 자를 후하게 장사지내고 그 가속들을 위로했습니다. 그런데 장사를 지낼 때 조조의 주부로 있던 양수가 해서는 안 될 말을 합니다.

"승상이 꿈을 꾼 것이 아니라, 자네들이 꿈을 꾼 것이네!"

양수는 조조가 꿈속에서 살인을 한 것이라고 보지 않았습니다. 의심이 많은 조조가 이를 그냥 두고 볼 리 없었습니다. 양수는 말로써 자신에게 화근을 남긴 것입니다.

조조의 두 번째 특징은 매우 독단적인 동시에 한번 외면하면 매섭게 매정해진다는 점입니다. 방금 몽중살인에 대해 이야기했는데, 꿈속이 아니라 멀쩡하게 꿈에서 깨어나 살인을 한 이야기를 해 보도록 하겠습니다. 조조는 늘 두통과 불면증에 시달렸습니다. 오랫동안 잠을 자지 못해 낮에 일하다가 오후가 되면 졸리곤 했습니다. 어느 날 오후, 졸음이 쏟아지자 조조는 막사로 갔습니다. 막사에는 아름다운 애첩이 머물고 있었는데, 조조는 그녀에게 자신이 매우 피곤하니 잠잘 동안 잠시 보살펴 달라고 말했습니다. 이리하여 조조는 그녀의 다리를 베개 삼아 잠을 청하면서, 오후에 회의가 있으니 반드시 깨워달라고 했습니다. 애첩이 알았다고 하자 조조는 잠이 들었습니다. 그런데 애첩이 조조를 보니, 얼굴은 피곤에 지쳐 주름으로 덮여 있고 귀밑머리는 하얗게 변해 있었습니다. 그녀의 마음에는 곧 측은지심이 일어났습니다. 안타까운 마음에 달게 자고 있는 조조를 깨울 수 없었습니다. 그런데 잠시 후 조조가 일어나 왜 자신을 깨우지 않았느냐고 물었습니다. 그녀는 승상이 너무 곤하게 자고 있어서 차마 깨울 수가 없었다고 대답했습니다.

이에 조조는 벌떡 일어나 애첩을 끌어내 곤장을 쳐 죽게 만들었습니다. 이 사람이 누군지 생각해 보십시오. 방금 전까지 은근한 애정을 담아 다리까지 베고 잤던 애첩을 별안간 곤장으로 때려 죽였으니, 조조라는 사람이 얼마나 무정한 사람인지 알 수 있습니다.

이렇게 의심이 많고 쉽게 얼굴을 바꾸는 사람과 교류하려면 수시로 일하는 방식에 신경을 써야 합니다. 이런 보스는 멀리하면 편하고, 가까이하면 위험합니다. 즉 일정한 거리를 유지하면 안전하지만 가까이할수록 위험해집니다.

> **양수(175~219)**
> 자는 덕조. 홍농 화음(지금 섬서 화음 동쪽) 사람. 동한 말기 문학가. 태위 양표의 아들로 학식이 깊어 이름이 널리 알려졌다. 건안연간 효렴으로 등용되어 낭중에 임명되었고, 후에 승상 조조의 주부가 되었다. 조조에 의해 살해되었을 때가 45세였다.

전형적인 예가 양수楊修입니다. 보통 사람들은 양수가 총명함을 과시하다가 죽은 것으로 알고 있습니다. 하지만 만약 양수의 보스가 유비, 제갈량, 혹은 손권이었다면 그가 그토록 비참한 죽음에 이르렀을까요? 그는 오로지 조조라는 보스를 두었기 때문에 죽은 것입니다. 양수의 잘못은 총명을 과시한 것에 있지 않습니다. 그가 만약 유비의 수하로서 총명을 자랑했다면, 그는 아마도 크게 발탁되었을 것입니다.

그러나 양수의 과실에 대해서도 짚어볼 필요가 있습니다. 양수는 상대를 고려하지 않고 총명을 자랑했습니다. 조조와 같은 보스를 상대로 총명을 자랑하려 했다니요! 이와 관련해 세 가지 사건을 살펴보려 합니다.

첫 번째 사건은 이렇습니다. 조조는 화려한 건물을 짓는 것을 좋아했습니다. 이러한 그의 성향은 아들 조비에게도 전해졌지요. 아무튼 조조가 사람을 시켜 화원을 만든 적이 있었습니다. 화원을 완성한 후 장인은 조조에게 시찰을 청했는데, 건물을 본 조조가 말없이 고개를 저으며 문에 활活자를 쓰고는 가 버렸습니다. 무슨 영문인지 모두들 어리둥절하던 때에 양수가 와서는 이렇게 설명했습니다.

"문門의 중간에 활活자를 썼으니 넓다는 뜻의 활闊자가 아닌가. 승상은 이 문이 너무 넓어 마음에 들어 하지 않으니 문을 조금 좁히면 되네."

이에 장인은 곧바로 문을 만들었습니다. 공사가 끝난 후 조조가 다시 와서 보고는 크게 웃으며 말했습니다.

"너희들 아주 똑똑하구나. 문이 큰 줄을 어떻게 알았느냐?"

"승상, 저희가 알아낸 것이 아니라 양수 주임이 우리에게 말해 준 것입니다."

대답을 들은 조조는 기쁜 듯 큰소리로 웃었지만 마음속으로는 양수가 못마땅했습니다.

'너는 내 가까이서 일하는 사람인데, 어찌 맘대로 상사의 마음을 다른 사람에게 알려줄 수 있느냐?'

양수는 금기를 건드린 것입니다.

두 번째 사건은 조조의 두 아들 조비와 조식 사이에서 일어난 일입니다. 조조는 두 아들 중 누구의 능력이 더 뛰어난지 잘 알지 못했습니다. 음험한 성향의 의심형 보스 조조는 꼼수로 다른 사람을 시험하는 것을 좋아했습니다. 조조는 토성을 지키는 문지기들에게 "잠시 후에 우리 두 아들이 성 밖으로 나가려 할 텐데, 이때 절대로 성문을 나서지 못하게 하라. 무슨 말을 해도 나가지 못하도록 하라."고 명하고는 두 아들을 불러 말했습니다.

"너희 둘은 지금 토성으로 가서 성문 밖으로 나가 보거라. 둘 중 성공한 사람을 능력이 있다고 여기겠다."

조비가 먼저 나서 성문을 통과하려 시도했습니다. 그러나 문지기는 조금의 틈도 주지 않고 성문을 막았습니다. 조비는 어찌할 수 없이 되돌아갈 수밖에 없었습니다.

하지만 조식은 성문에 나서기 전 양수에게 먼저 들러 어떻게 해야 좋을지 방법을 물었습니다. 양수는 조식에게 말했습니다.

"그야 쉬운 일이지요. 공자께서는 승상께 성을 나서라는 명령을 받았는데, 감히 당신의 앞길을 막는 사람이 있으면 누구라도 목숨을 취하십시오."

조식은 고개를 끄덕였습니다. 과연 성문을 나서려는 그를 문지기가 막아서자 그는 두말하지 않고 검을 빼들어 문지기의 목을 베어버리고 성문을 나섰습니다.

이 일 이후 조조는 조식이 더 능력 있는 아들이라고 여겼습니다. 하지만 훗날 이 방법이 양수가 가르쳐 준 것임을 알았을 때, 조조는 양수를 더욱 미워하게 된 것입니다.

이 와중에 양수에게는 가장 치명적인 세 번째 사건이 터졌습니다. 양수는 조조가 운영하는 기업의 주임과도 같은 역할이어서 조조가 내린 많은 문장, 포고, 조령들을 대부분 작성했습니다. 그는 조조의 책략, 의도와 생각을 아주 잘 알고 있었습니다. 조조는 아들들과 천하의 형세 및 전쟁과 외교 정세, 이재민 구제 임무 등 주요 안건에 대한 의견을 나누고 질문하는 것을 좋아했습니다. 이 때문에 자주 아들들을 불러 이야기를 나누곤 했습니다.

조식은 답을 제대로 하지 못할까 불안한 마음에 양수에게 도움을 청했습니다. 그러자 양수가 말했습니다. "너무 조급하게 굴지

조비(187~226)
자는 자환(子桓). 삼국시기 정치가, 문학가. 조위의 개국황제로 220~226년 재위. 문학에서도 재능을 발휘하여 아버지 조조, 동생 조식과 함께 삼조(三曹)로 칭해졌다.

조식(192~232)
자는 자건(子建). 삼국시기 시인. 건안문학의 대표 인물. '삼조'라 불릴 정도로 문학적 성취가 높았다. 조비와는 태자 경쟁에서 밀려 우울한 말년을 보냈다.

마십시오. 제가 여기 문답 수첩을 잘 준비해 두었습니다. 위쪽은 질문이고 아래쪽은 답입니다. 잘 기억해 두면 질문에 대답할 수 있을 것입니다."

그 결과 조식은 조조가 질문을 할 때마다 청산유수처럼 당당하고 차분하게 답변을 할 수 있었습니다. 하지만 눈치 백단의 조조가 이상한 낌새를 알아채고는 후에 사람을 시켜 내막을 조사하도록 했습니다. 조사 결과, 양수가 모든 중요 문제에 대한 답을 수첩에 적어 조식으로 하여금 외우게 한 것을 알게 되었습니다. 이 일은 조조를 크게 노하게 만들었습니다. 이로 인해 조조는 훗날 양수를 죽일 명분을 찾게 됩니다.

관리학에서는 보스 주변에서 일하는 사람에게 세 가지 금기가 있다고 말합니다.

첫 번째, 비밀을 누설하지 않는 것입니다. 보스의 속마음을 멋대로 주변 사람에게 말해서는 안 됩니다.

두 번째, 버릇없이 굴지 않는 것입니다. 위아래를 구분하지 않고 멋대로 말하거나, 보스를 쉽게 여기고 일을 소홀히하는 것을 경계해야 합니다.

세 번째, 속이지 않는 것입니다. 잔머리를 굴려 표리부동하게 행동하며 보스를 속일 수 있다고 생각해서는 안 됩니다.

안타깝게도 양수는 이 세 가지 금기를 모두 범했습니다. 그가 어떻게 죽지 않을 수 있었겠습니까?

우리는 주변에서 자신의 재간만을 믿고 안하무인으로 큰소리를 치는 사람을 종종 본다. 이런 부류의 사람들은 조조와 같은 의심형 보스를 만나면 반드시 말썽을 일으키고 머지않아 사고를 당하게 된다. 양수의 문제는 잔꾀를 너무 좋아했다는 것이다. 그렇다면 양수와 똑같은 보스를 모신 사마의는 어떻게 조조와의 관계를 처리했을까?

사마의는 비교적 영리한 사람이었습니다. 보스 곁에서 일을 할 때 설령 보스가 특별히 친하게 여기고 가까이 할지라도 시종 조심하고 근신했습니다. 말하지 않아야 하는 것은 말하지 않고 하지 말아야 할 일은 하지 않았습니다. 사마의가 이렇게 노력하는데, 조조는 당연히 그를 신임해야 했겠죠? 그렇지만 조조는 여전히 그를 신임하지 않았습니다. 게다가 아무런 근거도 없이 하마터면 사마의를 살신지화로 내몰 뻔했습니다. 도대체 어떤 일이 있었던 것일까요?

당시는 관상술에 비교적 신경을 쓰는 시대였습니다. 한 관상가가 사마의가 '낭고상狼顧相(이리가 뒤를 돌아보는 상)'을 가지고 있다고 말했습니다. 낭고상이란 사람이 앞을 향해 가면서 몸은 움직이지 않고 머리만 180도 뒤로 돌릴 수 있는 사람을 말합니다. 오늘날에는 경추가 잘 발달되었다고 이해했겠으나 과거에는 이런 관상을 가진 사람은 다른 속마음을 먹고 반역을 꾀할 인물이라고 생각했습니다. 그래서 조조는 사람을 시켜 사마의가 걸어갈 때 뒤에서 "중달"하고 부르도록 시험해 보았습니다. 아니나 다를까 사마의가 고개를 돌리는데 정말로 몸은 앞을 향해 있고 머리만 뒤로 도는 것이었습니다. 이를 본 조조의 마음속에는 곧 반목하는 마음이 생겼습니다. 그는 '이 녀석은 분명 다른 마음을 먹고 있고 언젠가 반드시 모반을 꾀할 것이다.'라고 단정하게 됩니다. 그래서 조조는 조비에게 당부합니다.

"사마의는 다른 사람의 신하가 될 녀석이 아니니, 분명 너의 국가 대사에 간여할 것이다. 司馬懿非人臣也, 必預汝家事."(『진서』「선제기」)

즉 사마의란 놈이 조만간 반역하여 천하를 빼앗을 것이니 조심하라는 뜻입니다. 여기서 우리는 조조가 사마의를 적수로 여겨 살심을 품었음을 알 수 있습니다.

이러한 상황에서 사마의는 어떻게 처신했어야 할까요? 의심형 보스는 특히 루머, 유언비어, 근거 없는 말을 잘 듣고 그것을 진실로 믿는 경향이 있습니다. 어떤 사람은 그저 세월이 지나면 저절로 검증될 것이니, 일일이 대꾸하거나 해명하지 않아도 된다고 생각할 것입니다. 하지만 이는 잘못된 방법입니다. 의심형 보스 아래에서 일을 할 때에는 유언비어일수록 더욱 진지하게 해명해서 올바로 보고해야 합니다. 그래서 사마의는 행동으로 자신을 해명하기로 결정합니다. 그는 먼저 '성실하게 땀을 흘리는 책략'을 사용하여 더욱 열심히 일을 합니다. 『진서』「선제기」에는 '사마의는 직무에만 몰두하여 밤에도 잠을 자지 않고 열심히 일하였고, 풀을 뜯고 방목하는 일과 같은 작은 일도 모두 다 물어보고 시행했다. 帝於是勤於吏職, 夜以忘寢, 至于芻牧之間, 悉皆臨履'라고 기재되어 있습니다. 침식을 잊고 밤낮으로 일했다는 뜻입니다. 그러면 여기서 '추목芻牧'이란 어떤 일일까요? 바로 말을 방목하고 여물을 주는 단순한 일까지도 친히 했다는 것입니다. 이렇게 아주 힘들게, 아주 열심히 일한 결과 '비로소 조조가 안심하였다. 魏武意遂安'(『진서』「선제기」)고 합니다. 이제 사마의에 대한 조조의 태도는 다소 변하게 됩니다. 이것이 바로 '성실하게 땀을 흘리는 책략'입니다.

두 번째로 사마의는 '다리를 놓는 책략'을 사용합니다. 이는 조조가 신임하는 사람들의 도움을 받아서 자신에 대한 신뢰도를 높이는 것입니다. 그는 다름아닌 조비를 이용했습니다. 사마의와 조비의 관계는 매우 좋아『진서』「선제기」는 '태자 조비는 항상 사마의와 잘 지내 매번 서로를 잘 보호하여 화를 피할 수 있었다고 기록하고 있습니다. 보스가 신임하지 않아도 관계없습니다. 보스가 신임하는 사람을 찾아 그로 하여금 자신에 대해 잘 말하게 하면 됩니다.

'성실하게 땀을 흘리는 책략'과 '다리를 놓는 책략'에 기댄 결과 조조는 사마의에 대한 의심과 불신을 잠재우고 더는 그의 목숨을 노리지 않게 됩니다. 누군가는 사마의를 의심한 조조가 리더로서의 자질이 없다고 느낄지도 모르겠습니다.

'중달 선생이 그처럼 뛰어난 재능을 가지고 성실히 일을 했는데, 오히려 보스라는 자는 시시때때로 트집만 잡는구나! 차라리 일을 하지 않고 존재감 없이 있는 쪽이 마음 편하겠구나.'

그러나 우리가 생각해야 할 문제가 하나 더 있습니다. 조직의 핵심 인력으로서 견뎌야 하는 보스의 엄격한 관리에 대해서 말입니다.

『서유기』를 한번 살펴보려 합니다. 『서유기』는 삼장법사, 손오공, 저팔계, 사오정이 인도의 불경을 찾아 떠나는 이야기입니다. 혹시 손오공의 머리에 무엇이 씌어져 있는지 기억하십니까? 그것은 주문을 외면 머리가 깨질듯이 조여지는 금테 머리띠입니다. 왜

저팔계와 사오정에게는 금테를 씌우지 않고 손오공에게만 씌웠을까요? 이유는 아주 간단합니다. 손오공은 능력이 뛰어나 무리를 떠나서도 얼마든지 잘 지낼 수 있지만, 그가 없으면 남겨진 일행은 한 발자국도 움직일 수가 없기 때문입니다. 따라서 삼장법사는 '중간에 딴 마음을 먹지 않고 도망치지 않을 것을 우리에게 증명해 보여라.'라고 요구했던 것입니다. 삼장법사는 손오공의 머리에 금테를 씌우고 조용히 주문을 외우며 묻습니다.

"아프냐?"

"죽겠습니다."

"이제 너를 붙잡아둘 수 있으니, 안심하고 믿을 수 있겠구나."

반면 저팔계와 사오정은 오히려 바보에 가까운 범인입니다. 무리를 따라 인도에 가면 득도할 수 있겠지만, 무리를 떠나면 그들에게는 미래가 없습니다. 이런 사람들은 게으름을 피우고 뭉그적거릴 수는 있겠으나 변심하지는 않을 것입니다. 따라서 이들에게는 미래를 이야기해 줘야 합니다.

"팔계야, 천축에 가자. 천축은 아주 좋은 곳이란다. 베이징 시간으로 세 끼를 먹고, 뉴욕 시간으로 또 세 끼를 먹는단다. 마른 음식도 있고 묽은 음식도 있단다. 뿐만 아니라 우리 회사는 9층에 있는데, 아주 예쁜 아가씨들이 다니는 회사가 무려 6층에 있단다."

이렇게만 말해 줘도 그는 자연스럽게 천축으로 가는 길에 따라갈 것입니다. 재주가 있는 사람에게는 단속을 강화해야 하지만, 재주가 없는 사람은 진솔하게 인도해야 합니다. 이러한 책략을 일컬어 '능력 있는 사람에게는 금테를 씌우고, 평범한 사람에게는 그림의 떡을 준다.'고 하는 것입니다.

마차를 몰 때에도 마찬가지입니다. 끌채를 메고 수레를 끄는 말은 꽉 붙들어 매야 합니다. 하지만 곁에서 돕는 말은 조금 느슨하게 매도 큰 문제가 되지는 않습니다. 따라서 윗사람이 엄격하게 관리하는 경우에는 부하에 대한 인정과 동시에 그의 가치를 긍정적으로 평가하고 있음을 이해할 필요가 있습니다. 사마의는 자신의 위치를 정확하게 포지셔닝하고 마음을 다스렸습니다.

이쯤에서 '버섯 책략'이라는 관리 책략을 추천하고자 합니다. 경험이 많은 농사꾼은 버섯균을 어둡고 습한 곳에 포대로 덮어둔 후에 신경을 쓰지 않습니다. 두 달이 지난 후 포대를 열면 버섯은 살이 바짝 오른 채 먹음직스러운 모습으로 성장해 있습니다. 많은 보스들이 인재를 육성하고 아랫사람을 단련하기 위해 그를 어둡고 습한 곳에 내버려두고 신경쓰지 않는 방법을 취합니다. 이 시기에는 보스를 원망해서도 안 되고, 조급해해서도 안 됩니다. 착실하게 해야 할 일을 해내면 그는 매우 빠르게 성장할 수 있습니다. 이런 마음가짐으로 일을 해야 성공할 수 있습니다. 사마의도 마찬가지였습니다. 이러한 오랜 기다림 끝에야 자기 사업의 봄을 맞을 수 있었습니다.

사마의의 뛰어난 재능과 원대한 책략에 비하면, 그가 얻은 무대는 비교적 작은 것이었습니다. 오랜 시간 그가 한 일이라고는 자질구레하고 복잡한 비서 업무였습니다. 하지만 사마의는 정확하게 형세를 판단하고 조조와의 관계의 척도를 명확하게 파악했습니다. 재능을 밖으로 드러내지 않고 마음속으로 불평하지 않으며 근신, 근면, 인내하면서 의심형 보스의 인정을 획득한 것입니다.

훗날 조조가 세상을 뜨자 조비는 황제를 칭하게 됩니다. 조비의 수하에는 네 명의 핵심 브레인 오질吳質, 진군陳群, 주삭朱鑠, 사마의가 있었습니다. 조비는 자리에 오른 후 곧바로 이 네 사람을 발탁합니다. 이때 사마의의 나이 41세였습니다. 과연 "천자가 바뀌면 신하도 모두 바뀌고, 새로 관리가 오면 사람부터 바꾼다."는 말과 일치했습니다. 사마의의 직무 또한 한 계단 한 계단 상승하여 상서尚書가 되고 독군督軍이 되고, 뒤이어 어사중승御史中丞, 녹상서사무군대장군錄尚書事撫軍大將軍이 됩니다. 또한 그의 계급은 하진정후河津亭侯에서 안국정후安國鄕侯가 됩니다. 관운장이 달았던 계급이 한수정후漢壽亭侯였다는 것을 감안하면 사마의가 이미 향후였다는 것이 얼마나 대단한 일인지를 알 수 있습니다.

그러나 이처럼 춘풍에 돛을 단 듯한 시기에 사마의는 득의양양하게 자신을 과시했을까요? 그렇지 않았습니다. 사마의는 더욱 근신합니다. '언제나 벌벌 떨면서, 깊고 깊은 못가에 임하는 심정으로, 마치 살얼음 위를 걷는 듯하네. 戰戰兢兢, 如臨深淵, 如履薄氷.' 바로 이렇게 행동했습니다. 어째서일까요? 조비라는 보스도 조조만큼이나 보필하기 까다로운 사람이었고 성격은 훨씬 도전적이었기 때문입니다. 그렇다면 이런 보스를 상대하기 위해 사마의가 채택한 방법은 무엇이었을까요?

제 2 책 략

겸허謙하고, 온화溫하며, 침묵密하라

두 가지 대표적인 사건을 들어 조비의 리더십 스타일을 설명해 보겠습니다.

첫 번째 사건은 포훈鮑勳의 억울한 죽음입니다. 조비의 수하에는 포훈이라는 관리가 있었는데, 포훈의 부친 포신鮑信은 조조의 옛 전우였습니다. 포신은 황건적과 싸울 때 조조를 구하기 위해서 목숨을 내던졌기에 그 시신조차 찾지 못했는데, 후에 조조는 나무로 포신의 모습을 조각하여 이를 울면서 매장했습니다. 자연스레 포훈은 열사의 자식으로 중임을 받았습니다. 그러나 포훈은 이후 근무지에서 조비의 노여움을 사게 됩니다. 포훈이 맡은 직책은 위군魏郡 서부의 도위都尉인 사법관이었습니다. 당시 위군 밑에는 곡주曲周라는 현이 있었는데, 이 현의 성이 곽씨인 간부가 큰 죄를 저지르는 일이 발생했습니다. 하필 이 간부는 조비의 손아래 처남이라는 특수한 신분이었습니다. 최고 통치자는 그의 비서, 보좌관, 처형, 처남 하물며 운전사까지 주변 인물들을 잘 관리해야 합니다. 그렇지 않으면 틀림없이 분란이 일어나게 됩니다. 조비는 그러지를 못했습니다. 그의 처남이 잘못을 저지른 이후 포훈이 그를 처벌하려 할 때, 조비는 업성鄴城에 있었습니다. 처형의 처벌 소식을 들은 조비는 몇 차례에 걸쳐 편지를 보내 관대히 처리해 줄 것을 요청했습니다. 그러나 포훈은 이에 아랑곳하지 않고 원칙대로 처벌하였습니다. 이로 인해 당시 태자였던 조비는 분노했고, 곧 영향력을 행사하여 포훈을 면직시켰습니다.

훗날 조비가 황제가 되자 포훈은 다시 기용되었는데, 이때 포훈은 두 번째 잘못을 저

포훈(?~226)
자는 검색(叔業), 태산 편양(泰山 平陽, 지금의 산동 신태) 사람. 삼국시기 조위의 관리. 제북상 포신의 아들인 연유로 관직은 궁정(어사중승)에 이르렀고, 후에 치서집법으로 좌천되었다. 태자중서자를 역임할 때 성정이 강직하여 조비를 노하게 했고, 조비가 황제가 된 후에도 수차례 간쟁하여 노여움을 사 결국 억울하게 죽었다.

질렀습니다. 여러분도 알다시피 조비는 문학적 재능이 뛰어났습니다. 그에게는 두 가지 취미가 있었는데, 하나는 글로 재주를 부리는 것이었고 다른 하나가 바로 무예를 좋아하는 것이었습니다. 조비는 특히 사냥을 좋아했는데, 조비가 공금을 쓰면서 사냥하는 일에 대해 포훈은 상당한 반감을 가지고 있었습니다. 한번은 조비가 대대적으로 사냥을 나가려는데, 포훈이 마차를 막으며 공금으로 사냥을 하는 것은 백성에게 피해를 주며 물자를 축내고 또한 생명을 죽여 해치니 옳지 않다고 간했습니다. 여기에서 그치지 않고 노는 데 정신이 팔리면 진취적인 마음을 잃어버릴 것이라고 말했습니다. 말이 아주 신랄했습니다. 성미 급한 조비는 포훈의 상소문을 가져오라고 해서 찢어버립니다. 포훈도 한 성질 하는 사람이어서 그 역시 마차를 붙잡고 조비가 가지 못하도록 막았습니다. 조비가 그를 밀쳐내고 가 버리자 포훈은 쫓아가면서 계속해서 간언했습니다. 이 일로 조비는 다시 포훈을 강등시킵니다.

세 번째 사건은 225년 가을에 일어났습니다. 조비는 대군을 이끌고 남쪽의 동오를 정벌하기로 결정을 합니다. 이 남정의 군사회의에서 포훈은 다시 자기 주장을 펼칩니다. '그대의 아버지도 하지 못한 일을 할 수 있겠느냐? 이번 남정은 국고를 헛되이 소모하고 겉만 화려하고 실속이 없으며, 병력을 남용하여 전쟁을 일으키는 것으로 결코 해서는 안 되는 일이다.'라고 말합니다. 사람들 앞에서 조비의 체면이 어떻게 되었겠습니까? 조비는 곧바로 포훈을 포박하고 맙니다.

조비는 남정에서 돌아온 후 포훈을 죽이려고 유관부문에 넘겨 형을 선고하게 합니다. 유관부문은 처음에는 정형正刑 5년, 즉 징

역 5년을 선고합니다. 그리고 다시 재심한 후 판결이 너무 무겁다고 생각하여 '벌금 2근', 즉 5만 냥의 벌금으로 감형합니다. 하지만 조비는 계속 트집을 잡아 포훈을 죽이려 했습니다. 모두들 아연실색했습니다. 포훈은 열사의 자손입니다. 그의 아버지는 조조의 목숨을 구했고, 그 자신은 관리로서 청렴결백하고 진정으로 백성들을 위해 일을 했습니다. 사실 그가 세 차례 제기했던 문제도 모두 정확한 의견이었습니다. 그래서 당시의 태위인 종요鍾繇, 사도 화흠華歆과 진동대장군 진군까지 포함한 중량급 인물들이 나서 포훈을 용서할 것을 청하는 상소를 올립니다. 하지만 조비는 이에 아랑곳하지 않고 계속 포훈을 죽이려고 당시의 사법관인 정위廷尉 고유高柔를 압박했지만 고유도 이에 따르지 않았습니다. 그래서 조비는 술수를 썼습니다. 고유에게 사람을 보내 회의를 연다고 통보하고는, 고유가 관청을 떠나자 곧바로 감옥에 사람을 보내 포훈을 죽여 버립니다. 이는 사적으로 살인을 한 것입니다. 이로 보건데 조비는 원한을 꼭 기억하는 리더로, 속이 좁은 사람이었습니다.

조비의 이런 성격이 더욱 강렬하게 드러난 사건이 '분노로 조홍曹洪을 죽인' 사건입니다. 조조의 수하 대장이었던 조인과 조홍은 조조와 남정북벌하면서 함께 전쟁터를 누비고 커다란 공로를 세웠습니다. '제후들과 동탁을 토벌하고', '동관에서 마초와 싸울' 때 조홍은 목숨을 걸고 조조를 구했습니다. 『자치통감』에는 조홍은 돈이 많았지만 아주 인색했다고 기재되어 있습니다. 조비가 태자였을 때 잦은 연회와 사냥으로 인해 주머니 사정이 나빠지자 조홍에게 돈을 빌리러 갔는데, 조홍이 빌려주지 않았다고 합니다.

조홍(?~232)
자는 자렴(子廉), 패국 초(지금의 안휘 호주) 사람. 조조의 종제로 위나라의 명장이다.

조홍은 부귀를 지킬 줄 몰랐습니다. 그렇게 많은 돈을 가지고 있으면서도 다른 사람들과 함께 누릴 줄 몰랐고, 더욱이 조비에게도 돈을 빌려주려 하지 않았던 것입니다. 『자치통감』에는 조비가 '100필의 비단을 요청했지만 다 들어주지 않았다. 貸絹百匹不稱意.'라고 기록되어 있습니다. 100필의 비단을 요청하니 주기는 주었으나, 다 주지 않았다는 뜻입니다. 이에 조비는 조홍을 적대시하게 됩니다. 군자의 복수는 10년이 걸려도 늦지 않다는 말이 있습니다. 훗날 황제가 된 이후 조비는 꼬투리를 잡아서 조홍을 죽이려 합니다.

어떻게 감히 조홍을 죽인단 말인가? 조정의 문무백관들 모두가 놀랐습니다. 성미 급한 조비의 어머니 변태후가 조비를 찾아와 타일렀습니다.

"양, 패에서의 싸움에서 조홍이 없었다면 어찌 오늘의 우리가 있을 수 있겠느냐! 梁, 沛之間, 非子廉無有今日!"

삼국지에서 볼 수 있듯, 제후가 동탁을 토벌하고 동관에서 마초와 싸울 때에 조홍이 없었다면 조조도 목숨을 잃었을 것입니다. 이처럼 조홍은 조위 정권의 대들보와 같은 사람이었습니다. 그런데도 조비가 계속해서 조홍을 죽이려 하자 변태후는 한 가지 방법을 생각해냅니다. 그녀는 조비의 부인인 곽황후를 불러 위협하며 말했습니다.

"네가 가서 너의 숙부를 구하거라. 만약 네가 그를 구하지 못하면 내일 당장 너를 친정으로 쫓아 버리겠다."

시어머니가 쫓아낼 것이라며 엄포를 놓자 곽황후는 깜짝 놀라 울며불며 조비를 찾아갑니다. 조비는 충신의 말은 듣지 않고, 대장군의 말도 듣지 않고, 친어머니의 말도 듣지 않았지만, 아리따운 아내를 보자마자 그녀의 말을 듣습니다. 그래서 결국 조홍을 죽이지 않게 되었고 조홍은 가까스로 목숨을 건지게 됩니다. 이 사건은 여러 사람들의 마음을 차갑게 만들었습니다. '무슨 보스가 저래?' 마음속으로 조비를 비난했습니다.

이상의 몇 가지 사건을 통해 우리는 조비가 원한은 꼭 기억하는 리더임을 알 수 있습니다. 조비는 속이 옹졸하여 사적인 정으로 일을 하는 사람이었습니다. 조조가 의심형 리더이기는 했으나 적어도 그의 마음속에는 큰 그림이 있었습니다. 아랫사람이 하는 일이 국가를 위한 것이고 제안한 것이 정확한 의견이면 이를 존중했고, 그의 정신도 말짱했습니다. 하지만 조비는 그렇지 못했습니다. 그는 애국심, 청렴결백과 같은 것은 상관하지 않고 오로지 그의 눈에 거슬리면 예외 없이 모두 죽였습니다.

> 일반적으로 조직 내에서 위신이 높은 핵심 직원은 말에도 무게감이 있게 마련이다. 그러나 이는 종종 하나의 문제를 야기한다. 핵심 직원의 생각과 보스의 생각이 갈릴 때 이를 어떻게 처리하는 것이 좋을까? 만약 조비와 같이 원한을 잘 기억하는 보스라면 이때는 또 어떻게 처리해야 할까? 사마의는 영리한 일 처리로 조비의 신임을 잃지 않으면서 적절하게 일을 이끌어 나갔다.

조비와 같은 보스 아래에서는 어떻게 일을 해야 할까요? 6자 잠언 중 나머지 세 글자는 '겸謙, 온溫, 밀密'이라고 할 수 있습니다.

'겸'은 겸허하게 자세를 낮추고 오만하게 처신하지 않는 것입니다. 얼마나 많은 공을 세웠든지간에 꼬리를 내리고, 절대로 보스를 무시하지 않는 것입니다.

'온'은 말을 온화하게 하는 것입니다. 아무리 이치에 맞아도 결코 얼굴을 붉히거나 자극적인 말을 하지 않고 나지막이 말하는 것입니다.

'밀'은 비밀을 지키고, 할 말이 있으면 비공개로 하는 것입니다. 보스가 무슨 말을 하든 다른 사람에게 이를 말하지 않고 멋대로 전파해서는 안 됩니다.

사마의는 '겸', '온', '밀'이라는 세 글자에 기대어 아주 적절하게 처신을 했습니다. 간단한 예를 들어 봅시다. 조비는 사마의를 중용하여 그를 무군록상서사로 발탁했는데, 이 직무는 현재의 국무원 부총리 겸 국방장관에 해당하는 자리로 조비가 그를 특별히 신임했기에 가능한 일이었습니다. 하지만 사마의는 누차 사양하여 받지 않았습니다. 그러자 다급해진 조비는 한마디 합니다.

"나는 이런 자질구레한 일을 밤낮으로 하느라 휴식할 시간도 없다. 이것은 그대에게 부귀영화를 누리라고 하는 것이 아니라 나와 근심과 피로를 나누어 가지자는 것일 뿐이다."

조비가 이렇게까지 말하자 사마의는 비로소 무군록상서사의 일을 맡게 됩니다. 사마의의 처신이 아주 신중하고 겸허했음을 알 수 있습니다. 이후 조비는 갈수록 사마의를 맘에 두고 신임합니다. 조비가 내린 조서에는 "내가 동쪽으로 가면 그대는 서쪽에 남아 지키고, 내가 서쪽으로 가면 그대는 동쪽에 남아 지키시오. 吾東, 撫軍當總西事, 吾西, 撫軍當總東事."(『진서』「선제기」)라고 기재되어 있습니다. 사마의가 조비 아래에서 한 역할은 초한쟁패 시 소하_蕭何_가 했던 사실상의 2인자 역할이었습니다.

226년이 되자 조비는 40세의 젊은 나이로 세상을 뜹니다. 임종 시 조비는 사마의, 조진, 진군을 병상에 불러 국가의 후사를 부탁합니다. 조비는 태자를 불러 "네 앞에 있는 이 세 사람을 신중하게 대하고 의심하지 말라. 有間此三公者, 慎勿疑之."라고 말합니다.

사마의는 다시 한 번 자신의 사업에 봄날을 맞이하였습니다. 전전긍긍하며 낮은 자세로 처신하기를 20년, 마침내 허리를 꼿꼿이 세우고 자신이 하고자 하는 일을 할 수 있게 된 것입니다. 하지만 사마의가 득의양양하게 원대한 계획을 펼치려고 하던 순간 갑자기 변고가 발생합니다.

전방에서 신성 태수 맹달_孟達_이 반란을 일으켜 동오, 서촉과 연합하여 조위를 급습하려 준비하고 있다는 것이었습니다. 사마의는 맹달이 봄바람에 일렁이는 강물처럼 이랬다저랬다 하는 소인배인 것을 일찍부터 꿰뚫어보고 있었습니다. 문제는 사마의가 본 것을 위에 있는 보스는 보지 못하고 있다는 점이었습니다.

지금 맹달은 반란을 꾀하려 하고 있습니다. 불이 발등에 떨어졌는데 먼저 참하고 후에 보고해야 하는가 아니면 먼저 보고를 하고 지시를 기다려야 하는가? 사마의는 망설였습니다. 먼저 보고하고 지시를 기다리면 시간을 지체하여 진압할 기회를 놓칠 것이고, 먼저 참하고 후에 보고하면 보스가 불만을 갖고 멋대로 행동한 죄를 물을지도 모르는 일이었습니다. 정말 이러지도 저러지도 못하는 상황에 빠진 것입니다. 이때 사마의는 이제까지와 마찬가지로 슬기롭게 그만의 책략을 발휘합니다.

황제를 칭한 조비가 죽자 227년 제갈량은 출사표를 올리고 북벌을 꾀한다. 그때 과거 조위에 투항하여 신성태수로 있던 맹달이 다시 제갈량에게 돌아서 중원을 도모하려 했다. 하지만 맹달의 모반 의도는 사마의에게 곧 전해졌다.
조직에는 늘 맹달과 같은 말썽쟁이가 있다. 이런 돌발 사태는 재빨리 해결하지 않으면 조직에 만회할 수 없는 손실을 일으킬 수 있다. 뛰어난 관리자라면 이런 돌발 사태에 대응하여 손실을 최소화할 수 있어야 한다. 『삼국연의』에서 사마의는 맹달의 반란이라는 돌발 상황을 만나 전광석화와 같은 행동으로 중대한 위기를 순식간에 제거했다. 그렇다면 사마의가 맹달이 반란을 준비한다는 소식을 접하고 따로 황제의 재가를 구하지 않고 군사를 동원하여 반란을 진압할 수 있었던 근거와 비결은 어디에 있었을까?

제3강

위기와 돌발의 순간에는
지체함과 망설임이 없게 하라

간교한 상대는 뿌리째 뽑아내다

일을 하다 보면 종종 돌발 사건에 직면하게 된다. 이때 관리자가 처리를 잘못하면 작게는 군심과 사기에 영향을 미치고, 크게는 전체 사업에 헤아리기 힘들 정도의 손실을 초래한다. 조위 정권에는 일찍이 이러한 큰 위기가 발생한 적이 있었다. 위와 촉이 한창 교전하던 시기에 한 사람의 반란이 전쟁의 향방을 바꾸어 놓을 기세였다. 이런 긴급한 시기에 사마의가 무대에 등장한다. 그는 탁월한 판단과 허를 찌르는 결정으로 마침내 위기를 모면하고, 조위 집단 상하 모두의 인정을 받게 된다. 과연 사마의가 돌발 사건을 처리한 비결은 무엇이었을까? 그 속에서 우리가 얻을 수 있는 깨우침은 무엇일까?

"하늘의 변화는 예측할 수 없고, 사람의 화복禍福은 아침저녁으로 다르다."라는 말이 있습니다. 사람이 큰일을 하려면 돌발적인 상황을 피하기는 어렵습니다. 갑작스럽게 출현하는 천재나 인재에 직면하면 보통의 사람들은 놀라고 당황하여 어찌할 줄 모릅니다. 사람을 적절하게 쓰지 못하고, 지원을 순조롭게 하지 못하여 쩔쩔매게 되지요. 이러한 관점에서 삼국의 역사를 보면, 사마의가 아주 대단한 사람임을 알게 됩니다. 일련의 돌발 사건에 직면해 그는 보통의 사람과는 다른 사유와 방법을 보여주는데, 여기에는 오늘날 우리가 본보기로 삼을 만한 뛰어난 점이 있습니다.

220년, 동한 연강延康 원년 여름. 위왕 조비는 긴박하게 칭제를 위한 준비를 진행합니다. 바로 그때 멀리서 귀한 손님 한 명이 도착합니다. 비록 특별한 환영의식 같은 것은 없었지만 조비는 이 멀리서 온 손님에게 특별한 대우를 하여, 직접 맞으러 나가 자신의 수레에 함께 태웠습니다. 이 일은 결코 작은 일이 아니었습니다. 마치 외국에 여행을 나갔는데 그 나라 대통령이 자신의 차를 공항까지 가지고 나와 영접하며 호텔까지 함께 이동한 것으로, 결코 일반적인 대우는 아니었습니다. 그래서 이러한 특별한 접대는 조위 정권의 많은 관리들의 질투를 불러일으켰습니다.

더욱 사람들을 놀라게 한 것은 조비가 평소와는 다르게 상식적으로 생각할 수 없는 행동을 한 데 있습니다. 줄곧 엄숙하기만 했던 그가 의외의 짓궂은 장난을 친 것입니다. 이날 조비는 수레에 앉아 캐주얼한 옷을 입고 가뿐하고 유쾌한 모습으로 손님과 상투적인 인사말을 나누다가 갑자기 손으로 상대의 등을 두드리며 말합니다.

"그대는 설마 유비가 나를 암살하러 보낸 자객은 아니겠지?"

이런 돌발적인 행동을 보고 사마의를 포함한 현장의 관리들을 모두 어안이 벙벙해졌고, 주위의 경호원들은 식은땀을 흘렸습니다. 모두들 속으로 '이건 농담이 너무 심한 거 아냐?'라고 생각했을 것입니다.

관리의 원칙에 따르면, 리더는 아랫사람과 농담을 해서는 안 됩니다. 많은 사람 앞에서 아무 때나 농담을 하게 되면 보스의 권위가 실추될 수 있습니다. 이것이 우리가 흔히 말하는 "군주는 우스

갯소리를 하지 않는다. 君無戲言."는 말의 맥락입니다. 군주가 자주 우스갯소리를 하여 진지한 이야기를 할 때에도 사람들이 이를 농담으로 받아들이면 어찌하겠습니까? 중국 역사에서 농담으로 강산을 잃어버린 예는 적지 않습니다. "주周나라 유왕幽王이 봉화로 제후를 놀리다."라는 이야기는 아주 유명합니다. 이것이 바로 농담 때문에 강산을 잃어버린 경우입니다.

조비의 이번 농담은 확실히 심했습니다. 그는 이 손님이 유비의 자객이 아니냐고 물은 것입니다. 군주는 실없는 말을 하지 않아야 합니다. 황제의 말을 금구옥언金口玉言이라고 합니다. 황제가 누군가를 자객이라고 지칭한다면 어쨌든 그를 잡아내 목을 베어야 합니다. 그런데 조비는 뜻밖에도 이런 심각한 일을 가지고 손님과 농담을 나눈 것입니다.

이는 두 사람의 관계가 일반적이지 않았음을 설명하는 것입니다. 만약 정식 장소에서 누군가가 당신과 농담을 나누거나 혹은 아주 편한 태도로 당신을 부르면, 그것은 그와 당신의 관계가 일반적이지 않고 보통 사람과 다르다는 것을 여러 사람들 앞에서 보여주려는 것으로 설명할 수밖에 없습니다. 사실 조비는 이렇게 농담을 나누는 방식으로 그들 둘의 관계가 일반적이지 않음을 보여주려 한 것이었습니다. 하지만 결론적으로 말하면 그가 말한 농담은 그리 적절하지 않았습니다.

한편 조비의 농담을 들은 손님의 반응도 심상치 않았습니다. 그는 그 짓궂은 농담을 듣고도 전전긍긍하며 식은땀을 흘리지 않았습니다. 별일도 아니라는 듯이 조비가 웃을 때마다 크게 따라 웃을 뿐이었습니다. 현장에 있던 사람들에게나 사마의에게는 그저

기이한 광경이었습니다. 사마의는 조비가 태자가 되는 것을 도왔고 그를 보좌하여 강산을 얻었으며, 남정과 북정 모두를 도왔지만 이제껏 그와 같은 대접을 받은 적이 없었습니다.

손님의 정체는 바로 성은 맹이요 이름은 달, 자는 자도子度인 삼국의 유명인이었습니다. 맹달은 원래 유비 수하의 상용上庸 태수였는데, 관우가 죽은 일로 유비의 분노를 사게 됩니다. 전장에 있던 관우가 위기에 처해 원군을 요청했을 때, 맹달이 원군을 보내지 않아 전사했기 때문입니다. 게다가 맹달은 유비의 양아들 유봉과 자주 충돌하여 더는 함께 일하기 힘들어지자, 수하의 4,000여 가家를 데리고 조비에게 투항했습니다. 한 가를 네 사람으로 계산하면 1만 6,000여 명에 상당하는 큰 규모였습니다. 이때가 바로 조비가 황제가 될 준비를 하고 한 헌제獻帝에게 황위를 넘기도록 협박하던 시기였습니다. 그에게는 무엇보다 여론상의 지지가 필요했습니다. 자신이 재능뿐만 아니라 호소력도 있는 인물임을 천하에 표명하여, 그가 황제가 되는 것이 모든 사람의 바람임을 드러내고자 했던 시기인 것입니다. 마침 이때 맹달이 투항하여 조비가 모든 사람들이 우러르고 흠모하는 인물임을 증명한 것입니다.

조비의 이러한 특별대우는 조위 역사에서 한 번의 전례가 있는 일이었습니다. 관우가 투항했을 때에 조조가 그러했습니다. 관우에 대한 조조의 환대가 존경 때문이었다면, 맹달에 대한 조비의 환대는 친밀 때문이었습니다. 조식과 조홍 등 집안사람들을 대하는 태도로 미루어 보았을 때 조비라는 사람은 개인적인 애정이나 친근감으로 사람

> **맹달(?~228)**
> 자는 자도. 동한 말년에서 삼국시기의 인물. 촉의 신하였다가 위에 투항했고, 다시 촉한에 투항하려 했으나 사마의가 군대를 이끌고 공격하여 죽였다.

을 대하는 인물이 아니었습니다. 그저 엄숙하고 엄격한 것으로 유명했던 조비가 일개 항장을 대하면서는 왜 이처럼 편하고 부드러웠을까요? 심리학과 관리학의 관점에서 두 가지 이유를 찾을 수 있습니다.

첫 번째, 업무상 '시범효과'를 위한 것이었습니다. 조비는 맹달을 우대하고 친밀하게 대함으로써 천하 백성들에게 자신에게 투항하면 이렇게 좋은 점이 있음을 드러내고자 한 것입니다.

'나와 함께 하면 생활은 물론 일에서도 좋은 대우를 받을 수 있다. 이로 인해 동오나 촉한 내지 천하의 영웅호걸들이 나에게 귀의할 것이다.'

두 번째는 생활적인 측면에서의 '후광효과'를 위한 것이었습니다. 후광효과란, 어느 한 방면에서 장점이 두드러지면 그 효과로 말미암아 다른 모든 결점들이 가려지는 현상을 지칭하는 용어입니다. 대표적인 이슈를 만들어, 이를 통해 사람들이 그를 좋아하도록 만드는 것입니다.

비유를 들자면 이렇습니다. 칠흑같이 어두운 상황에서 전등을 켜면 그 빛이 하늘의 별처럼 눈부시게 빛나며 매우 찬란하게 보일 것입니다. 그러나 전등을 끄고 유리 표면을 자세히 살펴보면 먼지와 얼룩으로 매우 지저분할 것입니다. 그러나 먼지가 쌓여 있든 얼룩이 심하게 남아 있든 상관없습니다. 스위치를 올려 전기를 통하게 하면 전등은 다시 눈부시게 빛을 발합니다. 전기가 통하지 않을 때의 전등은 초라하기 짝이 없지만, 전기가 통하게 되면 별처럼 반짝이게 됩니다. 사람도 같은 이치입니다. 그의 장점이 드러나지 않았을 때에는 길에서 흔히 만나는 보통의 사람처럼 별다른 주의를 끌지 못할 것입니다. 그러던 그가 무대에 올라 자신의 장점을 드러낸다면 그에게서는 반짝이는 빛이 나오는 것 같을 것입니다. 이것이 바로 후광효과입니다.

　전문가들의 연구에 따르면 기종과 스타일, 색, 성능, 브랜드가 같은 두 대의 자동차를 세워두고 한쪽에만 아리따운 모델이 서 있게 한 뒤 관중들에게 두 차에 점수를 매기게 하면, 사람들은 모델을 세운 차가 성능이 더 좋고 운전할 때 스타일이 살 것이라고 느낀다는 사실을 발견했습니다. 이것이 바로 후광효과입니다. 미녀 모델이 자신의 아름다움을 자동차에 투사하여, 그녀의 아름다움의 후광이 자동차의 이미지에까지 미치게 된다는 것입니다. 한 사람이 장점을 드러낼 때 그의 결점은 가려지고, 그와 관계된 모든 것이 빛을 발하게 된다는 것입니다.

　조비가 맹달을 좋게 본 것은 이러한 법칙이 작용했기 때문입니다. 맹달에게는 몇 가지 특별한 장점이 있었고, 이 장점이 맹달의 다른 결점을 덮어버린 것입니다.

　『삼국지』는 맹달을 '행동거지가 우아하고 품위가 있으며 말솜씨가 뛰어나 뭇 사람들의 눈길을 끌었다. 進見閑雅, 才辯過人, 衆莫不屬目.'라고 기록하고 있습니다. 맹달에게는 귀족적인 기질이 있어 행동거지가 우아하고 말솜씨 또한 뛰어났다는 뜻입니다. 바로 이 때문에 조비는 특별히 맹달을 좋아했습니다. 맹달이 투항한 후 조비는 특별히 경험이 풍부한 인사담당자를 보내 그와 교류하게 하면서 평가하게 했습니다. 조비가 낸 결론은 맹달이 장수의 재목이고, 공경의 기질을 갖추고 있다는 것이었습니다. 많은 사람들의 적극적인 평가가 상승작용을 일으켜 맹달에 대한 조비의 사랑은

'삼복에 솜저고리를 입은 것'처럼 더욱 뜨겁고 열정적으로 발전했습니다.

사마의는 조비의 과도한 열정을 눈으로 보자 마음이 급해집니다. 성숙한 사람이라면 사람이나 사물을 대할 때 냉정과 이성을 유지해야 합니다. 한 사람의 몇 가지 장점 때문에 그가 가진 많은 단점들을 간과해서는 안 됩니다. 조비에게는 이러한 냉정함이 결여되어 있었습니다. 완벽한 순금이 없듯이 완벽한 사람도 없습니다. 그러나 조비는 맹달의 모든 면을 좋게만 보고 그가 가진 여러 심층적인 문제들을 간과했습니다.

관리자들이 범하는 흔한 실수 중 하나는 한 가지 방면에서 뛰어난 장점을 가진 부하직원을 두고 그가 다른 방면에서도 뛰어난 사람일 것이라고 착각하는 것이다. 따라서 조금의 의심도 하지 않고 100퍼센트 신임하며 일을 맡기다가 문제가 생기고 나서야 비로소 용인의 잘못을 깨닫게 된다. 하지만 이때는 후회해도 이미 늦다. 사마의는 이러한 문제를 직시하고 맹달이 지닌 '특별한 장점'에 대해서도 보통 사람들과는 다른 견해를 보였다.

맹달의 후광효과에 빠져 제대로 된 판단을 하지 못하는 조비 때문에 사마의의 마음은 매우 조급해집니다. 『진서』「선제기」에는 맹달에 대한 사마의의 평가가 간단하게 기록되어 있습니다. "사마의는 맹달의 언행이 지나치게 간사하여 믿을 수 없다고 생각하여 누차에 걸쳐 간했으나 받아들여지지 않았다. 帝以達言行傾巧, 不可

任, 驟諫, 不見廳." 이 글에서 핵심적인 평가는 '경傾'과 '교巧'라는 두 개 글자에 있음을 알 수 있습니다.

여기서 '경'이란 다른 사람에게 쉽게 영합하여 환심을 사는 것을 가리킵니다. 동양인들은 다른 사람의 감정을 아주 잘 고려합니다. 어려서부터 작은 행동 하나에도 다른 사람들의 시선을 고려하며 자랐습니다. 이처럼 인간관계를 중시하여 나의 행동을 타인이 어떻게 보고 느낄지를 생각하며 행동을 하는 것이 바로 심리적 성숙의 지표입니다. 그러나 여기에도 마지노선이 있습니다. 다른 사람에 영합하고 감정을 살필 때에도 처신의 기본 원칙을 저버려서는 안 됩니다. 사마의는 맹달의 문제가 다른 사람에게 영합하고 환심을 사는 데에 있다고 생각하지 않았습니다. 문제는 그가 원칙과 기준을 버리고 이상, 신념, 가치관을 저버린 것에 있었습니다. 가장 기본적인 마지노선을 내던지고 다른 사람에 영합하는 사람은 소인배입니다. 사마의는 이런 부류의 사람이 가장 위험하다고 생각했습니다. 가장 두려운 것은 일국의 황제인 조비가 이러한 위험을 알지 못한다는 사실이었습니다.

중달의 잠언
타인에게 영합하더라도 처신의 기본 원칙을 버려서는 안 된다.

이어서 '교巧'라는 글자가 의미하는 것은 방법, 수단, 기교가 뛰어나다는 것입니다. 기교가 뛰어난 사람을 만나 삼국지와 역사에 대해 이야기를 나누다 보면 발견하게 되는 공통점이 있습니다. 이들은 앉은 자리에서 청산유수처럼 이야기를 읊어대고 한참을 대화해도 이야기를 중복하지 않습니다. 누군가는 '기교가 뛰어나다는 것은 좋은 일 아닌가?'라고 생각할 수 있습니다. 기교가 뛰어나다는 것은 확실히 좋은 일입니다. 그러나 기교를 과시하는 것은 좋은 일이 아닙니다. 기교를 과시하는 것은 작게는 경박하다고 할 수 있고, 크게는 마음 씀씀이가 바르지 못하다고 할 수 있습니다. 커뮤니케이션, 즉 소통의 전제는 기교도 아니고 말도 아닌, 진실한 감정, 진정성 있는 태도임을 명심하십시오. 만약 진실한 감정과 진정성 있는 태도를 버리고 무턱대고 기교만을 부리게 되면 그것은 자칫 사기로 변할 수 있습니다. 기교도 좋지만 때때로 진행되는 대화에 제동을 걸어 통제할 수도 있어야 합니다. 기교의 주인이 되어야지 기교의 노예가 되려고 하지 마십시오. 설사 기교가 넘쳐나더라도 질박한 진정성을 잃어서는 안 됩니다. 그렇지 않으면 오히려 자기 꾀에 자신이 넘어가는 우를 범할 수 있습니다.

진리는 간단한 것이고 진실함은 소박한 것이며, 진정한 아름다움은 단순한 형식을 가지고 있습니다. 진실한 말일수록 소박하고, 기교가 뛰어난 사람일수록 소박한 언어로 진실을 말할 수 있습니다. 이를 진정한 지혜라 이를 수 있습니다.

사마의는 맹달이 단지 기교를 자랑할 줄만 아는 사람이며, 기본적인 마지노선도 없고 진정성도 없는 변덕스런 소인배에 불과하다는 사실을 알았습니다. 지금은 설령 문제를 일으키지 않더라도 장래에 반드시 사고를 칠 것이라 생각한 것이죠. 사마의는 '취간驟諫'이라는 글자가 뜻하듯, 아주 강렬한 태도로 조비에게 간했습니다. 이 '취驟' 자를 통해 우리는 사마의의 심정이 급박했음을 알 수 있습니다.

중달의 잠언
기교를 사용하되 과시하는 것은 좋은 일이 아니다. 기교를 과시하는 이유는 작게는 경박하기 때문이고, 크게는 마음 씀씀이가 바르지 못하기 때문이다.

하지만 조비는 사마의의 건의를 받아들이지 않았습니다. 그렇다고 해서 사마의가 조비를 상대로 후광효과와 같은 원리를 설명했을 리 만무합니다.

보스에게 의견을 낼 때 절대 하지 말아야 할 행동이 두 가지 있습니다. 첫 번째는 보스의 단점을 너무 호되게 까발리는 것이고, 두 번째는 보스의 마음을 너무 정확하게 알아보는 것입니다. 이 두 가지 잘못을 저지르게 되면 보스가 불쾌한 것은 물론이고 주변 사람들도 편안해하지 않습니다. '위아래가 없고 기세등등하게 사람을 얕보며 우쭐거린다.'는 느낌을 줄 뿐입니다. 보스에게 의견을 개진할 때 보스가 받아들이지 않으면, 가능한 보스가 받아들일 수 있는 방법을 채택해야지 단도직입적으로 밀어붙여서는 안 됩니다. 『논어』는 군자의 오덕을 온溫, 량良, 공恭, 검儉, 양讓이라고 이야기하고 있습니다. 그 중 '온'이 첫 번째입니다. 따뜻함은 온화하여 다른 사람이 마음을 열고 받아들일 수 있게 합니다. 37도의 체온과 4월의 날씨와 같은 미소를 띠고 상냥하게 다가가면 누구나 쉽게 마음을 열게 되어 있습니다. 이 따뜻함이 없으면 뒷일을 도모하기 어렵습니다. 생각이 있는 사람이라면 다른 사람이 받아들일 수 있는 방법으로 정확한 사정을 이야기할 수 있어야 합니다.

사마의는 비교적 적당한 방법을 채택하여 자신의 태도를 표명하는데, 여기에는 세 가지 방법이 있었습니다.

살다 보면 겉이 번지르르하고 깔끔한 것처럼 보이지만 막상 함께 일을 하려고 보면 자질에 이상이 있어 큰 문제를 일으키는 사람이 있다. 사마의는 맹달이 바로 이런 사람임을 알았다. 하지만 문제는 직속 상사인 조비가 한사코 맹달을 총애하는 것이었다. 조비의 수하로서 사마의는 맹달과의 관계를 어떻게 처리해야 했을까?

■ 제 1 책 략 ■
오래 관찰하고 일관되게 비판한다

조비를 포함한 조정의 문무백관 모두가 맹달을 호의적으로 대할 때에 왜 유독 사마의만은 그를 경계했을까요? 아마도 사마의가 맹달의 출신, 가정 및 그의 성격과 품성에 대해 깊이 이해하고 있었기 때문일 것입니다.

맹달의 사람됨을 이야기하자면 우리는 먼저 그의 가정사를 알아야 합니다. 맹달의 부친은 맹타孟他로 관직은 양주자사凉州刺史였습니다. 그런데 이 양주자사는 공무원 시험을 통해 얻은 것이 아니라 뇌물로 얻은 직책이었습니다. 매관매직은 정권을 관리하는 데 영원히 존재하는 고질병으로, 정권 관리에 커다란 위기를 초래할 수 있음에도 불구하고 동한 연간 이런 매관매직은 아주 보편적으로 일어났습니다.

맹타가 관직을 얻은 것은 동한 영제(靈帝) 때
로 때마침 중상시(中常侍) 장양(張讓)이 대권을 휘두
르고 있던 시기였습니다. 맹타는 장양에게 연줄을 대고 싶었으나
일개 포의(布衣) 신분으로 장양에게 접근할 명분이 없었습니다. 고민
하던 맹타는 아주 특별한 방법을 생각해 냈습니다. 그는 장양 주
변의 가노(家奴) 몇을 찾아냈습니다. 이 가노들은 모두 재물을 탐하
는 자들로, 맹타는 자신의 재산을 팔아 장양의 가노들에게 뇌물을
바쳤습니다.

> **맹타(孟佗)**
> 자는 백랑(伯郞). 동한 부풍군 사람.
> 양주자사. 신성태수 맹달의 부친.

이렇게 몇 년 공을 들인 결과, 사서에는 "해가 거듭할수록 집안
의 재산이 다 탕진되었다. 積年家業爲之破盡."라고 기록되어 있습
니다. 이 가노들은 미안한 생각이 들어 맹타에게 무엇을 원하는지
를 물었습니다. 그들에게 뇌물을 준 것은 재물이든 관직이든 무언
가 기대하는 것이 있을 것이기 때문이었습니다. 하지만 맹타는 별
도의 요구 없이 단 한 가지만을 요청합니다. "단지 그대들이 한번
나를 에워싸고 엎드려 절하기를 청합니다. 欲得卿曺拜耳."(『삼국
지』) 이 요청에 장양의 가노들은 깜짝 놀랐습니다. 영문을 알지 못
한 그들은 속으로 생각했습니다. '고작 절이나 받으려고 그 많은
가산을 탕진했다니, 맹타 이 사람 미친 것 아냐?'

어차피 하루 종일 다른 사람에게 엎드려 절을 하는 가노들에게
맹타의 요구는 너무나 쉬운 것이었습니다. 다음날, 가노들은 장
양의 사무실 입구에서 맹타를 기다립니다. 당시 장양에게 선을
대려는 사람이 많아 "문밖에 항상 수백여 대의 수레가 세워져 있
어, 날이 갈수록 길이 통하지 않았다. 門下車常數百乘, 或累日不

得通."고 기록되어 있습니다. 러시아워처럼 정체가 극심한 때에 맹타가 작은 마차를 몰아 채찍을 흔들며 나타났습니다. 가노들은 맹타가 오는 것을 보자마자 지극히 열정적으로 모습으로 '와' 하고 소리를 지르며 달려갔습니다. 뿐만 아니라 사서에는 "모두 수레를 맞이하면서 절하고, 그의 수레만 홀로 들어갈 수 있도록 했다. 皆迎車而拜, 徑將他車獨入."고 기재되어 있습니다. 맹타의 수레가 뜰 안에 들어서자 십여 명의 가노들이 무릎을 구부리며 '털썩' 꿇어앉습니다. 이 광경은 현장에 있던 사람들을 깜짝 놀라게 만들었습니다.

'이 사람은 도대체 누구지? 하루 종일을 기다려도 이 집 개조차 우리를 아는 체하지 않는데, 저 사람이 오자 뜰 안의 모든 노비들이 무릎을 꿇네. 이 사람은 장양의 양아버지인가 아니면 양외삼촌인가? 하여간 대단한 사람인가 보네!'

이리하여 장양에 선을 대려고 하던 사람들이 맹타의 뒤를 따라 그의 집으로 갑니다. 모두들 금은보화, 골동품, 글자와 그림, 부동산 계약서를 꺼내 맹타에게 뇌물로 바칩니다. 맹타는 이들 물건을 책으로 만들어 목록을 열거한 후 손도 대지 않고 장양에게 보냅니다. 이에 장양은 크게 기뻐하며 바로 맹타를 양주자사로 임명합니다.

이 일을 통해 우리는 하나의 결론을 얻을 수 있습니다. 맹타는 권모술수에 능하고 본전을 아까워하지 않는 정치 도박꾼이었습니다.

사마의의 집안은 대대로 관직에 있어, 정계에서 일어난 일련의 사건들을 아주 분명하게 알고 있었습니다. 사마의는 맹달을 보자마자 그의 부친 맹타를 생각해 냈습니다. "그 아버지에 그 아들이다." "콩 심은 데 콩 나고 팥 심은 데 팥 난다." "용은 용을 낳고, 봉황은 봉황을 낳고, 쥐새끼는 굴만 팔 줄 안다."는 말이 있습니다. 이후 사마의는 맹달의 행적을 유심히 살펴보고는 맹달이 정말 그 아버지와 똑같다는 사실을 알게 됩니다. 맹달은 맨 처음 사적인 관계에 의지해서 유장에게 기댔습니다. 훗날 법정의 추천으로 유비에게 의탁하고, 다시 이들과 섞이지 못하자 주도적으로 조비에게 투항한 것입니다. 더욱 결정적인 것은 다른 사람은 한 번 투항하고 나면 의기소침하고 낙담하여 반 년 정도는 허리를 꼿꼿하게 펴지 못하지만, 맹달은 오히려 투항을 하고 나면 더욱 생기발랄해지고 투항이 반복되자 훨씬 매력적인 인물이 되었습니다. 뿐만 아니라 투항할수록 직위도 높아졌습니다. 사마의는 맹달이 원칙이 없고, 가치관도 없는 사람으로 오로지 개인의 득실만을 고려하는 일관성 없는 소인배임을 알아차렸습니다. 만약 나라의 서남쪽을 방어하는 중임을 그에게 맡기면 국가의 안위가 그의 신상에 달려 있게 되는데, 그가 자신의 정치 도박장에 국가의 안위라는 패를 내걸고 도박을 걸면 어찌할 것인가? 이러한 이유로 맹달을 결코 중용해서는 안 된다고 생각한 것입니다. 이리하여 조비에게 '강력하게 누차 간하는' 방법을 취했던 것입니다.

우리는 이미 사마의가 아주 합리적이고 온화하며, 쉽게 탁자를 치며 눈을 부라리는 사람이 아님을 알고 있습니다. 그런데 유독

> **장양(?~189)**
> 동한 시기의 환관, 영천(지금의 하남 우현) 출신. 환제와 영제 시기에 소황문(小黃門), 중상시(中常侍), 열후(列侯) 등을 역임했다. 재직 시 수단과 방법을 가리지 않고 재물을 모았고, 교만 방자하고 탐욕스런 것으로 알려져 있다. 영제는 그를 극도로 총애하여 "장상시는 나의 아버지이다."라고 할 정도였다. 중평 6년(189), 하진이 환관을 죽이려는 모의가 누설되자 환관 조충 등과 함께 하진을 죽였다. 얼마 후 원소가 환관을 붙잡아 죽일 때 황하에 몸을 던져 자진했다.

맹달의 일에 대해서는 눈을 부릅뜨며 평소와는 다른 모습을 보였습니다. 설마 그가 마음을 다스리지 못한 것일까요? 이는 오히려 사마의의 아주 뛰어난 책략 때문이었습니다. 훗날 맹달을 응징하기 위해 깔아놓은 복선이었던 것입니다. 바로 '문제를 드러내어, 이후의 복선으로 삼는 책략'이었습니다.

만약 회사 동료 중 인품이 단정하지 못하고 가치관이 바르지 않으며, 돈 문제가 지저분하고 업무상 거짓말을 일삼는 사람이 있다고 가정해 봅시다. 당신은 이를 상사에게 보고할 준비가 되어 있습니다. 그렇다면 그전에 그와 어떻게 관계를 형성해야 할까요? 그의 면전에서는 웃고 떠들며 즐겁게 지내다가 뒤에서는 나쁘게 보고한다면 그는 곧 안 좋은 구설에 휘말릴 것입니다.

'평소에 맹 씨와 그렇게나 관계가 좋더니 어떻게 상사에게 나쁜 보고를 할 수 있다는 말인가?'

결국 동료의 잘못된 행실에 대한 자료 수집은 음흉한 행동이 되고, 문제점을 보고하는 것은 친구에 대한 배신으로 폄훼되어 피동적인 상황에 빠지고 말 것입니다. 그래서 사마의가 선택한 방법은 이왕에 너를 정리하기로 한 이상, 바로 지금 너의 치부를 공개하겠다는 것이었습니다. 문제가 있는 사람이 있다면 굳이 그와 친분관계를 유지할 필요가 없습니다. 문제가 있는 사람과 친분관계로 얽히게 되면 이후 그의 잘못을 드러내고 공격할 때에 명분을 잃게 됩니다. 클라이맥스에 도달하기 전에는 서곡이 있어야 하고, 문제를 해결하기 전에는 복선을 깔아야 합니다. 사마의가 처음부터 맹달과 껄끄러운 관계를 유지한 이유는 다분히 고의적인 것으로, 장래 갑작스럽게 손을 쓰는 데 있어 복선을 깔아두기 위함이었습니다.

제 2 책략
권위에 맞는 문제 해결 방법을 찾는다

비록 맹달에게 많은 문제가 있다는 판단이 들었으나, 조비의 체면과 당시 정세를 감안했을 때 제아무리 사마의라도 강력한 제재를 가하기는 힘들었습니다. 그러나 줄곧 은밀한 기회를 엿보던 사마의에게 마침내 기회가 찾아옵니다.

조비는 그의 나이 마흔에 단명합니다. 이는 맹달이 투항한 시점에서 멀지 않은 때로, 이후 맹달을 좋아하던 사람들도 잇달아 세상을 떠났습니다. 맹달은 자신의 세력이 미미해진 것을 깨닫자 다시 다른 마음을 품게 됩니다. 이때 맹달의 친구이자 촉한의 대장인 이엄과 제갈량이 서신을 보내오고, 맹달은 마음속으로 결단을 내리게 됩니다. 그러나 맹달의 주변에 있던 신의申儀가 맹달이 촉한과 사통하여 편지를 주고받는 반역의 조짐을 알아채게 됩니다. 신의는 곧바로 사마의에게 서신을 보내 맹달이 모반을 꾀한다고 보고합니다.

맹달이 반란을 꾀한다는 소식을 접한 사마의는 맹달을 응징할 시기를 놓고 고민에 빠집니다. 이 결정적인 순간 사마의의 아들 사마사가 한 가지 건의를 합니다. 사마사는 먼저 황제에서 상소를 올려 맹달의 상황을 보고하고 황제의 비준을

> **신의**
> 위 금성(金城) 태수, 신탐의 동생. 맹달이 촉으로 돌아서려 하자, 형과 함께 사마의에게 밀고하여 맹달을 소멸했다.

기다린 후 군사를 발동하여 그를 제거하자고 말합니다.

사마의 본인도 복직한 지 얼마 되지 않은 시기임을 감안할 때, 사마사의 이 건의는 아주 중요한 지적이었습니다. 전임 보스 조예가 제갈량의 '반간계反間計'에 넘어가, 사마의가 반란을 일으킬 것이라 생각하고 그를 모든 직무에서 물러나게 한 사건이 있었던 것입니다. 이 일은 첫 번째 보스였던 조조가 사마의를 대한 태도를 다시금 생각나게 합니다. 조조 역시 사마의가 모반을 일으킬까 두려워 장기간 사마의를 한직으로 보내 중용하지 않았습니다. 조조, 조비에서 조예에 이르기까지 3대에 걸쳐 보스가 바뀌었지만, 모반이라는 그림자는 줄곧 사마의의 머리 위를 드리웠던 것입니다. 이런 상황 하에서 상부에 보고를 하지 않고 사사로이 수십만 대군을 움직인다면, 아무리 반란을 진압하기 위한 것이라 해도 어찌 약점을 잡히지 않을 수 있겠습니까? 그래서 독단적으로 행동하기 전에 먼저 보고하자고 이야기한 것입니다.

그러나 역시 문제는 시간이었습니다. 보고를 하고 진압을 하자니 서신이 오고가는 도중에 반란이 일어날 것이고, 독단적으로 반란을 진압하려 했다가는 사마의 개인이 위험에 빠질 수 있었기 때문입니다. 능력이 뛰어난 사람은 조그만 일을 처리하려고 해도 어려움을 감지하기 마련입니다. 일과 임무를 생각하는 동시에 인간관계와 주위 여론도 감안하기 때문입니다. 어떻게 해야 국가의 위급함과 개인의 위급함, 업무상 관계와 개인 관계의 균형점을 찾을 것인가? 사마의는 즉각 군대를 일으켜 맹달을 토벌하기로 결심합니다. 독자적인 행동을 결정한 것입니다.

사마의는 왜 이런 결정을 내렸을까요? 사마의에게 있어서 다음

한 가지는 분명했기 때문입니다. 조예 수하의 사마의는 이미 과거 조조 수하의 사마의가 아니었습니다. 과거 조조 수하에는 순유, 순욱, 곽가, 가의 등 기라성 같은 모사들이 많아서 나이 어린 사마의는 피라미에 불과했고 주류를 점하지도 못했습니다. 그러나 상황은 달라졌습니다. 인재들은 줄어들고 영웅들도 세상을 떠났습니다. 서부 전선에서는 연전연패하고 있었고, 서촉이 조위에 가하는 군사적 압박은 매우 심각했습니다. 황제를 포함하여 전체 관료 집단이 기댈 수 있는 사람이 바로 사마의뿐이었습니다. 과거 피라미에 불과했던 사마의는 이미 하늘을 떠받치는 기둥이 된 것입니다. 이전에는 겨우 제 한 몸 지탱하는 것조차 버거운 존재였다면 이제는 조위를 떠받치는 대들보와도 같은 위상이 되었습니다. 상황이 크게 달라진 것입니다.

관리학에는 권위가 인간관계의 민감성에 반비례한다는 법칙이 있습니다. 권위가 높을수록 인간관계에 신경 쓰지 않아도 됩니다. 권위가 낮을수록 인관관계에 신경을 써야 합니다. 이러한 법칙은 같은 직급 안에서도 반영됩니다. 나이 어린 사장은 일을 지시하면서도 말과 행동에 신경 쓰며 오래된 직원들의 감정을 살펴야 합니다. 너무 심한 말을 해서 그들의 미움을 사거나, 주위 고참들의 기분을 상하게 해서는 안 됩니다. 그러나 베테랑은 그럴 필요가 없습니다. 일을 지시하면서 좀 심한 말을 해도 되고, 화를 내며 책상을 때려도 용납이 됩니다. 설령 격한 행동을 하더라도 모두가 이해를 하지요.

따라서 일의 범위가 넓고 복잡한 종합적인 업무에는 반드시 경력이 풍부한 고참을 중간에 배치해야 합니다. 위아래 모두 서로에 대한 견제를 줄이고 업무에 집중할 수 있기 때문입니다.

중달의 잠언
권위는 인간관계의 민감성과 반비례한다.

사마의는 자신이 '고참 인사'에 속하기 때문에 복잡하게 인간관계를 고려하지 않아도 제대로 업무를 완수하고 나면 다른 문제는 손쉽게 해결할 수 있다는 사실을 알았습니다. 권위는 곧 자유입니다. 권위가 높을수록 자유의 폭도 넓어집니다. 그래서 권위가 있는 사람이 화를 내면 그것은 개성이 되고, 권위가 없는 사람이 화를 내면 죽음을 자초하는 일이 됩니다. 사마의는 자신의 위상을 셈한 후에 곧바로 대군을 동원하여 맹달을 토벌하기로 결정했습니다. 돌발 사건에 마주했을 때 독자적인 행동을 할 것인지 말 것인지는, 자신의 역량이 충분하지를 살펴보고 아울러 권위가 충분한지의 여부를 가지고 판단해야 합니다.

돌발 사건이 발생했을 때 보스가 부재중이라면 중간관리자는 형세를 판단하고 의사 결정을 해야 한다. 그러기 위해서는 문제 해결 능력이 반드시 있어야 한다. 문제 해결 능력이 없는데도 독자적으로 일을 하다가 일처리가 합당하지 않으면 반드시 보스와 동료들의 불신임을 초래하여 개인의 발전에 불리한 영향을 끼칠 것이다. 사마의는 이에 대해 자신감이 있었다. 그는 과감하게 판단하고 신속하게 의사 결정을 했다. 그렇다면 맹달의 모반이라는 비상사태에 사마의는 또 어떤 뛰어난 수완을 발휘할 것인가?

제 3 책략
쥐를 이용하여 쥐를 감시한다

사마의는 맹달 토벌을 준비하면서 '사람의 힘을 빌리고, 기세를 이용한 다음, 속전속결로 처리하는' 세 가지 책략을 사용했습니다. 『삼국연의』나 『삼국지』의 묘사에 따르면 맹달을 토벌한 것은 사마의 개인의 역량이라기보다는 다른 몇 사람의 힘을 합한 결과입니다.

사마의를 도운 첫 번째 인물은 조위의 우장군 서황徐晃입니다. 『삼국연의』의 기술에 따르면, 사마의는 맹달을 토벌하기 위해 신성으로 이동하는 길에 우연히 서황을 만납니다. 서황은 말에서 내린 뒤 허리를 굽혀 예를 표하고 사마의에게 어디로 가는지를 묻습니다. 사마의가 낮은 소리로 맹달이 반란을 꾀하려 해서 그를 붙잡으러 간다고 말합니다. 서황은 자신도 참여하여 선봉으로 삼아 줄 것을 적극적으로 청합니다. 사마의는 기뻐하며 그가 선두에 설 것을 허락합니다.

서황은 자신의 부대를 이끌고 신성으로 달려갑니다. 성 앞에 이르자 맹달은 위군이 온 것을 보고 곧바로 적교吊橋를 올립니다. 서황이 적교 앞에 이르러 맹달에게 소리칩니다.

"역적 맹달 놈아, 어서 빨리 항복하라!"

이에 맹달이 대노하여 활을 들고는 쉬익 화살을 날려 서황의 머

서황(?~227)
자는 공명(公明). 하동 양(지금의 산서 홍동 동남) 사람. 삼국시기 조위의 명장. 조비 칭제 후 우장군에 올랐고 227년 병사했다. 시호는 장후.

리에 명중시킵니다. 서황은 크게 소리를 지르며 말에서 떨어지고 그날 밤 상처로 인해 죽게 됩니다. 서황과 같은 대장군이 줏대 없이 여기저기 기웃대는 맹달 같은 소인배에게 목숨을 잃는 장면을 읽을 때마다 저는 참 마음에 들지 않았습니다. '영웅의 죽음이 이렇게 허망하다니!' 하지만 후에 정사『삼국지』를 읽고 서황이 자신의 집 침상에서 병사했음을 알게 되었습니다. 결코 맹달을 잡으러 간 신성 전투에 참가하지 않았던 것입니다. 그렇다면 나관중은 왜 서황을 맹달의 손에 죽은 것으로 쓰지 않으면 안 되었던 것일까 묻지 않을 수 없습니다.

첫째는 반역의 흉악함을 분명하게 드러내어 군중의 의분을 불러일으키기 위한 것이었습니다. 두 번째는 사마의가 독자적으로 군대를 일으킨 것에 대한 합법성을 더하기 위한 것이었습니다. 만약 사정이 긴급하여 상사의 동의를 거치지 않고 갑자기 일을 처리해야 할 때 가장 안전한 방법은 바로 덕망 있고 보스가 인정하는 사람을 끌어들여 함께 일을 하는 것입니다. 이러한 도움이 있으면 권위와 당위성이 상승하게 됩니다. 아마도『삼국연의』는 서황이 전투에 참가하는 일화를 통해 사마의의 독자적인 행동의 합법성을 강조하고 싶었을 것입니다.

사마의를 도운 두 번째 인물은 우리가 앞에서도 언급했던 신의입니다. 사마의는 맹달이 소인배임을 알았고, 어떻게 해야 이런 소인배를 통제할 수 있는지도 알았습니다. 관리학에는 이런 말이 있습니다. "뛰어난 사람은 가치관으로 관리하고, 보통 사람은 제도로써 관리하고, 소인배는 사람을 시켜 지켜보게 한다." 뛰어난 사람은 이상, 신념, 가치관, 사명감으로 위대한 이상과 숭고한 인생의 경지를 전달하기만 하면 자발적으로 알아서 일을 해낼 것입니다. 보통 사람은 보너스나 징벌 같은 제도를 만들어야 잘 관리할 수 있습니다. 소인배는 가치관을 이야기해 봐야 듣지 않고 제도를 알려줘도 믿지 않으며 기회만 있으면 빈틈을 파고듭니다. 이런 부류는 사람을 시켜 밀착 마크하게 해야 합니다. 그래서 관리자들은 수단으로서의 가치관도 염두에 두어야 하고, 제도적인 수단도 마련해야 하고, 누군가를 밀착 관리할 수 있는 수단도 있어야 합니다. 충군애국과 같은 이상이나 신념으로는 맹달을 통제할 수 없었고, 고과 및 보너스, 징벌과 같은 제도로도 맹달을 통제할 수 없었습니다. 반드시 사람을 붙여 그를 밀착 마크하게 해야 했습니다. 사마의는 신의를 이용했습니다. 왜냐하면 신의도 소인배였고, 반도叛徒였기 때문입니다. 그는 이전에 조위의 태수였으나 싸움에 패한 후 서촉에 투항했고, 이후 서촉에 적응하지 못하고 다시 조위에 투항한 소인배였습니다. 사마의가 채택한 방법은 '소인배로 소인배를 관리하고, 쥐를 이용하여 쥐를 감시한다.'는 것이었습니다. 이 방식은 측천무후則天武后가 주변의 소인들을 대할 때 취했던 방식과 같은 것으로, 동류의 사람에게 동류의 사람을 주시하게 하여 그들 서로를 견제하게 하는 방식입니다. 중국에는 "귀신으로 귀신을 쫓고, 개로 개를 감시하고, 쥐로 쥐를 통제한다."라는 말이 있습니다. 그래서 사마의는 신의를 이용하여 맹달을 감시하게 하고는 수시로 맹달의 상황을 파악했던 것입니다.

중달의 잠언
뛰어난 사람은 가치관으로 관리하고, 보통 사람은 제도로써 관리하고, 소인배는 사람을 시켜 지켜보게 한다.

세 번째로 사마의를 도운 인물은 맹달의 생질 등현鄧賢과 맹달의 측근 이보李輔였습니다. 이 두 사람은 결정적인 순간에 성문을 열고 투항하여 맹달의 전체 전선을 붕괴하게 만들었습니다. 그래서 항상 "가장 견고한 보루도 내부로부터 무너지는 것이다."라고 말하는 것입니다. 단결 문제는 영원한 문제입니다. 사마의는 맹달이 조직 내부 관리에 약점이 있음을 알고 있었습니다. 맹달은 줏대 없는 소인배이고, 이 나부끼는 나뭇잎 같은 소인배의 가장 큰 특징은 친밀한 사람일수록 관계가 안정적이지 않고, 쉽게 주변 인물의 반대에 부딪친다는 것입니다. 그래서 사마의는 맹달의 주변 인물들이 먼저 배반하도록 계획을 꾸몄습니다. 이는 적은 비용으로 높은 효과를 볼 수 있는 유용한 방법이었습니다.

이어 사마의는 전체 전역에서 승패를 결정할 결정적인 요인을 찾아냈는데, 그것은 바로 속도였습니다. 보스의 지시 없이 독자적으로 행동하려면 반드시 동작이 빨라야 함을 명심해야 합니다. 만약 늦어지면 비록 성공하더라도 보스가 좋아하지 않고 책임을 추궁하려 들기 때문입니다. 그래서 사마의는 속전속결하기로 결정하고 다음의 세 가지 일을 합니다.

첫 번째, 친필로 맹달을 안심시키는 편지를 썼습니다.

"장군은 지난날 유비를 버리고 국가에 몸을 의탁했고, 국가는 장군에게 변방을 지키는 임무를 맡겨 서촉을 도모하도록 했습니다. 이는 마음이 태양처럼 공명정대하기에 가능한 일일 것입니다. 촉인들은 어리석은 사람은 말할 것도 없이 지혜로운 사람도 장군에게 이를 갈지 않는 사람이 없습니다. 제갈량이 우리를 갈라놓으려 아무리 애를 써도 방법이 없는 실정입니다. 곽모郭模가 말한 소문은 작은 일이 아닌데, 제갈량이 어찌 그리 쉽게 누설했겠습니까? 이는 아주 쉽게 알 수 있는 사실입니다."

이 서신의 주요 내용은 '우리는 맹달 너를 믿고 있지만, 촉나라 사람은 너에 대해 이를 갈고 있는 것이 확실하니, 헛소문을 믿지 말라. 그리고 우리도 그대가 촉에 다시 투항할 것이라는 소문을 믿지 않는다.'는 것이었습니다.

맹달은 이 편지를 받고는 마음속으로 자신감이 생겼습니다. 일단 마음이 해이해지자 바로 사마의에게 기회를 줍니다. 이것이 '불시에 허를 찔러 준비되지 않은 적을 공격하는' 책략입니다.

두 번째, 사마의는 행군 속도를 더욱 빨리 합니다. '배도겸행倍道兼行', 즉 이틀 길을 하루 만에 걷는 속도로 밤낮을 가리지 않고 행군을 합니다. 완성에서 상용의 신성까지는 모두 2,200여 리의 길인데, 조위의 대군은 불과 8일 만에 주파합니다.

세 번째, 신성에 도달한 후 두말하지 않고 즉각 공격을 개시합니다. 『진서』에는 상용성은 삼면이 물로 둘러싸여 있어 지키기는 쉬어도 공격하기는 어렵다고 기록되어 있습니다. 맹달 또한 사람을 조직하여 물 주위에 굵직한 목책을 세웁니다. 사마의는 부대를 지휘하여 물을 건너며 목책을 부술 때 '전체 부대를 여덟 개의 루트로 나눠 함께 성을 향해 공격했다. 八道功之.'고 합니다. 주된 공격 방향이 없이 적이 있는 곳이면 다 공격을 한 것입니다. 얼마나 오래 싸웠을까요? 16일입니다. 이로부터 우리는 맹달의 전투력도 나쁘지 않았음을 알 수 있습니다. 사마의가 여덟 방면에서 집요하게 실시한 공격을 16일이나 버텨냈으나, 등현과 이보가 성문을 열고 투항하자 결국 붙잡혀 참수되기에 이릅니다.

사마의가 전체 전역을 장악하는 데 사용한 일수는 길에서 8일, 싸우는 데 16일, 총 24일로 사마의는 한 달을 채 넘기지 않고 깔끔하게 맹달 문제를 해결했습니다. 사마의가 맹달을 처리한 것은 국가를 위해 커다란 골칫거리 하나를 제거한 것일 뿐만 아니라 사마의에게 커다란 명성과 권위를 가져다 준 일이었습니다. 조위 정권에서 애초부터 사마의를 지지하던 사람은 더욱 그를 지지하게 되었고, 애초에 그를 반대하거나 그가 모반을 일으킬 사람으로 우려하던 사람들도 이제는 어쩔 수 없이 사마의의 재능과 능력을 인정하지 않을 수 없게 된 것입니다. 속담에 "노새인지 말인지는 끌고 나가 거닐어 보면 안다(사물의 좋고 나쁨과 능력의 크기는 당연히 실천 과정 중에서 검증하고 판단해야 한다)."고 하는 말이 있습니다. "능력이 있으면 보여주라. 보여주지 않으면 믿지 못하겠다." 결국 사마의는 이번 24일에 걸친 깔끔한 섬멸전을 통해 조정 문무백관의 일치된 인정을 획득했습니다. 모두들 사마의야말로 진정한 조정의 동량임을 깨닫게 된 것입니다.

맹달을 제거한 후 사마의는 이어서 두 번째 전쟁에 임하게 됩니다. 바로 제갈량과의 두 번째 싸움입니다. 이때의 서쪽 전선에서 조위의 군대는 패배를 계속하고 있었습니다. 뿐만 아니라 제갈량은 이번 기산에 나오면서 새로운 전법과 새로운 공격 루트를 채택했습니다. 제갈량의 거대한 군사 압력하에서 조위의 군대 내부의 사기는 떨어지고 인심은 흩어졌습니다. 사마의가 가장 먼저 해결해야 할 문제는 사기를 끌어올리는 것이었고, 이어 전략 문제도 해결해야 했습니다. 그러면 사마의는 어떻게 조직의 사기를 고무시켰을까요? 또 어떤 책략으로 제갈량의 진공을 막아냈을까요?

234년 제갈량이 10만 대군을 이끌고 야곡을 나와 위나라를 공격하자 사마의는 위수를 건너 오장원에서 대치한다. 하지만 제갈량의 계속된 도발에도 사마의는 꿈쩍 않고 싸우지 않아 결국 제갈량으로부터 여인네라는 조롱을 당한다. 이에 조위 측 병사들의 사기는 땅에 떨어지고 군심은 동요하기 시작한다. 사마의는 제갈량이 도발한 심리전을 어떻게 극복하고 전장을 자신이 주도하는 형세로 만들어 냈을까?

조직이 커다란 도전에 직면했으나 그 해결책을 찾지 못하면 조직 내 사기 저하 문제가 발생한다. 이 경우 리더는 어떻게든 조직에 활력을 불어넣고 적극적으로 상황을 반전시킬 수 있는 방안을 모색해야 한다. 이 방면에서 사마의는 고수였다. 그렇다면 사마의는 조직의 사기를 고무시키는 데 있어서 어떤 초식의 관리 지혜를 썼을까?

제4강

역풍이 불 때에 오히려 평상심을 지키라

위축된 조직의 사기를 고무하다

어려운 상황이나 문제를 만나면 사람들은 근심에 싸여 저조한 기분에 휩싸이게 되는데, 이런 사람들이 많으면 조직의 사기가 전체적으로 떨어지게 된다. 관리자로서 적시에 해결할 방법을 찾아내지 못하면 조직원 간에 불화가 생기고 업무의 효율이 저하되는 등 바람직하지 않은 결과를 초래하게 된다. 나아가 조직 건설에 커다란 영향을 미치게 된다. 사기 저하라는 까다로운 문제가 나타났을 때 리더는 가장 먼저 그것을 극복할 방법을 생각해야 한다. 제갈량과 여러 해에 걸쳐 전쟁을 치르면서 사마의는 조직의 사기를 북돋울 일련의 방법을 적절하게 활용했고, 최종적으로 어려운 국면을 만회하고 위나라 군대 앞에 놓인 난관을 넘어설 수 있었다.

"사람의 마음이 모이면 태산을 움직일 수 있고, 사람의 마음이 흐트러지면 아무것도 할 수 없다."

큰일을 하려면 반드시 자원이 있어야 하지만, 동시에 더욱 중요한 것은 사람의 마음과 응집력입니다. 자원이 없음을 걱정하지 말고 믿음이 없음을 걱정해야 합니다. 성공한 사람은 처음부터 자신의 성공에 대해 굳은 믿음이 있습니다. 같은 이치로 실패한 사람은 처음부터 자신의 실패를 굳게 믿습니다. 가난, 실패, 좌절은 일종의 심리적인 결과물입니다. 큰일을 하려면 처음 시작할 때부터 자신이 성공할 수 있다고 믿어야 합니다. 계속된 작전의 와중에 미래에 대한 믿음이 없다면 밝은 미래는 기대하기 어려울 것입니다. 사마의는 제갈량과의 두 번째 전투에서 민심 불안과 사기 저하라는 문제에 직면했습니다.

조위 청룡 2년 234년은 사마의에게 특히 기나긴 한 해였습니다. 그해 2월, 제갈량은 10만 대군을 이끌고 야곡斜谷을 나와 사마의와 오장원에서 대치합니다. 이번 제갈량의 전법은 이전과는 사뭇 달랐습니다. 이전에는 병력을 집중하여 있는 힘을 다해 한 번의 전투로 승부를 결정했다면, 이번에는 부드러운 바람과 가랑비처럼 한편에서는 싸움을 하고 한편에서는 황무지를 개간하여 밭을 일구거나 농사를 지으며 싸우는 장기적인 전법이었습니다. 이는 사마의를 아주 답답하게 만들었습니다. 칼과 창이 무서운 것이 아니라 농기구가 무서웠고, 적이 전장에 나오는 것이 두려운 것이 아니라 농사를 지으러 밭에 나가는 것이 두려웠습니다. 사마의는 상대가 장기적으로 버틸 군량을 확보하게 된다면 최종적으로 승기를 빼앗길 수밖에 없으며, 가까스로 늦여름이나 초가을까지 버텨낸다면 전장의 형세는 변할 것이라는 사실을 깊이 깨닫고 있었습니다.

그러던 와중에 사마의는 촉한의 부대가 주동적으로 도전을 하며 전기戰機를 찾는다는 사실을 예민하게 알아챘습니다. 사마의의 오랜 경험은 그에게 '적들의 군량과 마초가 곧 떨어질 것이다. 그렇지 않으면 이렇게 조급할 리가 없다. 일단 상대가 조급해한다면 분명 문제가 있을 것이다.'라는 사실을 알려 주었습니다. 사마의는 곧바로 정찰병을 보내 정탐을 합니다. 과연 적들은 군량 공급에 어려움을 겪고 있었습니다. 사마의는 자신감이 생겼습니다.

'이런 상황이라면 나는 싸우지 않을 것이다. 너희들이 군량을 다 사용하고 나면 스스로 물러날 테지.'

사마의는 문을 닫아걸고 더 이상 싸우지 않았습니다. 아무리 싸움을 걸어도 응하지 않자 결국 제갈량이 사마의에게 모진 초식을 사용하게 됩니다.

그날 사마의는 중군 막사에서 각종 서류를 결재하고 있었습니다. 그때 옆에 있던 시위가 '촉나라 군영에서 사자가 와서 대도독에게 선물을 가지고 왔다'고 보고합니다. 그것은 상자였습니다. 상자를 열자 안에는 뜻밖에도 여인의 옷이 있고, 그 위에 제갈량의 친필 서신이 놓여 있었습니다.

"사마의 그대는 대장군으로서 중원의 군사를 이끌고 와서 있는 힘을 다해 싸워서 자웅을 겨루려고 하지 않고, 굴을 파고 땅구덩이에 틀어박혀 칼과 화살을 피하려고만 하니 실로 아낙네와 다른 것이 무엇인가? 이에 아낙네들이 쓰는 관과 옷을 보내니 싸우지 않으려거든 두 번 절하고 받으라. 만약 부끄러운 마음이 남아 있고 남자의 포부가 남아 있다면 빨리 답장을 써서 보내어 날짜를 잡아 싸움터로 나오거라. 仲達旣爲大將, 統領中原之衆, 不思披堅執銳, 以決雌雄, 乃甘窟守土巢, 謹避刀箭, 與婦人又何異哉! 今遣人送巾幗素衣至, 如不出戰, 可再拜而受之. 倘恥心未泯, 猶有男子胸襟, 早與批回, 依期赴敵."

'대장이나 되어서 영채에 숨어 싸우지 않는 것은 여인네와 같은 행동이다. 특별히 여인네들의 머리장식과 소복을 보내니 싸우지 않으려거든 그 옷을 입어라. 그래도 수치스런 마음이 들고 사내다운 포부가 남아 있다면 남자답게 군대를 이끌고 싸움에 임해야 할 것이다.'라는 내용이었습니다.

　이 편지를 읽은 후 조위 군영의 장수들은 화가 머리끝까지 났습니다. 이것은 그야말로 치욕이었습니다. 사마의도 당연히 제갈량이 사용한 이 초식이 화를 돋워 판단을 흐리게 하는 격장법激將法인 줄을 알았습니다. 비록 사마의는 걸려들지 않았지만, 사마의 진영의 여러 장수들은 격장법에 동요해 사마의를 피동적으로 만들었습니다. 사마의가 직면한 선택은 싸울 것이냐 싸우지 않을 것이냐 하는 문제였습니다. 싸움을 택하면 제갈량의 계책에 말려드는 것이었으나 싸우지 않는다면, 사기를 떨어뜨려 군사들의 전투력을 손상하게 되고, 아낙네 옷을 선물받는 수모를 겪고도 그저 참기나 하는 겁쟁이로 여겨져 자신의 위신을 크게 깎아먹는 일이 될 것이었습니다. 제갈량이 사마의에게 쓴 책략은 '어떤 것을 선택해도 비참해지는 책략'이었습니다. 마치 사마의에게 '네가 손을 쓰면 내가 너를 때려잡을 것이고, 손을 쓰지 않으면 너 스스로 답답해 죽을 것이다.'라고 말하는 것 같았습니다. 사마의는 진퇴양난에 빠졌습니다. 하지만 사마의는 평범한 사람이 아니었습니다. 그의 가장 큰 장점은 피동적인 상황에서 출로를 찾아 전열을 공고히 하는 것이었습니다. 사람의 일생에서 순풍이 불 때 큰소리치며 과감하게 나아가는 것은 능력이라고 할 수 없습니다. 역풍이 불고 운이 나쁠 때, 평소의 마음을 유지하며 정확한 출로를 찾고 위기에도 어지럼을 느끼지 않는 것이 바로 능력입니다. 이 점에서 사마의는 탄복할 만한 사람이었습니다.

> **중달의 잠언**
> 역풍이 불고 운이 나쁠 때, 평소의 마음을 유지하며 정확한 출로를 찾는 것이 리더의 능력이다.

사실 격장법의 원리는 아주 간단합니다. 상대의 강렬한 정서적 반응을 격발하여 상대가 이편의 속임수에 낚이도록 유도하는 것입니다. 사람이 정서적으로 격렬해지면, 행위에 통제력을 잃고 결정에 혼란을 겪고는 합니다. 좋지 않은 정서 상태에서는 결책의 질과 행동의 질이 확연하게 떨어진다는 심리학의 연구 결과도 이를 증명합니다. 격장법이 노리는 정서 상태는 다음의 세 가지입니다.

첫 번째는 우울함입니다. 상심을 하면 본전 의식이 희박해져 고저와 귀천을 분간하지 못합니다. 그래서 마음이 좋지 않을 때에 쇼핑을 해서는 안 됩니다. 비싼 값에 구매하기가 쉽습니다. 방금 실연을 한 상태에서 금세 결혼 상대를 골라서도 안 됩니다. 잘못된 결혼이기 십상입니다.

두 번째는 흥분입니다. 사람이 흥분한 상황에서는 쉽게 이성과 판단력을 잃고, 한쪽 말만 듣기 쉽습니다. 흥분 상태에서 중대한 결정을 내리면 극단적인 상황을 몰고 올 수 있습니다.

세 번째는 피로입니다. 피로한 상태에서는 주관을 잃어 쉽게 다른 사람의 조종을 받을 수 있습니다. 이것이 인성의 약점입니다. 그래서 자원과 권력을 장악한 사람은 반드시 정서의 안정을 유지해야 큰일을 할 수 있음을 명심해야 합니다.

제갈량의 격장법은 다종다양한 기교와 모략을 사용하여 상대의 정서를 격발시켜 부작용을 일으키는 것입니다. 상대가 평상심을 잃기만 하면 바로 기회가 생길 것이기 때문입니다. 제갈량의 다채로운 책략에 직면하여 사마의가 내놓은 초식은 바로 문을 걸어 잠그고 싸우지 않고, 아무것도 못 본 체하는 것이었습니다. 사마의는 스스로를 자제해 위험에 내몰리지 않았습니다. 우리는 이런 책략을 '거점 책략'이라고 부릅니다. 복잡한 형세에서 정세를 분명하게 판단할 수 없다면 자신의 가장 기본적이고 안전한 책략을 집행해야 합니다. 이를 관리학에서는 '고슴도치 법칙'이라고도 합니다. 사마의는 실제로 고슴도치 법칙으로 제갈량을 물리쳤습니다.

고슴도치 법칙은 이렇게 설명할 수 있습니다. 여우가 『손자병법』과 『36계』를 가지고 고슴도치를 잡으러 갔습니다. 여우가 사용한 첫 번째 초식은 웃음 속에 칼을 감추는 '소리장도笑裏藏刀'로, 자신을 마치 병자처럼 가장하고는 고슴도치가 문안 오기를 기다리는 것이었습니다. 고슴도치와 아주 멀리 떨어져 있을 때 그를 향해 살짝 웃어 보이다가 고슴도치가 가까이 다가올 때를 기다려 그가 방심한 사이에 이를 드러내며 달려들었습니다. 고슴도치는 멍하니 있다가 여우가 달려드는 것을 보고 어찌할 줄 몰랐는데, 갑자기 어린 시절 엄마가 가르쳐 준 "위급한 순간이 오면, 몸을 웅크리고는 가시를 곧추 세워라."는 말이 생각이 났습니다. 이리하여 여우는 몸을 웅크리고 가시를 세운 고슴도치에게 발톱을 찔렸습니다.

허를 찔린 여우는 적을 깊숙이 유인하여 불러들이는 '유적심입誘敵深入'을 두 번째 초식으로 선택합니다. 여우는 사탕 파는 사람으로 분장하고는 고슴도치를 자신의 굴 앞으로 유인하고 이웃의 네다섯 마리의 여우를 불러 함께 고슴도치에게 달려들었습니다. 고슴도치가 위기의 순간 사용할 수 있는 초식이라고는 오직 몸을 웅크리고 가시를 세우는 방법뿐이었습니다. 결국 네다섯 마리의 여우들 모두 가시에 찔립니다.

세 번째, 여우는 상대를 방심하게 하여 허를 찌르는 방법인 '출기불의出其不意'의 초식을 사용하기로 결정합니다. 여우는 유랑가수로 가장하여 길가에서 어린 시절의 동요를 불렀습니다. 노래를 들은 고슴도치가 다가오자 여우가 갑자기 달려듭니다. 그러나 고슴도치의 대응방식은 한 가지였습니다. 또다시 몸을 웅크리며 가시를 세웁니다. 이번에 여우는 발톱뿐만 아니라 마음에도 상처를 입었습니다. 여우는 너무 답답하고 괴로웠습니다. 『손자병법』과 『36계』을 숙독하고 여러 고급 초식을 다 썼는데 뜻밖에도 고슴도치 한 마리를 잡지 못한 것입니다.

여우가 사용한 n가지 방법은 겉으로 보기에는 고급이었고, 고슴도치가 사용한 유일한 방법은 아주 촌스럽게 보입니다. 그러나 고슴도치의 초식은 간단하지만 믿음직하고 응용하기 편리하며 아무 때나 사용할 수 있고 자원을 많이 쓰지 않아 원가가 아주 적게 드는 방법입니다. 이러한 책략을 바로 거점 전략이라고 하는 것입니다. 심각한 전투 상황에서는 쉬이 마음이 어지러워지고 형세를 분간하기 어렵습니다. 사전에 대비해 거점 전략을 세워놓고 안심하고 기댈 곳을 마련해 두어야 합니다.

사마의가 채택한 거점 전략은 문을 걸어 잠그고 적들의 군량이 떨어져 스스로 물러나길 기다리는 것이었습니다. 사마의는 형세가 위급할 때마다 이 초식을 사용했고, 또한 사용할 때마다 효과를 보았습니다. 이것이 바로 사마의의 뛰어난 점으로, 그는 제갈량이 펼치는 다양한 노림수에 휘말리지 않았습니다. 제갈량의 끊임없는 자극과 격장에 직면하여 사마의는 오로지 거점 전략을 사용했고, 그로 인해 상대에게 공격할 틈을 주지 않았습니다.

하지만 새로운 문제가 하나 더 있었습니다. 제갈량의 격장법에 그의 부하들이 걸려든 것입니다. 사마의가 고슴도치 법칙을 고수하며 싸움에 나서지 않자 부하들이 불만은 극에 달했습니다. 이는 부하들의 사기를 저하시키고 자신의 위신에도 부정적 영향을 줄 수 있었습니다.

> 비상사태에 직면하면 직원들은 망연자실하여 어찌할 바를 모르고 사장이 하루빨리 좋은 해결방법을 내놓기를 기대한다. 사장의 대처가 조금이라도 늦어지면 그들은 마음 가득히 불평을 품고 사장이 능력도 없고 매력도 없다고 느끼게 된다. 이 문제를 잘 해결하지 못하면 조직의 사기에 나쁜 영향을 미쳐 업무를 추진하는 데 불리하게 작용할 수밖에 없다. 제갈량의 격장법에 직면한 사마의에게는 승리에 대한 굳은 믿음이 있었지만, 조직의 사기는 갈수록 떨어지고 있었다. 이런 형세에서 사마의는 새로운 해법을 고심할 수밖에 없었다.

그래서 사마의는 싸움을 피하는 것과 동시에 세 가지 책략을 채택하여 부대의 사기와 분위기를 안정시킵니다.

제 1 책략
일관된 선택으로 권위를 유지한다

조직의 분위기가 불안하고 사기가 떨어졌을 때에는 리더가 적극성을 가지고 직원들과 함께하려는 의지를 보이는 것이 중요합니다. 직원들이 어려움을 참고 견딜 때 리더도 어려움을 참고 견뎌야하고, 직원들의 열정이 끓어오를 때 지도자도 함께 열정에 불을 지펴야 합니다. 군사들이 제갈량의 모욕적인 서신을 보고 옷소매를 걷어붙이며 분노를 표할 때에, 사마의가 꺼내든 카드는 탁자를 내리치고 눈을 부라리면서 남자답게 싸우겠다는 의지를 표명하는 것이었습니다. 사마의의 태도는 사람들의 마음속에 자신감을 심어 주었습니다. 하지만 작전회의를 열고 작전 방안을 완성한 후 사마의는 말합니다.

"나는 이전에 황제로부터 출전해도 좋다는 윤허를 받지 못했다. 지금 작전 방안이 마련되었으니 황제의 지시를 받아야겠다."

이리하여 사마의는 전투 개시에 대한 허가 요청서에 작전 방안을 첨부하여 800리 멀리 떨어져 있는 조예에게 긴급 통신문을 보냅니다. 조예는 사마의의 의도를 알아채고 즉각 사법을 주관하는 강직한 대신 신비辛毗를 전선에 파견하여 전투를 감독하게 합니다. 신비는 명목상 전쟁 감독관이었지만 실상은 싸우지 않도록 감독하는 역할을 맡았습니다. 조예는 친필로 사마의에 보내는 성지를 내리는데 그 성지에는 이렇게 쓰여 있습니다.

"견고하게 보루를 쌓아 지키면서 적의 예봉을 꺾으면 그들이 나온다 해도 뜻을 이루지 못할 것이다. 물러나 싸우지 않고 기다리면 오래지 않아 군량을 다 쓸 것이니 빼앗으려 해도 얻는 바가 없어 반드시 물러갈 것이고, 물러갈 때 그들을 추격하면 된다. 이렇게 편안하게 쉬면서 피로한 적을 상대하는 것이 전승의 길이다. 但堅壁拒守以挫其鋒, 彼進不得志, 退無與戰, 久停則糧盡, 虜略無所獲, 則必走矣. 走而追之, 以逸待勞, 全勝之道也."

> **신비**
> 자는 좌치(佐治). 영천 양적 사람. 본래 농서에 거주하였으나, 원소, 원담을 섬기고 후에 조위 정권의 승상장사, 시중을 역임했고 관내후, 광평정후. 영향후에 봉해져 식읍이 300호에 이르렀다. 234년 제갈량이 위수 남쪽에 둔병하자 위 명제는 신비를 대장군 군사로 삼고, 지절을 주어 싸우지 못하도록 했다.

(『삼국지』) 즉 적들이 군량을 다 소비해 철군할 때까지 쉬면서 힘을 기른 후, 지친 적을 쳐서 승기를 틈타 추격하면 이것이 승리를 온전히 하는 길이라는 내용입니다.

신비는 오자마자 영채 앞을 가로막고는 손에 성지를 들고 누구도 나가 싸우지 못하게 합니다. 이에 사마의는 이를 악물고 엎드려 읍소하며 노발대발했지만 신비는 결단코 그를 막습니다.

모두가 두 사람의 연극을 알아채지 못했지만, 제갈량만은 둘의 속셈을 뻔히 들여다볼 수 있었습니다. 바둑의 고수들은 어떠한 수를 만나도 상대의 속셈이 무엇인지 금방 알아볼 수 있습니다. 제갈량 수하의 대장 강유는 제갈량에게 보고합니다.

"신비가 장절을 들고 문을 막아서는 것을 보니 싸우러 나오지 않을 모양입니다. 辛毗杖節而至, 賊不復出矣."

제갈량이 말합니다.

"사마의는 원래부터 싸울 마음이 없었다. 그럼에도 고집스럽게 싸움을 청하는 것은 싸울 마음을 보여줌으로써 군심과 사기를 안정시키기 위한 것이다. 彼本無戰心, 所以固請者, 以示武于其衆耳."

제갈량은 사마의가 싸울 수 없는 것이 아니라 싸울 마음이 없는 것뿐이며, 저희들끼리 짜고 연기를 하는 것일 뿐이라는 사실을 간파한 것입니다.

사마의는 한 통의 편지를 통해 한편으로는 전쟁의 의지를 보여 사기를 보호하고, 한편으로는 군대가 위험한 상태에 빠지는 것을 막았습니다. 이렇게 잠시 군대의 사기를 안정시킨 후 사마의는 다시 두 번째 책략을 씁니다.

제 2 책 략
긍정적인 암시로 부하의 사기를 북돋운다

『삼국연의』에는 아주 재미있는 묘사가 있습니다. 청룡 2년 봄, 전선에서 제갈량의 30만 대군이 다섯 길로 나뉘어 기산을 출발했다는 전황이 전해집니다. 이 보고는 위나라 조예의 간담을 서늘하게 만들었습니다. 곧바로 사마의를 불러 적을 물리칠 계책을 의논합니다. 사마의는 빙그레 웃으며 어린 황제에게 말합니다.

"신이 어제 천문을 보니 중원에는 한창 왕기가 성하고, 규성奎星이 태백太白을 범하는 게 오히려 서촉은 이롭지 못했습니다. 그런데 제갈량은 제 재주만 믿고 하늘의 뜻을 거슬러 움직이고 있으니 이는 곧 스스로 패망의 길을 찾아 나선 것이나 다름없습니다."

싸움을 하러 나아가는 회의에서 사마의가 황제에게 정치, 군사, 민정, 외교, 전략, 전술을 이야기하지 않고 별자리를 이야기하는 것은 이해하기 어려울 뿐만 아니라 우습기까지 합니다. 이는 학생들이 올해 수능 상황이 어떤지를 묻자 선생이 중점 사항이나 커트

라인 등을 정리해 주지는 않고 학생에게 무슨 별자리인지를 묻는 것처럼 이상한 이야기로 들립니다.

사마의는 왜 별자리 이야기를 했을까요? 어떤 사람들은 사마의가 뜬소문으로 대중을 미혹했다고 합니다. 자신감이 부족했기 때문에 고의로 신비한 힘이 작용하는 것처럼 꾸몄다는 것입니다. 사실은 그렇지 않았습니다. 사마의 자신에게는 그만의 논리가 있었습니다. 그는 조예가 군사 분야에 밝다는 사실을 알고 있었습니다. 조예가 처한 위치와 그가 모은 정보로 전선에서의 전황 보고는 모두 받았을 것인데, 이런 정보를 다 가지고도 왜 조예는 그렇게 당황하고 조급해했을까요? 그의 전투 결심과 전투 의지가 부족했다고밖에 말할 수 없습니다. 사마의가 조예에게 별자리를 이야기한 이유는 정보보다는 자신감을 심어주기 위한 것이라고 할 수 있습니다. 심리적 암시 방법을 사용하여 그의 전투 의지를 고무한 것으로 실은 아주 뛰어난 책략이었습니다.

중대한 사건을 마주하고도 제대로 결단을 내리지 못하는 순간이 오면 필요한 것이 심리적 암시입니다. 심리적 암시란 일종의 간접적, 함축적인 방법을 이용하여 피암시자에게 긍정적인 영향을 만들어 내는 것입니다. 이 암시 메커니즘에 대해 살펴볼 필요가 있습니다.

우리는 하품도 전염이 된다는 사실을 알고 있습니다. 무리 중 누군가가 하품을 하면 옆에 있는 사람 역시 곧 하품을 하게 됩니다. 하품을 하고 싶지 않더라도 상대가 앞에서 "하품, 하품, 하품" 하고 말하면 곧바로 하품이 나오게 됩니다. 이것이 바로 심리적 암시입니다. 사람들은 자신도 모르는 사이에 암시의 영향을 받는

데, 이런 영향력은 중요한 관리 자원의 하나입니다.

『삼국연의』중 심리적 암시와 관련된 가장 유명한 고사가 바로 매실을 보고 갈증을 해소한다는 뜻의 '망매지갈望梅止渴'입니다. 조조가 대군을 이끌고 장수張繡를 정벌할 당시는 8~9월에 이르는 때로 견디기 힘들 정도의 더위 속에서 행군을 해야 했습니다. 따라서 행군의 속도는 매우 더뎠습니다. 이때 조조는 말을 몰아 부대 앞으로 나아가 전군 병사들에게 말했습니다.

"나는 방금 멀지 않은 곳에서 매실 숲을 발견했는데, 매실이 빨갛게 익어 달고 상큼해 보였다."

병사들은 이 말을 들은 후 입 안 가득 침이 고이고 기분이 들떠 즉각 앞을 향해 나아갔습니다. 이것이 바로 심리 암시 방법입니다. 뛰어난 리더, 우수한 선생은 심리 암시 수단을 잘 활용하여 사람들을 고무시킬 줄 압니다.

효과적인 심리 암시의 예는 우리 주변에서도 쉽게 찾아볼 수 있습니다. 한 에어컨 생산 공장의 예를 들어보겠습니다. 이 에어컨 공장의 노동자들은 모두 인근 농촌에서 모집한 사람들입니다. 이들은 야외에서 일을 하는 데 익숙한 사람들이라 공장 안에 머물면 매우 답답해합니다. 설령 에어컨을 틀었다고 해도 늘 공기가 답답하다며 불평을 합니다. 지혜로운 사장이 한 가지 방법을 생각했는데, 그것은 바로 에어컨 공기 배출구에 가벼운 끈을 매다는 것이었습니다. 이 끈이 바람에 날리는 것을 보며 모두들 시원하고 상쾌한 기분을 느끼게 되었습니다. 이것이 바로 심리 암시 작용입니다. 여름날 에어컨을 틀 때 바람 구멍에 끈이 달려 있으면 더욱 시원함을 느낄 수 있습니다.

반대로 심리 암시의 부정적인 사례도 있습니다. 교육 현장이나 관리 현장에서 학습자에게 악의적인 꼬리표를 붙여 비난하는 것입니다. 당장 학습자에게 재주가 없고 일의 효율이 떨어진다고 해도 인내심을 가지고 그를 교육할 수 있어야 합니다. 만약 그에게 바보라느니 머리가 좋지 않다느니 꼬리표를 붙여 너무 빨리 좋지 않은 심리적 암시를 주면 그의 미래를 매장하는 것이나 다름없습니다. 관리와 교육은 같은 것입니다. 직원이 어려운 문제에 부딪혔을 때 지지하는 수단을 더 쓰고 더 도와주고 더 이해해 주어야 합니다. 대신 부정적인 꼬리표는 가능한 덜 붙이고, 특히 악의적인 비평은 삼가야 합니다. 사랑과 이해는 관리와 교육의 가장 중요한 기초입니다. 이 기초가 없으면 일을 해도 헛수고이기 마련입니다.

사마의는 실제로 긍정적인 심리적 암시를 써서 조예에게 영향을 주었습니다. 그 시대는 과학이 발달하지 않아서 자연과 인류 사회의 법칙에 대한 이해가 높지 않았습니다. 당시 사람들은 신비주의적 수단을 써서 위험을 통제하고 미래를 이해하곤 했는데, 점성학은 아주 훌륭한 암시 자원이었습니다. 별자리로 정국과 전장의 형세를 암시하는 방법은 사람들이 암시를 받아들이기만 하면 매우 뛰어난 효과를 발휘했습니다. 일상 업무에서 심리 암시를 사용하기 위해서는 반드시 세 가지 구체적인 특징과 기교를 알아야 합니다.

첫 번째, 간단해야 합니다. 너무 길어서는 힘이 빠지게 됩니다.

두 번째, 좋은 쪽으로 적극적이어야 합니다. 상대가 잘 했다는 것을 암시하려면 상대가 잘못할 리 없다고 말해서는 안 됩니다.

여러분이 잘 걷는다고 말하고자 하면 넘어실 리가 없다고 말해서는 안 됩니다. 그렇지 않으면 상대는 정말로 넘어질 수 있습니다.

세 번째는 강렬하고 긍정적이어야 합니다. 만약 여러분이 무대에 서서 연설을 해야 한다면 마음속으로 '반드시 잘 할 것이다.'라고 끊임없이 말해야 합니다. 끊임없는 자기 암시를 통해 자신감이 상승하면 강연을 더욱 잘할 수 있을 것입니다.

사마의는 조예에게 말합니다. "하늘을 보니 우리가 유리합니다. 규성이 태백을 범하니 공명이 또 헛되이 온 것이고, 중원에 왕기가 세니 우리는 아주 좋습니다." 말을 다 마치자 황제가 믿을 뿐만 아니라 전군이 모두 믿게 됩니다. 이 말이 군중에 퍼지자 사기는 바로 상승합니다.

사마의는 그의 부하들에게도 암시 기법을 사용했습니다. 사서에는 사마의가 제갈량의 출병과 관련하여 한 말이 기록되어 있습니다.

"제갈량이 만약 용감한 사람이어서 무공으로 나와 산에 의지하여 동쪽으로 나오면 우리는 위험해진다. 만약 그가 서쪽 오장원으로 나오면 우리에게는 아무 일도 없을 것이다. 亮若勇者, 當出武功依山而東, 若西上五丈原, 則諸軍無事矣."(『진서』)

결과적으로 제갈량은 정말로 서쪽 오장원으로 나왔습니다. 이리하여 조위의 전군은 환호성을 울리며 "사마의 대도독은 정말 귀신같구나! 우리는 반드시 성공할 것이다."라고 말합니다. 사실 제갈량이 서쪽 오장원으로 나온 사정은 사마의 정도의 군사적 지식이 있는 사람이라면 아주 쉽게 예측할 수 있는 것이었습니다. 사마의는 고의적으로 이런 예측을 '우리는 성공할 수 있다'라는 정보와 함께 엮어 자신감을 끌어올렸던 것입니다. 이 기교를 "미래를 조금 암시하여 믿음을 크게 증가시킨다."라고 합니다.

조직 내 입지가 좁아 자신감이 없다면 아주 쉽게 예측할 수 있는 일을 찾아 고의적으로 사람들이 듣는 가운데 자신 있게 주장하면 됩니다. 예측이 정확하게 맞아 떨어지는 순간 사람들의 믿음은 곧바로 상승할 것입니다. 리더에게 가장 중요한 것은 사람들의 심리 상태를 안정적으로 유지하는 것입니다. 사기가 떨어지면 높이고, 열정이 차가워지면 그것을 끓어오르게 해야 합니다. 많은 경우 성공은 자원 문제가 아니라 자신감의 문제입니다. 자원이 있어도 자신감이 없으면 실패할 것입니다.

중달의 잠언
성공은 자원보다는 자신감의 문제이다. 자원이 있어도 자신감이 없으면 실패할 수밖에 없다.

사기를 보전하고 자신감을 심어준 이후 사마의는 세 번째 책략을 씁니다. 이 책략은 더욱 대단한 것이었습니다.

격렬한 경쟁사회를 사는 대다수의 사람들은 심각한 스트레스에 노출되어 있다. 이러한 스트레스는 정서적 불안정을 몰고 온다. 직장 내 직원들의 사기가 떨어지는 원인 중에는 이러한 정서 불안도 포함된다. 관리자도 마찬가지이다. 직원과 관리자의 불안한 정서는 사업 발전에도 좋지 않은 영향을 끼친다. 제갈량의 모욕과 도발에 직면한 사마의는 자신과 부하직원들의 사기를 북돋울 방법을 모색했다.

제 3 책략
감정을 다스려 합리적으로 해석한다

사마의는 전군의 정서뿐만 아니라 그 자신의 심리적 안정도 꾀해야 했습니다. 리더도 보통 사람과 같습니다. 침울하고 상심하며 절망하고 공허한 시기가 있기 마련입니다. 이런 때에 가장 먼저 자신을 조절해야 조직을 잘 관리할 수 있습니다. 사마의는 절망감과 우울을 떨치기 위해 낙관적인 생각을 하려 노력했습니다.

사마의의 '낙관적인 생각법'과 관련하여 동생 사마부司馬孚와 주고받은 서신을 살펴보려 합니다. 사마의가 제갈량과 대전을 치를 때 형의 안부를 염려한 사마부는 전선의 전황을 묻는 편지를 썼습니다. 『진서』는 사마의가 친필로 사마부에게 쓴 답신을 기재하고 있는데, 여기서 특별히 제갈량에 대한 문제를 거론하고 있습니다.

"제갈량은 원대한 뜻은 있지만 기회를 잡지 못하고, 생각은 많지만 결단이 부족하며, 용병을 좋아하지만 임기응변이 없으니, 비록 10만의 군사를 거느리고 있다고 해도 나의 손바닥에 있으니 그를 무찌르는 것은 의심할 여지가 없다. 亮志大而不見機, 多謀而少決, 好兵而無權, 雖提卒十萬, 已墮吾畫中, 破之必矣."

여기서 특히 중요한 말은 '호병이무권好兵而無權'으로 제갈량은 군대를 거느리면서도 임기응변을 모르고 변화를 장악하지 못하고 권한 위임을 알지 못한다는 뜻입니다. 이를 근거로 사마의는 그에게 10만 대군이 있다고 해도 이미 내 올가미에 걸렸으니 분명 그를 물리칠 수 있다고 자신합니다.

이에 대해 후세의 어떤 사람은 사마의가 안하무인격이었다고 평가했습니다만, 사실 관리학의 각도에서 분석하면 사마의의 이런 방법은 '낙관적으로 생각하기'라 할 수 있습니다. 위급한 시기에 상대적으로 낙관적인 표현과 심리적 암시를 통해 전투력과 사기를 제고하고, 자신이 수행해야 할 업무 목표를 분명히 정해 적극적인 행위를 유발한 것입니다.

> **사마부(180~272)**
> 사마의의 동생. 조조시대부터 문학연(文學掾)에 임명되어 이후 위나라 5대 황제를 모셨고 태부에까지 이르렀다. 서진이 위나라를 대신한 후, 사마부는 태재(太宰)에 봉해졌고, 사마염이 그를 특별히 존중했지만, 그는 이를 영광으로 생각하지 않고 죽을 때까지 자신을 위나라 신하라고 칭했다.

이쯤에서 아주 재미있는 연구 하나를 소개하겠습니다. 전문가가 학생들을 두 조로 나누어 만화를 보게 합니다. 첫 번째 조는 입에 연필을 물고 만화를 보게 하고, 두 번째 조는 평상시대로 보게 합니다. 만화를 다 보고 난 후 두 조의 학생들에게 각각 만화에 대해 점수를 매기게 했는데, 연필을 문 학생들이 만화가 더 재미있다고 생각하는 결과가 나왔습니다. 전문가가 그 이유를 분석했는데, 아주 흥미롭습니다. 사람들은 입에 뭔가를 물었을 때 입가 양쪽의 근육이 올라가 얼굴에 일종의 미소를 띤 표정이 생기는데, 이렇게 얼굴에 미소 띤 표정이 있을 때 마음속에서도 미소 띤 심정을 갖게 되고, 이로부터 즐거운 생각이 생겨난다는 것입니다. 이 즐거운 생각이 만화를 재미있다고 느끼게 유도했습니다.

만약 기분이 좋지 않을 때 거울을 보며 웃으십시오. 바로 즐거워질 것입니다. 즐겁지 않아도 즐거운 척 가장하는 시간이 길어지면 정말로 즐거워질 수 있습니다. 총명한 척 가장하는 시간이 길어지면 정말 총명해질 수 있습니다. 당연히 바보인 척 가장하는 시간이 길어지면 정말 바보가 될 수 있습니다.

사마의가 편지에서 '제갈량은 내 계략에 빠졌으니 그를 물리치는 것은 필연이다.'라고 쓴 것은 사실은 낙관적인 생각으로 긍정적인 결과를 유도하는 사례였습니다. 그 적극적인 언어, 낙관적인 태도로 전투에 대한 자신감과 필승의 신념을 유도하려 했습니다. 성공한 사람이란, 전투가 시작되기 전부터 충만한 심리적 에너지를 갖고 자신이 반드시 성공할 것이라 믿으며 다른 사람 역시 고무할 수 있는 사람입니다. 역사에서 전쟁의 신으로 유명한 시저, 나폴레옹, 악비岳飛, 척계광戚繼光과 같은 영웅들은 모두 심리적 에너지가 강대하고 승리의 신념을 끌어내는 데 뛰어난 사람들이었습니다. 일단 낙관과 자신감이 생기면 형세는 정말 자신이 노력한 방향을 향해 발전하기 시작합니다.

이것을 "성공은 마음에서부터 시작된다."라고 하는 것입니다. 진정으로 성공한 사람은 마음에서부터 충만한 심리적 에너지를 가지고 있고, 자신의 성공을 믿으며, 설령 고난이 겹치더라도 자신감을 잃지 않는 사람입니다. 성공은 일종의 내면에서 우러나온 신념입니다.

사마의는 이런 신념으로 조직의 모두가 반드시 성공할 것이라고 믿도록 이끌었습니다. 하지만 머릿속의 신념은 늘 현실의 검증을 받아야 합니다. 일단 전장에 나가서 제갈량에게 흠씬 두들겨 맞고 정말로 패배한다면 어떻게 해명해야 할까요? 여기에 사마의의 두 번째 탁월한 점이 있습니다. 실패한 후 일련의 뛰어난 해석

체계로 자신의 심리 상태를 조절한 것입니다.

234년 가을, 제갈량은 오장원의 군중에서 병으로 사망했습니다. 사마의는 촉군에 의해 봉쇄되어 이 소식을 알지 못합니다. 제갈량은 세상을 뜨기 전 촉군 장령들에게 촉한 대군을 조를 나누어 단계별로 질서 있게 한중으로 철수하도록 당부합니다. 『진서』, 『삼국지』, 『자치통감』은 촉군이 철수하는 과정에서 사마의가 감히 출병하지 못했다고 기록하고 있습니다. 그는 제갈량의 올가미에 걸려드는 것이 무서워 추격하지 못했습니다. 이 역사적 사실을 『삼국연의』는 훨씬 재미있게 묘사하고 있습니다. 『삼국연의』 제104회 '큰 별 떨어지고 한 승상 하늘로 돌아가고, 목상을 보고 위 도독 간담이 서늘해지다' 편에는 서촉의 대군이 이미 철수하고 난 후, 정말 아무런 이상이 없음을 확인한 후 사마의가 비로소 아들 사마사, 사마소와 함께 부대를 이끌고 오장원으로 나와 서촉의 군영으로 쳐들어가는 장면이 나옵니다. 군영 안이 텅텅 비어 있자 촉군이 정말 철군했음을 알게 됩니다. 사마의는 너무 기뻐 즉각 사마사, 사마소에게 뒤에 있던 보병과 치중 부대를 독촉하게 하고 자신이 친히 기병을 거느리고 선두에 서서 추격을 시작합니다. 그런데 막 산 아래에 이르러 서촉 부대의 후미를 보고 사마의가 있는 힘을 다해 쫓아가려고 하던 그때, 갑자기 산 뒤에서 땅을 뒤흔드는 큰 소리가 나고 사방에서 복병이 나타납니다. 엎친 데 덮친 격으로 퇴각하던 촉군의 후미도 몸을 돌려 사마의에게 달려듭니다. 바로 그 순간 한 나무 그늘 아래에서 중군 대기가 펄럭이고, 그 깃발에는 '한승상 무향후 제갈량'이라는 글자가 쓰여 있었습니다. 이 깃발 아래에 십수 명의 장군들이 사륜거를 둘러싸고 나타났고, 수레 위에는 한 사람이 앉아 있는데, 윤건을 쓴 틀림없는 제갈량이었습니다. 사마의는 대경실색하여 하마터면 말에서 떨어질 뻔했습니다. 놀란 사마의가 몸을 돌려 달아나는데 강유가 뒤에서 큰소리로 달아나지 말라고 소리칩니다. 이 소리가 퍼져 산 계곡에서 메아리치자 사마의는 주변이 온통 추격병으로 가득 차 있는 것으로 생각합니다. 조위의 군대도 대도독이 도망가는 것을 보고는 우르르 도망가기 시작하는데 수만의 위군이 서로 밟아 사상자가 셀 수 없었습니다. 사마의가 미친 듯이 달아나 50여 리쯤 이르렀을 때 뒤따르던 장수들이 말고삐를 당기자 사마의는 자기편인 것을 알고는 머리를 만지며 정신 나간 듯이 묻습니다.

"내 머리가 아직 있는가?"

위장이 그를 안정시킵니다. "도독, 두려워하지 마십시오. 촉군은 이미 멀리 갔습니다." 이에 사마의는 한숨을 내쉬며 말합니다. "아이고, 놀라 죽을 뻔했네."

이리하여 현지의 백성들이 "죽은 공명이 산 중달을 놀라 달아나게 하다."라는 아주 유명한 민요를 퍼트린 것입니다. 이 고사는 단지 『삼국연의』에만 기재되어 있고 『진서』를 포함한 『삼국지』, 『자치통감』에는 기재되어 있지 않습니다. 이는 아마도 제갈량을 신격화하고 사마의를 깎아내리기 위해 소설의 작가가 만든 허구이거나 과장일 것입니니다. 하지만 "죽은 제갈량이 산 중달을 놀라 달아나게 하다."라는 민요는 역사서에도 기재되어 있습니다.

사마의가 이 민요를 들은 후 어떤 심정이었을지 생각해 보십시오. 만약 어떤 기업의 회장이 아랫사람들이 자신을 욕하는 노래를 만들어 부르는 것을 들었다면 어떤 기분이었을까요? 이 점에서 사마의는 대단했습니다. 그는 첫째, 격분하지도 않았고 둘째, 의기소침하지도 않았으며 셋째, 조직의 역량을 동원하여 이 민요의 출원자를 조사하지도 않았습니다.『진서』에는 "사마의는 이 이야기를 듣고 웃으며 말하길 나는 산 사람을 헤아리는 사람이지, 죽은 사람을 헤아리는 사람이 아니다. 帝聞而笑曰, 吾便料生, 不便料死故也."라고 말했다고 기록되어 있습니다. 즉 자신은 죽은 제갈량을 상관하지 않기 때문에 저런 노래가 불리는 것쯤은 개의치 않는다는 것을 유머러스하게 말한 것입니다.

그의 이 웃음에서 우리는 사마의의 장점, 즉 아량이 아주 넓다는 면을 볼 수 있습니다. 다른 사람이 비웃고 욕을 해도 그는 마음을 졸이지 않습니다. "장군의 이마는 말이 달릴 만하고, 재상의 뱃속은 큰 배를 저을 만하다."는 말이 있습니다. 우리는 이것을 "다른 사람이 용서하지 못한 것을 용서하고, 다른 사람이 이해하지 않는 것을 이해하며, 다른 사람이 받아들이지 않는 것을 받아들일 수 있어야 비로소 리더가 될 수 있다."라고 재해석할 수 있습니다. 오늘날 배 한 척은 말할 것도 없이 밧줄 하나 받아들이지 못하고 물이 튀는 것 하나 용납하지 못하여 걸핏하면 노발대발하는 리더들이 많습니다. 사마의의 도량은 확실히 우리가 탄복할 만한 수준이었습니다.

중달의 잠언

다른 사람이 용서하지 못한 것을 용서하고, 다른 사람이 이해하지 않는 것을 이해하며, 다른 사람이 받아들이지 않는 것을 받아들여야 비로소 리더가 될 수 있다.

사마의는 아량이 넓었을 뿐더러 사소한 일을 마음에 담아두지도 않았습니다. 관리학의 관점에서 본다면, 그는 실패한 상황에서도 합리적으로 자아를 해석하는 것에 뛰어났습니다. 한 사람의 일생은 그리 녹록치 않습니다. 우리의 인생은 강물과 같이 수백 수천 번 굽이굽이 돌아가다가 바다로 흘러갑니다. 매일 하루하루를 지내는 일에도 번뇌가 있고, 매순간 좌절과 실패가 있을 수 있습니다. "사람이 강호에 표류하면서 어찌 칼을 맞지 않을까 보냐!"라는 말이 있습니다. 문제는 칼에 베인 이후의 삶을 어떻게 살아나갈 것이냐에 있습니다. 칼을 맞은 이후 잠도 자지 못하고 즐거움을 느끼지도 못하며 일생을 고통 속에서 생활하는 사람도 있습니다. 이 점에서 우리는 사마의의 긍정적이고 합리적인 상황 해석 능력을 배워야 합니다.

인생에서 실패는 흔히 겪을 수 있다. 하지만 실패를 겪고 난 사람들의 태도는 각각 다르다. 어떤 사람은 객관적이고 적극적으로 대면하고, 어떤 사람은 실패의 그림자에 깊이 빠져 스스로 일어나지 못하기도 한다. 실패 때문에 정서가 불안해지고, 나아가 감정 조절 능력을 상실하게 되면 사업과 건강에 커다란 해를 끼칠 수 있다. 그렇다면 어떻게 해야 감정을 통제하지 못하는 함정에 가능한 한 적게 빠질 수 있을까? 사마의는 늘 제갈량에 패하여 달아나는 상황에서도 실패에 적극 대처하여 시종 긍정적인 심리 상태를 유지했다. 도대체 무엇을 근거로 이러한 평상심을 유지할 수 있었을까?

여러분은 키 작은 여우와 포도에 관한 우화를 알고 있을 것입니다. 여우 한 마리가 길을 가다가 싱싱한 포도가 주렁주렁 매달린 포도나무를 발견합니다. 포도가 먹고 싶어진 여우는 폴짝폴짝 뜀을 뛰면서 포도를 따먹으려고 하지만 아무리 애를 써도 손이 닿지 않습니다. 포도를 먹을 수 없게 된 여우는 '어차피 너무 시어서 못 먹는 포도일 거야.'라고 생각합니다. '저 포도는 실 것이다'라는 생각을 통해 자신의 심리를 편안하게 하는 방법을 '부정'이라고 할 수 있습니다. 여기에 더 강렬한 부정이 있을 수 있는데, 먹을 수 없는 포도를 두고 포도를 먹는 사람은 다 재수가 없을 것이라고 생각하는 것입니다. 리더가 되지 못하면 리더가 되는 사람을 재수 없다고 말하는 것이고, 미녀를 얻지 못하면 미녀를 얻는 사람을 모두 재수 없다고 말하는 것입니다. 이런 부정의 방법은 언뜻 보기에는 일정한 효과가 있는 듯 보이지만 장기적으로 보면 일종의 좋지 않은 정서로, 쉽게 심리적 왜곡을 가져오고 심지어 사회를 공격하는 반사회적 경향으로 발전하게 됩니다.

먹지 못하는 포도에 대해 여우가 취한 부정의 방식 외에도 상황을 왜곡해 판단하는 세 가지 심리 태도가 있는데 이 또한 건강하지 못한 방식입니다.

첫째는 거칠고 조급하게 대응하는 것입니다. 이 경우는 먹을 수 없는 포도를 보며 이렇게 생각합니다. '어떤 시간 남아도는 사람이 여기에 포도를 심었지. 먹으려 해도 먹을 수 없네. 흥, 내가 먹을 수 없다면 다른 사람도 먹을 수 없게 해야지.' 이리하여 여우는 뜨거운 물을 포도나무에 부어 익사시켜 버립니다. 그 결과 그는 순찰대에 붙잡혀 철창행 신세가 됩니다.

두 번째는 고집을 세우는 경우입니다. '내가 먹을 수 없는 음식이 있다는 것을 믿을 수 없다. 세상에 먹을 수 없는 것은 없다.' 그러고는 포도를 먹기 위해 계속해서 펄쩍펄쩍 뛰게 됩니다. 결국 여우는 지쳐 피를 토하고 죽습니다. 죽기 전에 포도를 한 번 보고 머리를 저으며 말합니다. "그래도 나는 최소한 포도를 먹기 위해 분투하다 죽었다."

세 번째 가장 심각한 사례로 우울에 빠지는 경우입니다. 포도를 먹지 못한 여우는 바람이 포도나무 잎사귀를 발아래 떨어뜨리자 그 잎을 집어 들고 한탄합니다. "아아, 결국 포도를 먹지 못했네. 일생동안 포도를 먹지 못한다면 무슨 재미로 살 수 있을까? 내가 포도가 되는 것만 못하겠지." 이리하여 여우는 포도나무에 목을 매고 자살합니다.

이상 우리는 부정형, 조급형, 고집형, 우울형의 사람이 좌절과 실패에 직면하면 보이는 네 가지 좋지 않은 심리 경향을 알아보았습니다. 정도가 가벼우면 생활이 순조롭지 못하고 심리적으로 침울해지고, 정도가 무거우면 정신 이상을 유발하고 심지어는 자살로 이어지기도 합니다. 하지만 좌절과 실패는 다반사로 있는 일입니다. 그래서 우리는 항상 좌절 교육을 받아야 한다고 말합니다. 좌절 교육의 목적은 사람들로 하여금 좌절을 받아들이도록 하는 데 있는 것이 아니라 좌절을 겪은 이후에 대처하는 방법을 배워 스스로 반격할 수 있는 능력을 제고하는 데 있습니다.

그렇다면 실패와 좌절에 어떻게 대처해야 좋을까요? 이에 대한 대응책으로 비교적 적극적인 네 가지 방법을 제안하고자 합니다.

첫 번째는 개선입니다. 실패는 인생의 영양제이고, 좌절은 진보의 기반입니다. 여우가 먹지 못하는 포도는 '내가 포도를 먹지 못하는 것은 내가 높이 뛰지 못하기 때문이다.'라고 생각할 수 있습니다. 이리하여 여우는 캥거루의 높이뛰기 학원에 등록한 후 높이뛰기 실력을 길러 포도를 먹게 됩니다. 또 다른 한 여우는 '내가 못 먹는 포도를 왜 새는 먹을 수 있을까? 그것은 날 수 있기 때문이다.'라고 생각하고는 박쥐의 비행 학원에 등록합니다. 이후 그도 먹을 수 있게 됩니다. 이것이 바로 개선입니다. 어려움에 직면했을 때 왜 다른 사람은 실패하지 않았는데 나는 실패했는지를 생각해 보십시오. 어딘가 개선해야 할 부분이 있을 것입니다. 그런 연후에 적극적으로 자신의 부족한 점을 보완할 방법을 생각해야 합니다.

중달의 잠언
실패는 인생의 영양제이고, 좌절은 진보의 기반이다.

    두 번째는 더 간단한 방법으로, 문제의 원인을 가능한 다른 것으로 '대체'하는 것입니다. 포도를 먹지 못하면 건포도를 먹으면 됩니다. 오렌지, 귤, 감, 배, 밤 등 모두를 먹을 수 있는데, 왜 반드시 포도를 고집해야 합니까? 세상은 넓고 포도 없이도 잘 살 수 있습니다. 한 발만 물러서면 드넓은 천지가 내 앞에 놓여 있고 선택할 수 있는 것도 무수히 많습니다.

    세 번째는 합리화입니다. 사마의가 가장 많이 사용한 방법입니다. 여우가 포도를 먹지 못하면 포도를 보며 생각합니다. '나는 포도를 먹지 못하는데, 세상 대부분의 사람들도 포도를 먹지 못한다. 사자나 호랑이와 같은 맹수들의 왕도 나처럼 포도를 먹지 못하지 않느냐. 뭐가 걱정이냐? 좌절과 실패는 인생의 그림자인데, 일일이 그것에 신경 쓰는 것은 좋은 일이 아니다.'

마지막으로 가장 중요한 것은 '승화'입니다. 좌절과 실패에 직면했을 때 그것을 전진의 동력, 혁신의 동기로 전환하는 법을 배워야 합니다. 만약 여우가 포도를 먹지 못한 상황에서 이렇게 생각했다고 해 봅시다. '포도를 먹지 못할수록 포도가 더 좋아 보이는 것은 왜일까?' 그래서 여우는 한 편의 논문을 씁니다. 논문의 제목은 「미의 본질과 미의 실현 불가능성에 대하여」로 여우는 이제 철학자로 변신합니다. 다른 여우는 또 생각하길, 이 포도가 만약 토마토처럼 관목에 속해 지상에서 올라간다면 못 먹을 이유가 없지 않은가? 이리하여 여우는 「포도의 관목형 재배기술에 관하여」라는 논문을 씁니다. 이리하여 식물학자가 된 여우는 UN의 농업기술상을 획득합니다. 또 다른 여우는 포도를 못 먹게 되자 나무 아래에서 포도를 쳐다봅니다. 보면 볼수록 마음이 찡하며 시상이 떠오릅니다. 이리하여 여우는 포도나무 아래에서 「아! 포도」라는 장편의 시를 씁니다. 여우는 시인이 되고, 또 '포도체'라는 새로운 시의 체제를 만들어 냅니다.

이처럼 성공한 사람은 좌절과 실패를 전진의 동력, 인생의 영양소로 전화할 줄 아는 사람입니다. 하지만 실패한 사람은 고정된 사유 양식을 갖고 있어 실패한 후 나라를 원망하고, 사회를 탓하고, 자신을 탓하기만 합니다. 인생의 길 위에서 만약 눈앞의 작은 흙덩이에 발이 걸려 넘어진다면 바로 일어서서 계속 나아가야 하지 않겠습니까? 사람이 좌절을 두려워하지 않고, 역경을 두려워하지 않으려면 대처하는 법을 먼저 습득해야 합니다. 특히 물질적으로 풍요한 오늘날의 아이들은 고통을 겪어 보지 않았고, 별다른 어려움 없이 좋은 옷과 음식에 익숙해 있습니다. 인생에 한 번은 좌절 교육을 통해 시련에 단련이 되어야 합니다. 좌절 교육은 그냥 시련을 겪는 것이 아니라 시련을 겪은 이후 이 시련을 어떻게 대하고 어떻게 해석하며 어떻게 분석할 것인지를 배우는 것입니다. 이는 아주 중요한 배움입니다.

중달의 잠언
성공한 사람은 좌절과 실패를 전진의 동력, 인생의 영양소로 전화할 줄 아는 사람이다.

사마의는 제갈량에게 패하고 사람들의 조소거리가 되었어도 이를 별것 아닌 일로 여겼습니다. 그래서 자신의 심리적 거점에 합리적 해석을 두었습니다. 이는 사회생활에서 아주 중요한 자질입니다.

그런데 사마의는 자아해석 체계뿐만 아니라 상대를 칭찬할 줄도 알았습니다. 『삼국지』에는 서촉의 대군이 모두 철수한 이후 군대를 이끌고 제갈량의 본영에 들어간 사마의가 제갈량의 중군 막사와 식당, 침실, 주방을 살펴본 후 한마디 평가를 내리는 장면이 나옵니다. "천하의 기재이구나! 天下奇才."

이것이 바로 사마의의 뛰어난 점입니다. 그는 강대한 상대를 만날수록 칭찬할 줄 알았습니다. 이처럼 상대를 칭찬하는 데에는 세 가지 장점이 있습니다.

첫 번째 자신의 넓은 도량을 보일 수 있습니다. 상대가 자신을 흠씬 두들겨 팼는데도 그를 칭찬하고 인정하는 것이야말로 대장군의 풍모입니다.

두 번째 여지를 남길 수 있습니다. 상대를 칭찬하며 그가 강대하다고 말하면 그에게 패배했을 때 크게 체면을 잃지 않을 수 있습니다.

세 번째 음성적으로 스스로를 자랑할 수 있습니다. '그렇게 강대한 상대가 마지막에는 나에게 패하지 않았느냐?'와 같은 논리로 스스로의 뛰어남을 알릴 수 있는 것입니다.

상대를 칭찬하면 일거삼득의 효과가 있습니다. 우리는 매체, 대중, 아랫사람, 윗사람 등이 있는 각종 장소에서 진지하게 상대를 칭찬하는 법을 배워야 합니다.

안정적인 정서관리와 강대한 전략계획에 의해 사마의는 마침내 제갈량을 격퇴하고 성공을 일구어냈습니다. 바둑을 둘 때 승리하는 방법에는 두 가지가 있습니다. 첫 번째는 상대를 패배시키는 것이고 두 번째는 상대가 지는 것입니다. 사마의가 제갈량을 패배시킨 것이 아니라 제갈량이 사마의에게 진 것입니다. 제갈량은 재능이나 능력 면에서 사마의에게 진 것은 아니었습니다. 그러면 무엇 때문에 졌을까요? 제갈량은 건강에서 사마의에게 졌습니다. 사마의는 제갈량보다 두 살이 많았는데 사마의는 73세까지 살았고, 제갈량은 사마의보다 두 살이 적은데도 54세로 생을 마감했습니다. 그래서 "세상은 평등하게 우리 모두의 것인 듯하지만, 결국에는 장수하는 사람의 것이다."라고 말하는 것입니다. 사마의는 오래 살아남는 책략으로 제갈량을 이겼습니다.

234년 가을, 마침내 오장원의 가을바람에 제갈량은 세상을 떠났습니다. 사마의는 제갈량이 세상을 떠났다는 소식을 듣고 눈물을 흘렸습니다. 마음이 아팠지만 동시에 기뻤습니다. 제갈량의 죽음으로 사마의는 더 이상 강력한 적수를 만나 자신이 패배할까 두려워하며 벌벌 떨 필요가 없어졌습니다. 또한 조위의 서쪽 전선을 짓누르던 거대한 군사적 압력도 마침내 해제되어 조위로서도 한숨 돌릴 수 있게 되었습니다. 이는 좋은 일이었습니다.

하지만 다른 방면에서 이야기하면, 제갈량의 죽음은 사마의에게 더 큰 도전을 제기했습니다. 우리는 앞서 사마의가 독자적으로 군대를 소집할 수 있음을 이야기했습니다. 조위 내부의 인간관계와 상관없이 사마의가 상하의 여론을 살피지 않아도 된 것은 사실 제갈량이 있었기 때문이었습니다. 아무도 제갈량과 싸워 이길 수 없으니 사마의의 재능이 반드시 필요했습니다. 그런 연유로 사마의는 독자적으로 군대를 소집할 수 있었던 것입니다. 바꾸어 말하면 제갈량의 존재는 객관적으로 사마의의 조위에서의 관리 지위를 공고히 한 것입니다. 그런데 제갈량이 죽자, "새를 다 잡으면 활을 숨기고 교활한 토끼가 죽으면 사냥개를 삶아먹는다. 飛鳥盡, 良弓藏, 狡兔死, 走狗烹."라고 하는 일이 생길 수 있었습니다. 조위 정권은 더 이상 사마의를 필요로 하지 않았습니다. 사마의는 호랑이를 때려잡은 영웅이었지만 지금은 호랑이는 없고 온 산에 고양이만 가득했습니다. 이 영웅은 '토사구팽兔死狗烹'의 위험에서 자신의 지위를 보전할 수 있을까요? 그래서 제갈량의 죽음 이후 사마의는 새로운 시험에 직면하게 됩니다.

사마의는 조씨 종친의 끊임없는 견제를 받으며 정치적으로 성장했다. 처음 조조의 의심을 받았지만 조비의 신임을 얻어 자신의 입지를 구축할 수 있었다. 하지만 조비가 죽고 이어 서쪽 전선에서 사마의의 강력한 라이벌이었던 제갈량이 죽자 사마의의 위치 또한 위태로울 수 있었다. 사마의가 비록 뛰어난 능력으로 조위 정권에서 두각을 나타냈지만 조위 정권의 핵심 권력자들은 그의 능력을 항상 두려워했다. 특히 군사권을 가지고 있던 조진은 그의 상사로서 항상 그와 경쟁하며 그를 견제했다.

직장 생활에서 동료들 사이의 경쟁은 생각하지도 못한 문제를 일으키기도 한다. 어떻게 이런 모순을 해결하고 경쟁에서 앞서나갈 것인가는 쉽게 풀 수 없는 어려운 문제이다. 사마의도 일찍이 이런 상황에 직면했었는데, 그렇다면 그는 어떻게 동료 사이의 경쟁 모순을 해결했을까? 또 어떤 책략이 사마의가 격렬한 내부 경쟁의 와중에서 선기를 잡을 수 있도록 도와주었을까?

제5강

절제와 성과로 조용히 경쟁자를 제압하라

조직 내 경쟁에서 우위를 점하다

직장에서 동료들 사이의 경쟁을 피할 길은 없다. 격렬한 경쟁은 항상 복잡하고 첨예한 모순을 야기한다. 때문에 격렬한 내부 경쟁에서 앞서고자 한다면 뛰어난 실력뿐만 아니라 경쟁이 초래한 각종 모순을 잘 처리할 수 있어야 한다. 사실 사마의 역시 내부 경쟁에서 자유로울 수 없었다. 그가 격렬한 내부 경쟁에서 선기를 잡을 수 있었던 비결은 무엇이었을까?

"다섯 손가락을 펴면 서로 길고 짧은 것을 비교하고, 연꽃이 물 위로 나오면 높고 낮음을 다툰다."는 속담이 있습니다. 사람들은 모두 비교하는 마음이 있어 함께 있으면 다른 사람과 비교하려는 생각을 멈추지 못합니다. '비교하다'라는 뜻의 '비比'자는 두 개의 '비수匕'로 이루어져 있습니다. 두 개의 비수가 맞대고 있으니 타인을 해칠 뿐만 아니라 자신을 해치기도 하는 것입니다. 항상 비교하는 것을 좋아하는 사람은 비교되는 대상에 대한 선망, 질투로 인해 적대감을 만들고 자신 역시 내상을 입습니다. 인생은 나보다 못한 것과 비교할 때 행복해지고, 주위와 비교하면 진취적으로 고무될 수 있지만, 늘 고개를 들고 높은 곳과 비교하면 비교할수록 상실감이 생기고 내상을 입을 것입니다. 그래서 사람은 자신의 심리 상태를 잘 조정할 수 있어야 편안하고 자유롭게 살

수 있습니다.

하지만 "나무는 조용하고자 하나 바람이 그치지 아니한다."라는 말도 있습니다. 굳이 다른 사람과 비교하려 하지 않아도 다른 사람이 나와 비교하고, 내가 다른 사람과 경쟁하지 않아도 다른 사람이 나와 경쟁합니다. 만약 우리의 사업이 성공한다면 이를 질투하고 적대감을 느끼는 사람이 생길 것입니다. 주위에서 우리와 비교하려는 마음을 가진 사람과 마주했을 때 어떻게 대응해야 할까요?

공자는 "삼십에 이립而立하고 사십에 불혹不惑했다."고 말했습니다. 이는 사람이 마흔이 되면 안정된 가치관과 판단 기준이 생겨서 미혹이 일어나지 않는다는 뜻입니다. 하지만 이 말은 조비에게 적용되지 않았습니다. 226년 조위 황초黃初 7년, 조비가 40세 되던 해, 그는 특히 미혹되었습니다. 이해 조비는 대군을 거느리고 멀리 남쪽의 손오를 정벌하러 떠났으나 아무런 성과도 얻지 못하고 돌아온 후 허창許昌에 가려고 준비하고 있었습니다. 왜냐하면 허창은 그가 어려서부터 자란 곳이었기 때문입니다. 그런데 그가 허창에 갈 준비를 하고 있던 때 허창성의 성문이 아무 이유도 없이 저절로 무너지는 일이 발생했습니다. 아무런 외부 작용이 없이 무너진 것입니다. 이 일로 조비는 마음이 불편해져 결국 성에 들어가지 않았습니다. 오늘날의 관점에서 생각해 보면 오랫동안 성벽을 보수하지 않아 큰비에 성벽이 무너진 것으로, 특별히 의미를 두지 않아도 될 일이었습니다. 조비의 마음이 이토록 불편했던 데에는 좀 더 심층적인 원인이 있었습니다.

과거 조비가 조식과 태자 자리를 다툴 때 조조는 두 사람 사이를 왔다갔다 하며 누구를 태자로 택할지 마음을 정하지 못하고 있었습니다. 조비는 자신이 없었습니다. 이리하여 조비는 한 점쟁이를 찾아가 무슨 일인지는 말하지 않고 점을 치게 했습니다. 이 점술가는 조비에게 "공자의 운명이 귀해 언급하기 어렵다."고 말합니다. 그래서 조비는 큰 희망을 갖게 됩니다. 그는 마음속으로 대사는 이미 결정되었다고 생각합니다. 이후 조비는 그 점술가에게 자신의 수명이 얼마인지를 물었는데, 마흔이 되는 해에 작은 어려움이 있지만 그 이후에는 근심이 없다고 말합니다. 조비는 이 말을 기억하고 있었습니다. 226년 조비가 딱 마흔이 되어 심리적으로 민감한 상황일 때 허창성 성문이 붕괴되었고, 이 일이 연상 작용을 일으켜 조비는 불길한 예감을 가지게 되었습니다. 그래서 조비의 마음이 불편했던 것입니다. 그러나 이 역시 표면적인 원인이 었습니다.

　더욱 중요한 심층적 원인이 있었습니다. 225년, 조비는 일생 중 가장 커다란 일을 벌입니다. 군대를 조직하여 남쪽의 손오를 정벌하러 떠난 것입니다. 그는 부친 조조가 하지 못한 사업을 완성하고 강동의 6군 81주를 통일하고 싶었습니다. 조비의 이번 출병의 규모는 매우 컸습니다. 『삼국지』는 "강에 이르러 부대를 사열하니 군사는 십여 만이고, 나부끼는 군기는 수백 리에 걸쳐 있었다. 臨江觀兵, 戎卒十餘萬, 旌旗弥數百里."라고 기록하고 있습니다. 조비는 당대의 저명한 문인으로서 당시의 심정을 한 편의 시로 노래했습니다.

　　관병이 강가에 이르니. 官兵臨江水.

강물은 호호탕탕하게 흐른다. 水流何湯湯,
창과 방패는 산림처럼 가득하고. 戈矛成山林,
검은 갑옷은 햇빛에 반짝인다. 玄甲耀日光,
사나운 장수들은 분노를 가슴에 품고. 猛將懷暴怒,
기세등등하게 늘어서 있다. 膽氣正從橫,
누가 강물이 넓다 하는가? 誰云江水廣,
갈대 하나로도 건널 수 있는 것을. 一葦可以航.

이 시구를 통해 우리는 당시의 조비가 이번 남정을 반드시 성공할 것이라고 호기롭게 생각하고 있었음을 알 수 있습니다. 하지만 시가 호기롭다고 해서 전쟁 국면을 바꿀 수는 없는 노릇이었습니다. 조비가 남정을 할 때 가장 먼저 고려한 것은 시기였습니다. 그는 가을에 병사를 일으키고 봄과 여름을 피했습니다. 왜냐하면 봄에는 전염병이 유행할 수 있고 여름은 찌는 듯이 더웠기 때문입니다. 전염병과 더위로 인해 조위는 남정 과정에서 큰 어려움을 당한 적이 있었습니다. 적벽대전에서 전염병이 퍼졌고, 건안 22년 하우돈과 장패가 남정할 때에도 전염병이 창궐하여 사마의의 형인 사마랑이 병을 얻은 병사들에 전염되어 47세의 나이로 병사했습니다.

그래서 이후 조위가 병사를 일으킬 때는 봄과 여름을 피해 가을을 선택했습니다. 하지만 이번 조비의 남정은 하늘의 뜻이 아니었던 모양입니다. 225년 가을은 매우 짧아 겨울이 일찍 찾아왔습니다. 기온도 너무 낮아 입동이 지나자마자 차가운 바람이 불기 시작했고, 서북풍이 한번 불자 눈이 내리고 수면은 얼어붙어 버렸습니다. 조비가 준비한 대형 함선들은 모두 항구에 얼어붙어 장강을 건널 수가 없었습니다. 결국 심혈을 기울여 시도한 1차 남정은 중도에 포기할 수밖에 없었습니다. 호기롭게 시작했지만 끝은 썰렁했습니다. 조비는 이 일로 큰 타격을 받았습니다.

 더욱 좋지 않은 일은 조비가 철군하던 중 조비의 아들 조건曹健이 요절했다는 부음을 들은 것입니다. 우리 인생에서 가장 비참한 것이 '머리 하얀 사람이 머리 검은 사람을 보내는 것'이라고 이야기합니다. 하물며 당시의 조비의 나이는 머리가 세지도 않은 겨우 마흔이었습니다. 보배 같은 아들이 죽는 것을 빤히 보며 조비의 마음은 무너졌습니다. 원정 실패와 아들의 죽음으로 인한 이중의 타격, 그리고 남정 과정 중에 쌓인 피로가 겹쳐 조비는 곧 쓰러졌습니다. 처음에는 작은 병이었으나 치료할수록 깊어져, 서기 226년 여름에는 더 이상 일어서기 어렵게 되었습니다. 자신의 끝을 예감한 조비는 즉각 네 사람의 대신을 불렀습니다. 이들은 각각 무군대장군撫軍大將軍 사마의, 중군대장군中軍大將軍 조진, 진군대장군鎭軍大將軍 진군陳群, 정동대장군征東大將軍 조휴曹休였습니다. 조비는 병상에서 이 네 명에게 후사를 부탁합니다. 그리하여 이 네 명이 어린 황제를 보좌하는 고명대신이 되었습니다. 서기 226년 5월 병진일에 조비는 세상을 떠났습니다. 이때 사마의는 47세였습니다.

 이 시기의 사마의는 옛날의 사마의가 아니었습니다. 과거 보잘 것없던 비서에서 고명대신이 된 것입니다. 중국에는 "남자 나이 마흔다섯이 되면 용과 호랑이처럼 원기왕성하다."라는 말이 있는데 사마의는 마흔일곱이 되던 시기에 사업의 봄날을 맞이한 것입니다. 하지만 이 봄은 일반적인 봄이 아니었습니다. 위기가 도처에 잠복해 있고 어두운 물결이 솟구치며 살기를 감추고 있던 봄이었습니다. 왜 그랬을까요? 고명대신의 인원 구성을 살펴보면 곧 알 수 있습니다. 조비가 병상에 있으면서 고심하며 생각해 낸 이 네 사람의 인선은 정말 심혈을 기울인 것이었습니다. 이 네 사람 중 조진과 조휴는 조씨 집안의 뛰어난 젊은 간부로 둘 다 종친이었습니다. 그 외 두 사람인 사마의와 진군은 당시의 '태자사우太子四友(사마의, 진군, 오질, 주삭朱鑠)' 중 두 사람으로 조비가 제위를 빼앗아 선양을 받을 때 커다란 공헌을 한 충성스럽고 노련한 사람이었습니다. 그래서 조비가 임종 시 자식을 부탁하며 기대한 것은 조씨 집안사람과 충성스런 신하가 함께 새로운 황제를 보좌하는 것이었습니다. 이들이 안과 밖에서 힘을 합쳐 한마음 한뜻으로 일을 하면 조위의 사업이 문제없이 잘 될 것으로 계산한 것입니다. 하지만 이는 조비의 바람일 뿐이었습니다. 중국의 역대 왕조의 역사를 보면 예외 없이 고명대신 사이의 권력투쟁이 가장 격렬했습니다. 당연히 이 네 사람의 고명대신들도 근본적으로 단결이 불가능했습니다. 오히려 이들 사이의 모순이 충돌할 가능성이 더 컸습니다. 사마의는 눈으로 보고 마음에 새기면서도 얼굴에는 조금도 이를 드러내지 않았습니다.

사마의는 어떻게 이런 모순 충돌의 복잡성을 알 수 있었을까요? 그것은 '장패사건' 때문이었습니다.

『삼국연의』를 잘 아는 사람이라면 분명 장패臧霸라는 이름을 알 것입니다. 장패는 조조 수하의 대장으로, 여포를 돕다가 후에 조조에게 귀순했습니다. 조조가 관도의 싸움에서

장패(165~230)
삼국시기 위나라 장수. 『위략』에 따르면 노구(奴寇)라고도 부른다. 자는 선고(宣高). 태산 화현(지금 산동 비현 방성진) 사람.

원소를 칠 때 장패는 조조를 도와 후방을 조직하여 전방으로 부대와 양식을 보냈고, 또한 아주 통제하기 어렵고 부리기 어려운 청주병(조조에 편입된 황건적 집단)을 질서정연하게 관리하는 등 매우 큰 공헌을 했습니다. 훗날 조조가 북방을 통일한 후에는 임무의 중점을 남쪽 전선으로 돌려 장료와 함께 거소를 파하고 진란陳蘭을 토벌하고 한당韓當을 대패시킨 것으로 유명합니다. 당시 한당 역시 손권 수하의 명장이었지만 장패와 싸워 결국에는 크게 패했습니다. 이리하여 서기 216년이 되자 장패는 조조의 위임을 받아 하후돈과 함께 남쪽 전선의 방어 임무를 주관하는 중도장군中都將軍으로 임명되었고, 그 지위는 매우 높았습니다.

조비가 제위를 계승했을 때 하후돈은 이미 세상을 떠났고, 대신 조휴가 남쪽 전선의 주장으로 임명되어 장패의 상관이 되었습니다. 그런데 어느 날 조휴가 장패를 보러 왔을 때, 직선적인 성격의 장패는 일개 무인으로서 하지 말아야 할 말을 하게 됩니다.

『삼국지』에는 당시 장패가 조휴에게 "국가가 나의 말을 들으려고 하지 않는구나! 만약 나에게 기병과 보병 1만을 주면 반드시 장강 연안을 횡행할 수 있을 텐데. 國家未肯聽覇耳! 若假覇步騎萬人, 必能橫行江表."라고 말했다고 기록하고 있습니다. 사실 장패는 충심으로 말한 것이고 실제로 실현가능한 말이기도 했습니다.

하지만 말한 사람에게 아무런 의도가 없어도 듣는 사람은 다를 수 있습니다. 조휴는 장패의 위신이 자신보다 높고, 공로가 자신보다 크며, 능력이 자기보다 뛰어나다고 느끼고는, 이 부하는 데리고 있기 어려우니 손을 좀

조휴(?~228)
자는 문열(文烈). 패국 초(지금 안휘성 호주) 사람. 삼국시기 조위의 무장이고 조조의 조카. 228년 오나라와 석정의 싸움에서 대패하고, 오래지 않아 등창으로 세상을 떠났다.

봐야겠다고 생각합니다. 장패가 말을 마친 후 조휴는 그 자리에서 어떤 입장도 표하지 않았지만 황제의 면전에 나아가서는 없던 내용까지 덧붙여 신랄하게 장패를 헐뜯었습니다. 이렇게 되자 장패는 조직의 골칫거리가 되어 버렸습니다.

  조비가 장패를 처리한 방법은 아주 뛰어났습니다. 그는 직접적으로 장패의 병권을 빼앗지 않았습니다. 어디까지나 장패의 수중에는 10만여의 장병들이 있었고 빼앗으려 해도 빼앗기 어려웠습니다. 조비는 과거 유방이 한신을 대했던 방법을 빌려 동순東巡을 가장하여 장패로 하여금 업무 보고를 하도록 하고, 장패가 보고하러 오자 직접 그의 병권을 빼앗고 집금오執金吾라는 이름만 있는 직분에 임명합니다. 하지만 장패에게 내린 작위는 조비 수하의 장수 중에서 첫 번째 자리에 해당하는 아주 높은 것이었습니다. 이는 내가 비록 너의 권력을 빼앗았지만 나는 너에게 부귀영화를 주니 너는 만년을 편안히 즐기면 된다고 말하는 것과 같았습니다. 장패 는 확실히 아주 충성스러운 인물이었습니다. 조금의 원망도 하지 않고 묵묵히 진심으로 집금오의 임무를 수행했습니다. 조휴는 한마디 헐뜯는 말로 장패를 처리했습니다. 이를 토론 중인 주제를 빌어 자신의 새로운 의견을 피력한다는 뜻의 '차제발휘借題發揮'라고 합니다. 장패 사건은 사마의에게 두 가지 시사점을 주었습니다.

  첫 번째, 황제는 그가 신임하는 정도에 상관없이 병사를 거느린 대장군에 대해서는 항상 방어막을 친다.

  두 번째, 절대로 멋대로 말해서는 안 된다. 병은 입으로 들어오고 화는 입에서 나온다. 입을 관리하지 못하는 사람은 큰일을 할 수 없다.

높은 자리에 있는 사람은 적을 만들기 쉽고 다른 사람의 원망을 사기도 쉽습니다. 흔히 "도둑이 무서운 것은 그가 물건을 훔치기 때문이 아니라, 그가 어떤 마음을 먹을지 알 수 없기 때문이다."라고 말합니다. 사람이 음해하려 하면 그 기회는 아주 많습니다. 신중하지 않은 한마디나 적절하지 않은 한마디로 인해 종종 별일 아닌 일이 큰일로 변해 수습할 수 없는 국면을 초래하기도 합니다.

　옛 사람들은 큰일을 하는 사람이라면 '신언수구慎言修口'해야 한다고 생각했습니다. 즉 말을 할 때는 신중해야 하고 절대로 아무 말이나 막 해서는 안 된다는 것입니다. 이 '신언수구'의 예는 중국 역사에 아주 많이 있습니다. 그중에서 『수서』에 나오는 가장 유명한 고사를 소개하고자 합니다.

　수나라에는 하약필賀若弼이라는 장군이 있었는데, 하약필의 부친 하약돈賀若敦은 북주北周의 장군으로 나라를 지키는 데 아주 큰 공이 있었습니다. 그런데 이 사람은 아무 말이나 가리지 않고 막하는 버릇이 있었습니다. 결국 한마디 말 때문에 권문귀족의 노여움을 사 자진하라는 명을 받고 죽게 되었습니다. 임종 전에 하약돈은 아들에게 혀를 내밀라고 했습니다. 하약필은 아버지가 왜 그러는지 알지 못하면서도 혀를 내밀었습니다. 하약돈은 두말하지 않고 송곳으로 하약필의 혀를 찔렀습니다. 혀에서는 즉시 피가 흘러나왔습니다. 하약돈이 하약필에게 말하고자 한 것은 화는 입에서 나오는 것이니 이후 절대로 혀를 함부로 놀리지 말라는 것이었습니다. 이것은 중국 역사에서 말과 행동을 신중하게 하라는 가장 유명한 고사 중 하나입니다.

　잘못 내뱉은 한마디 말 때문에 화를 당하는 사람들은 우리 주변에도 얼마든지 있습니다. 재능과 능력이 출중한 한 젊은 간부가 있었습니다. 그러나 그는 오직 일시적인 통쾌함을 위하여 시간, 장소, 대상을 고려하지 않고 말하고 싶은 대로 아무렇게나 말하는 버릇이 있었습니다. 주위의 친구들이 아무리 주의를 주어도 그는 그의 행동을 자신의 개성으로 여기고 고치지 않았습니다. 그는 리더의 반감을 산 것은 말할 것도 없고 그에게 보복하려는 사람들에게 반격의 기회를 주어 결국 침울하게 자리를 떠날 수밖에 없었습니다.

처신과 처세는 서예를 하는 것과 같습니다. 해서楷書도 있고, 행서行書도 있고, 초서草書도 있습니다. 단 해서가 반드시 기초가 되어야 합니다. 상대의 읽는 수준과 받아들일 능력이 확정되지 않은 상황에서는 해서가 가장 적합한 선택입니다. 같은 이치로 모순이 복잡하고 비교적 격렬한 충돌 국면에 직면했을 때는 해서의 방식으로 처신하고 말해야 합니다. 절대로 초서의 방식으로 처신하고 말해서는 안 됩니다.

우리는 자기표현의 시대에 살고 있습니다. 인터넷은 우리에게 무한한 표현의 무대를 제공하고 있고, 대다수의 사람들이 블로그를 열어 정보를 전파하고 말하고 싶은 것을 말합니다. 하지만 이미 내뱉은 말은 엎질러진 물과 같은 것이기 때문에 신중하게 재삼 생각하고 절대로 아무렇게나 말해서는 안 됩니다. 사람은 자신이 한 말에 책임을 져야 합니다. 정말로 흥분하여 욕을 하고 싶을 때에는 먼저 마음을 가라앉히고 생각을 가다듬어야 합니다. 우리는 언론의 자유를 말하지만 언론이란 것이 필요한 이유는 발표하기 위함이지 발산하기 위함이 아닙니다. 게다가 배설하기 위한 것은 더욱 아닙니다. 이것은 중요한 구별입니다.

중달의 잠언
언론의 자유란 발표하기 위함이지 발산하기 위함이 아니다. 배설을 위한 것은 더더욱 아니다.

사마의는 말 한마디를 하더라도 매우 신중했습니다. 그는 장기간 최고 통치자 주변에서 일하면서 한차례 의심과 시기를 받은 적이 있었습니다. 이런 상황에서 그는 당연히 신중하게 말하는 것의 중요성을 깨닫고 있었습니다. 『삼국지』, 『진서』 및 『자치통감』에 있는 많은 자료를 보면 사마의가 그의 관직 생활에서 개인의 감정이나 자신의 대우에 관해 결코 이야기한 적이 없음을 알 수 있습니다. 설령 업무에 대해서 이야기할 때에도 비교적 겸손한 태도로 요지만 간략하게 언급할 뿐 개인적 감정은 표현하지 않았습니다.

오늘날과 같이 직장 내 경쟁이 격렬한 시대에 '신언수구'는 자신을 보호하는 매우 중요한 요소이다. 지위가 높은 사람일수록 자신의 입을 잘 관리해야 한다. 그렇지 않으면 매우 쉽게 꼬투리를 잡히게 된다. 그러나 내부 경쟁에서 기선을 잡으려면 입을 단속하는 것만으로는 부족하다. 그렇다면 격렬한 내부 경쟁에서 야기된 모순을 해결하기 위해 사마의는 또 어떤 차원 높은 모략과 지혜를 발휘했을까?

◧ 제 1 책 략 ◪
큰소리로 일을 하고 작은 소리로 관계를 맺는다

조비의 수하에는 '태자사우' 즉 태자의 네 명의 사당私黨이 있었습니다. 그 첫 번째 인물이 오질吳質이었습니다. 193년 조조가 견성鄄城에서 인재를 초빙할 때 오질은 조서에 응해 등용되었습니다. 그는 재주와 학식이 뛰어나 조씨 부자의 총애를 받았는데, 217년 조비가 태자가 되자 오질은 조가朝歌(지금 하남 기현)의 장으로 임명되었고, 또 원성元城(지금 하북 대명 동쪽)의 령으로 옮겼습니다. 조비는 지위를 공고히 하고 경쟁상대인 조식을 물리치기 위해 항상 오질에게 아이디어를 청했는데 당시의 공헌은 오질이 사마의보다 컸습니다. 뿐만 아니라『삼국지』는 오질이 조비의 칭제 과정에서 핵심적인 역할을 했음을 기록하고 있습니다. 다음 두 개의 고사는 오질의 모략을 잘 보여줍니다.

첫 번째 고사는 출정을 앞둔 조조를 전송하던 두 아들 조비와 조식에 관한 것입니다. 조식은 재주와 능력이 뛰어났고 말재간 또한 뛰어났습니다. 조조를 송별할 때 조식은 청산유수와 같은 말솜씨를 발휘하여 현장에 있던 모두의 고개를 끄덕이게 했습니다. 조비는 아연실색하여 몰래 오질을 쳐다보았습니다. 그 눈빛의 의미는 '선생, 어떻게 할까요?'라고 묻는 것이었죠. 오질은 조비의 귀에 대고 말했습니다.

"그저 진심어린 마음으로 부친의 손을 잡고 울면서 다른 것은 아무것도 하지 마십시오."

조식이 말을 마치자 조비가 아버지 앞으로 나갔습니다. 모두

오질(177~230)
삼국시기 저명한 문학가이며 위나라의 대신. 자는 계중(季重). 정도(지금의 산동 하역) 사람. 권세 높은 귀족과 사귀는 것을 좋아했고, 조씨 부자의 권세에 의지하여 세도를 부려 사람들의 반감을 샀다. 230년 여름, 병으로 죽자 '추후(醜侯)'라는 시호가 내려졌다. 오질의 아들 오응이 재차 상소를 올려 해명하고 부친의 억울함을 주장하자 오질 사후 20년이 지나서야 비로소 '위후(威侯)'로 바뀌었다.

가 숨죽여 조비가 할말을 기다렸지만, 조비는 조조의 팔을 붙잡고 흐느끼며 눈물만 줄줄 흘릴 뿐이었습니다. 이를 지켜본 모두가 크게 감동했습니다. 모두들 번지르르한 말을 유창하게 내뱉은 조식보다 말없이 눈물을 보이는 조비가 좀 더 진실하다고 느꼈습니다.

오질의 책략은 '희소한 것을 보여주어야 인정을 얻을 수 있다.'는 것이었습니다. 제왕의 집안과 일반 백성의 집안은 다릅니다. 일반 백성에게는 부귀영화와 금은보화가 결여되어 있습니다. 반면 제왕에게는 진실한 감정이 결여되어 있습니다. 제왕의 집안에서 부자 간에 반목하고 형제가 원수가 되고 부부가 동상이몽인 것은 흔한 일입니다.

그래서 오질은 조비에게 질박하고 진솔한 감정을 보여주면 된다고 이야기한 것입니다. 여기서 우리는 한 가지 교훈을 얻을 수 있습니다. 상사와 소통해야 하는데 그 방법을 알 수 없고 더욱이 기교가 뛰어난 경쟁자가 있을 때에는 어떻게 해야 할까요? 방법은 아주 간단합니다. 기교가 아니라 진심을 보여주는 것입니다. 기교를 부리는 것은 마치 수백 가지 요리와 산해진미를 먹어 본 사람에게 요리 기교와 고도의 손기술을 보여주는 것과 같은 것으로, 잘못된 접근 방식입니다. 이 때에는 단순하고 질박한 재료로 만든 가정식 백반을 내놓는 것이 그를 기쁘게 하는 일입니다. 오질이 조비에게 조언한 바는 바로 이러한 원리를 이용한 것입니다. 이후 조비가 황제의 지위를 다투는 과정에서 이 책략은 커다란 영향을 미쳤습니다.

중달의 잠언
희소한 것을 보여주어야 크게 인정받을 수 있다.

이어 두 번째 사건에 대해 이야기해 보겠습니다. 어느 날 조비가 의논할 것이 있어 오질을 부중으로 청하고자 했습니다. 그런데 당시는 조조가 왕과 태자는 신하들과 교제하지 못하도록 규정한 때였습니다. 그래서 조비는 큰 광주리에 오질이 들어가도록 하고 위를 비단으로 위장하여 부중으로 들고 들어갔습니다. 그런데 이 일이 조식 편에 있던 양수에게 알려져 양수는 조조에게 보고를 했고, 곧이어 양수가 조조에게 보고한 것을 조비도 알게 되었습니다. "적 내부에 우리 편이 있고 우리 편 내부에 적이 있다."는 말처럼, 서로 상대를 정탐하고 있었던 것입니다. 조비는 이 일이 조조에게 보고된 것을 알고는 마음이 조급해져 오질에게 어떻게 해야 할지를 물었습니다.

여기서 한 가지 규칙을 제시하고자 합니다. "나쁜 일을 들추어낼 때에는 기밀이 필요하고, 좋은 일을 드러낼 때에는 표창이 필요하다."는 것입니다. 잘못을 보고할 때에는 반드시 기밀을 지켜야 합니다. 그렇지 않으면 정보가 누설되어 오히려 상대가 미리 손을 쓰고 올가미를 조여올 수 있기 때문입니다. 양수는 이 원리를 이해하지 못해 비밀을 지키기 위한 조치를 취하지 못했습니다.

중달의 잠언

나쁜 일을 들추어낼 때에는 기밀이 필요하고, 좋은 일을 드러낼 때에는 표창이 필요하다.

오질은 조비에게 해결책을 이야기해 주었습니다. 다음날 큰 광주리를 가져다가 그 안을 모두 비단으로 채우고는 이전과 같은 길을 따라 부중에 가지고 가 사람들이 조사할 수 있게 하라고 했습니다. 그들이 만약 조사하지 않으면 오후에 다시 한 번 더 시도하라고 했습니다. 다음날 비단을 가득 채운 광주리가 조비의 부중에 도착했을 때 조조가 사람을 보내 길을 막고 광주리를 조사하도록 했습니다. 하지만 거기에는 사람은 없고 비단만 있었습니다.

이 일로 조조는 양수를 더욱 미워하게 되었고 조식에 대해서까지 반감을 갖게 되었습니다.

이 두 가지 사건은 오질의 독특한 지략과 안목을 보여주는 것으로, 이러한 혜안은 격렬한 태자 자리 경쟁에서 조비가 난관을 헤쳐 나가는 데 여러 차례 도움을 주었습니다. 이로 인해 조비는 오질을 두텁게 신뢰하고 남다르게 대했고 깊은 정을 나누었습니다. 조비가 오질을 중시하는 정도는 사마의를 넘어섰습니다. 여기에는 증거가 있습니다. 이 증거는 조비가 오질에게 보낸 세 편의 서신입니다.

첫 번째 편지는 건안 20년 215년, 조조의 대군이 서쪽 원정을 떠나기 전날 저녁, 조비가 맹진에서 오질에게 쓴 것입니다.

계중, 안녕하신가? 길이 비록 협소하고 몸은 관직을 지키는 것에 한정되어 있어 마음에 담은 말을 나누고자 하나 잠시라도 멋대로 할 수가 없습니다. 그대는 편벽한 곳을 다스리고 있어 서신을 보내 묻는 것이 오히려 수고로움만 더할 뿐입니다. 매번 지난날 남피에서 노닐었던 것을 생각하면 진실로 잊을 수가 없습니다.

두 번째 편지는 건안 23년 218년에 쓴 것입니다.

지난날 놀러 갈 때는 같은 수레를 타고 멈춰 같은 자리에 앉아 언제 잠시라도 떨어질 때가 있었는가! 매번 술잔을 돌리고 음악을 연주하여 주흥이 오르면 서로 바라보며 시를 지었지요. 그런데 지금 이 시간, 갑자기 혼자서는 그 즐거움을 알지 못하겠습니다.
젊어 힘 있을 때는 당연히 노력해야 하는데, 한 해가 지나간다고 어찌 권세에 의지할 것이오? 옛 사람이 촛불을 들고 밤에 노닌 것을 생각하면 틀림없이 이유가 있어서였을 텐데, 잠깐이라도 뭐 때문에 혼자서 즐긴단 말인가요? 그렇지 않다고 회답해 주지 않겠습니까? 다시 꾸며 말한 것은 아닌지요? 낙양에서 동쪽을 바라보며 마음을 담아 씁니다.

세 번째 편지는 조비가 마침내 위왕이 된 후 쓴 것입니다.

남피에서 같이 노닌 사람 중 지금 남아 있는 사람은 세 사람뿐이네. 부친은 세상을 떠났고 누군가는 장수가 되고 누군가는 후가 되었네. 지금 오직 그대만이 관직에 나아가는 것이 늦고, 나를 따라 함께 지내는 것이 홀로 있는 것보다는 나을 것이네. 병에 술이 없는 것이 부끄러운 일이지 어찌 부끄러운 마음을 가지는가? 길이 멀다 말하지 말고 지금 다시 소식을 전하게나.

과연 조비는 칭제 이후 바로 오질을 불러들여 북중랑장北中郎將을 제수하고 열후에 봉해 유주와 병주의 군사를 감독하게 했습니다. 이리하여 조진이 서쪽, 사마의는 남서쪽, 조휴는 동남쪽, 오질은 북쪽을 맡아 지키게 되었습니다. 사서에는 심지어 이렇게 기록하고 있습니다.

조비는 오질과 조휴를 불러 자주 연회를 열었는데, 곽황후도 나와서 오질 등을 보게 하면서 말하길, '경은 고개를 들어 자세히 보아도 좋다.'고 했는데, 그 친애함이 이와 같았다.

그렇다면 '태자사우'의 우두머리격으로 이렇게나 총애를 받았던 오질은 왜 고명대신에는 포함되지 못했을까요? 똑같이 태자사우의 사마의는 어떻게 오질을 넘어서서 고명대신의 위치를 차지할 수 있었을까요?

오질에게는 치명적인 약점이 있었는데, 그것은 일단 뜻을 이루면 지나치게 방자해지는 것으로, 그는 주위의 대신들을 오만무례하게 대해 많은 원망을 샀습니다.

일단 보스에게 좋은 평가를 받게 되면 쉽게 자신의 위치를 잊어버리는 사람들이 있다. 이들은 보스의 신임을 빌미로 거만해져 다른 사람을 안중에 두지 않는 행동을 하곤 한다. 하지만 격렬한 내부 경쟁에서 이런 사람들은 쉽게 약점을 잡히게 되고, 이로 인해 회복할 수 없는 나락에 빠지게 된다. 오질이 바로 이런 인물이었다. 도대체 그는 어떤 일로 사람들의 분노를 사게 되었을까? 우리는 이로부터 어떠한 교훈을 얻을 수 있을까?

오질이 업무 보고차 유주幽州에서 수도인 낙양으로 돌아왔을 때였습니다. 당시 조비는 조서를 내려 조정의 주요 군사 간부와 정치 간부들이 모두 오질에게 가서 환영회를 열어줄 것을 명했습니다. 이는 오질에 대한 최고의 대우였습니다. 대장군 조진, 중령군 장군 주삭 등 일군의 사람들이 모두 참석했는데, 주연 석상에서 오질은 한 사람은 뚱뚱하고 한 사람은 마른 두 명의 배우를 뽑아서 연극을 공연하게 합니다. 당시 조진은 조금 뚱뚱했고, 주삭은 조금 말랐기 때문에 오질은 이 두 사람을 조롱하기 위해 고의로 이같은 행동을 했습니다. 조진은 화가 나서 오질에게 너무한 처사가 아니냐며 항의합니다. 하지만 오질은 오히려 조진의 코를 만지며 말합니다.

"조진아, 너는 푸주간 도마 위의 살찐 고기가 아니냐. 나 오질이 너를 삼킨다 해도 울대가 움직이지 않고 입으로 씹어도 이빨을 쓸 필요가 없는데, 어찌 감히 세를 믿고 교만을 떠는가? 曹子丹, 汝非屠機上肉, 吳質吞爾不搖喉, 咀爾不搖牙, 何敢恃勢驕邪?"(『삼국지』)

비록 농담이었을지라도 대장군 조진을 극도로 무시하는 내용이었습니다. 오질의 방자함이 극에 이르렀던 것입니다.

　이 사건으로부터 우리는 세 가지 사실을 알 수 있습니다. 하나는 오질이 안하무인으로 조비의 총애를 믿고 다른 사람을 무시했다는 것이고, 두 번째로 그가 한문(寒門) 출신의 간부로서 이미 오래 전부터 명문 세가 출신의 간부를 무시했다는 것입니다. 중국 속담에 "오늘의 손님은 지난날 사랑하는 마음이 있었기 때문이고, 오늘의 싸움은 지난날 화가 났기 때문이다."라는 말이 있듯이, 눈앞의 싸움은 모두 이전에 축적된 모순으로부터 기인하는 것입니다. 세 번째, 오질에게 전략적인 안목이 결여되어 있었다는 점입니다. 황제가 권세가 높은 대신을 보내 그를 환영한 것은 그의 얼굴에 금칠을 하려는 것임을 생각하지 못한 것이지요. 오질이 현장에 있던 사람들에게 욕을 보인 것은 분명 황제의 체면을 해치는 것이었습니다. 황제는 그에게 금칠을 해 주려고 한 것인데 그는 사람들에게 똥칠을 한 것입니다. 이는 보통 일이 아니었습니다.

　또한 위 일화를 통해 당시 오질과 조씨 종족 사이의 충돌이 아주 격렬했음을 알 수 있습니다. 오질은 한문 출신이었고 어떤 전공도 없이 줄곧 조비 한 사람을 위해 일했습니다. 이 때문에 주위의 많은 사람들은 그를 인정하지 않았습니다. 이런 상황에서 오질이 이들과 첨예하게 대립한 것은 결코 지혜로운 처신이 아니었습니다.

　훗날 오질은 어떤 결말을 맞이할까요? 먼저, 고명대신이 되지 못했습니다. 조비의 신뢰가 높았다고 해도, 그의 인품과 인간관계로는 오를 수 없는 자리였습니다.

　또 굴욕적인 시호를 받고 말았습니다. 옛날 사람들은 지도자가 죽었을 때 시호를 내리는 일을 매우 중요하게 생각했습니다. 예를 들면 조운이 죽었을 때의 시호는 '순평후順平侯'였고, 하후돈이 죽었을 때는 '충후忠侯'라는 시호가 내려졌습니다. 그런데 오질의 시호는 추하다는 의미의 '추후醜侯'였습니다. 이 시호를 통해서도 당시 조위의 위아래 사람들이 오질에 대해 좋지 않은 평가를 내리고 있었음을 알 수 있습니다.

특이한 것은 누구도 안중에 없이 굴복할 줄 몰랐던 오질이 유달리 사마의만은 특별하게 여겼다는 점입니다. 조비 사후 오질은 조비의 후계자 조예를 만나 사마의에 대해 이야기했는데, 그는 사마의를 "충성스럽고 지혜로우며 지극히 공정하게 사직을 떠받들 신하입니다. 忠智至公, 社稷之臣."(『삼국지』)라고 평가합니다. 반면 진군에 대해서는 "진군은 평범한 선비로 재상의 재목이 아니니 중임을 맡겨도 친히 행하지 못할 것입니다. 陳群從容之士, 非國相之才, 處重任而不親事."라고 평가합니다. 즉 사마의에게 대사를 맡기고 진군을 중용하지 말라는 뜻입니다. 오질의 이 건의는 훗날 사마의가 사업을 일으키는 데 결정적인 작용을 합니다. 오질과 같은 사람조차 사마의를 높이 평가한 것으로 미루어 사마의의 인간관계가 매우 뛰어났음을 알 수 있습니다. 사마의를 돋보일 수 있었던 것은 그가 성공할수록 목소리를 낮추고 빛을 발할수록 꼬리를 감추는 사람이었기 때문입니다. 그는 일을 할 때에는 기세등등하게 기치를 높이 올리며 매사에 엄격했고 사람과 관계를 맺을 때에는 겸허하고 온화하게 몸을 낮추었습니다.

이것이 사마의가 오질보다 뛰어난 점이었습니다. 큰 목소리로 일을 하고 낮은 목소리로 처신을 하는 것은 성공한 사람들이 일하는 기본 원칙입니다. 결코 뜻을 얻었다고 경거망동하지 마십시오. 자신에게 스포트라이트가 비치는 순간 자신이 누군지를 잊게 되면 이는 치명적일 수 있습니다.

하지만 사마의는 여전히 가장 중요한 정치적 경쟁 상대와 마주해야 했습니다. 바로 조진입니다. 『삼국연의』에는 사마의와 조진 두 사람 사이의 권력 투쟁에 관련된 고사가 많이 묘사되어 있는데, 물론 많은 부분이 허구입니다. 하지만 객관적인 진실도 다수 포함되어 있습니다. 사마의가 조진을 상대로 펼친 책략은 무엇이었을까요?

제 2 책 략
사심을 버리고 경쟁자의 성공을 돕는다

당시 조진은 내부적으로 사마의와 격렬하게 권력을 다투고 있었습니다. 사사건건 사마의를 억누르고 곳곳에서 허세를 부리며 사마의와 비교했습니다. 하지만 사마의는 그와 반대로 행동했습니다. 그는 자발적으로 조진이 임무를 완수할 수 있도록 방법과 아이디어를 제공했습니다. 『삼국연의』 제 98회 '한군이 왕쌍을 추격하여 베고, 진창을 습격해 무후가 승리를 얻다'를 봅시다. 이 회의 첫머리는 사마의가 조예와 서쪽 전선의 주요 전략 원칙을 이야기하는 것에서 시작합니다. 사마의는 조예에게 "기산의 후방은 보급이 어려우니 촉군이 기산을 나가면 그들의 보급은 분명 한 달을 넘지 못할 것입니다. 그래서 폐하께서는 조진에게 싸울 수 없으면 절대 싸우지 말라고 하십시오. 우리 군이 견고히 지키며 나서지 않으면 한 달 후에 촉군은 스스로 물러갈 것이고, 그들이 돌아갈 때를 기다려 우리 군이 승세를 타 추격하면 상대를 물리칠 수 있으니, 이렇게 하면 촉군을 패배시키고 공명을 잡을 수 있습니다."라고 이야기하라고 합니다.

서쪽 전선에서의 용병에서 조진은 줄곧 사마의와 공을 다투었는데, 사마의는 반격하지 않고 오히려 능동적으로 그를 위해 아이디어를 내고 방법을 생각한 것입니다. 위 명제인 조예조차 이를 이상하게 여길 정도였습니다. 그래서 조예가 묻습니다.

"경에게 선견지명이 있는데, 어찌 스스로 군을 이끌고 나가 적을 치려고 하지 않소이까?"

이에 사마의는 답합니다.

"신이 몸을 아끼고 목숨을 중히 여겨서가 아니라 신이 이끄는 군사로는 동오의 육손을 막고자 할 뿐입니다. 손권은 오래지 않아 천자를 참칭할 것입니다. 그리고 그때가 되면 폐하께서 동오를 칠 것이니 그것이 두려워 먼저 쳐들어올 것입니다. 신은 그래서 병사를 쉬게 하며 기다리는 것입니다."

사마의는 자신에게 군공을 세울 생각이 없는 것은 아니나, 자신의 실력을 보전할 생각이 없으며 자신은 그저 동오의 진격을 방어하고 싶을 뿐이라고 말합니다. 즉 나에게는 사심이 없고 모두 일과 나라를 위한 마음뿐이라는 뜻입니다.

이 말을 할 때 전선에서 보고가 들어왔습니다. 조진이 조예에게 전장의 상황을 보고한 것이지요. 서쪽 전선의 전황을 듣고 사마의는 곧 조진에게 두 가지 건의를 합니다.

조진(?~231)
삼국시기 조위의 무장으로 조조의 씨족. 자는 자단(子丹). 폐국 초(지금의 안휘 호주) 사람. 부친이 조조를 위해 인마를 모집할 때 주군에 의해 살해되어 조조가 불쌍히 여겨 아들과 같이 대했다. 조진의 용맹을 칭찬하여 그로 하여금 호표기를 거느리게 했다. 조위의 서북 변경을 지킬 때 두각을 드러내 위 명제 시기 누차 제갈량의 북벌에 대항했다. 231년 병으로 죽었고, 시호는 원후(元侯)다.

"폐하께서는 당장 사람을 보내 일러주시기 바랍니다. 무릇 촉병을 뒤쫓을 때는 반드시 그 허실을 살펴 무턱대고 적의 땅 깊숙이 들어가 제갈량의 계책에 빠지지 말라고 하시기 바랍니다."

조예는 즉시 조서를 내려 태상경太常卿 한기韓曁로 하여금 조진에게 전하게 했습니다.

"결코 싸워서는 아니 된다. 오직 삼가 지키기만 힘쓰라. 촉병이 스스로 물러가기를 기다려 그때 들이치면 된다."

조예는 사마의의 건의를 받아들여 한기를 보내 조서를 전달하게 했는데, 한기가 출발하기 전 사마의는 이해할 수 없는 행동을 합니다. 그는 성 밖에서 한기를 전송하며 당부합니다.

"나는 이번의 공을 자단에게 양보하려 하니, 공은 자단에게 가서 이 뜻이 내게서 나온 것이 아니라 천자께서 조서로 내린 것임을 분명히 해 주시오. 지키는 게 가장 나은 계책임을 일러주고 아울러 적을 추격할 때는 모든 일을 꼼꼼히 살피라고 전해주시오. 성질이 급하고 공을 서두르는 사람을 보내 적을 뒤쫓게 해서는 결코 아니 되오."

여기서 사마의는 조진에게 신중할 것을 당부하는 것과 동시에 만약 조진이 이번 성지의 내용이 누구의 생각인지를 물으면 자신이 한 것이라고 말하지 말라고 합니다. 만약 조진이 사마의의 아이디어인 줄 안다면 반발할 것이고, 그러면 작게는 조진이 전쟁에서 승리하지 못하고 크게는 국가의 앞날과 운명에 영향을 미칠 것이기 때문이었습니다.

사마의의 두 가지 행동을 통해서 우리는 그가 사심을 버리고 조진이 성공할 수 있도록 마음을 다하고 있음을 알 수 있습니다. 다른 사람과 공을 다툴 때 이런 태도를 보이면 어떤 보스가 좋아하지 않겠습니까?

사실 당시 사마의의 역할과 지위로 말하면, 그는 조진과 겨룰 수 있는 지위에 있지 않았습니다. 조진은 상관이었고, 그는 부하였습니다. 조진은 조정의 정통 씨족이었고 사마의는 성이 다른 사람이었습니다. 사마의는 이를 잘 알고 있었습니다. 내외유별에 상하유별이었습니다. 이런 상황에서 상관이 부하와 겨룰 때 부하의 가장 좋은 방법은 겸허하게 양보하며 공적인 마음을 갖는 것입니다. 겸허하게 양보할수록 주도권은 더욱 커집니다. 그래서 사마의가 보여준 겸허와 양보는 냉정한 판단을 통해 나온 적절한 책략이었던 것입니다. 이 책략을 "먼저 역할을 정확히 파악하고, 이후 적절한 태도를 보여준다."고 하는 것입니다. 싸울 것인지, 양보할 것인지, 방어할 것인지, 가만히 있을 것인지, 절충할 것인지 아니면 '원원'할 것인지를 결정하기 위해서는 자신의 역할을 객관적으로 파악하는 것이 필요합니다.

사마의는 내부 경쟁의 와중에서 자신의 위상을 정확히 파악하고 그에 걸맞은 태도를 취하는 전략을 채택하여 아랫사람과 외부 사람으로서 흐트러짐이 없이 처신했습니다. 그리하여 겨루지 않으면서도 주도권을 쥐게 되었고, 겸양함으로써 더 많은 지지를 얻은 것입니다.

조직 내에는 능력은 출중하나 본인 역할에 대한 인식은 부족한 인물들이 종종 있다. 이들은 자신의 공로가 크고 능력이 뛰어난 것만 믿고 상사를 안중에 두지 않고 멋대로 잘난 체하여 결국에는 주변과 갈등을 일으켜 개인과 조직의 발전에 엄중한 영향을 끼치곤 한다. 사마의는 이런 원리를 깊이 숙지하여 자신의 위치를 정확히 포지셔닝하고 조위 정권 내에서 좋은 인간관계를 형성했다. 그렇다면 내부 경쟁으로 초래된 모순과 갈등을 피하기 위해 우리는 어떻게 자기 역할을 파악할 수 있을까?

중국인들은 역할 인식 방면에 매우 지혜롭습니다. 흔히 "아버지는 중매를 서지 않고, 어머니는 스승이 되지 않으며, 기쁨은 생부보다 더하지 않고 슬픔은 효자보다 더하지 않는다."라고 하는데, 이것이 바로 역할을 잘 인식하고 그에 맞는 태도를 취하는 기본 방법입니다.

"아버지는 중매를 서지 않는다."는 말은 무슨 뜻일까요? 자식을 소개하는 일은 아주 어려운 일로, 자식에 대해 좋게 말하면 사람들은 자화자찬한다고 생각하기 때문에 좋게 말할수록 체면을 깎게 됩니다. 만약 자식에 대해 나쁘게 말한다면 조금만 거론해도 다른 사람들이 이를 열 배나 확대할 수 있습니다. 그래서 "아버지는 중매를 서지 않는다."는 자세로서 역할을 규정하는 것입니다.

그러면 "어머니는 스승이 되지 않는다."는 말은 무슨 뜻일까요? 엄마는 아이를 낳고 젖을 먹이는 등 아이 앞에서는 100퍼센트 감정적인 역할을 맡기 마련입니다. 때문에 어머니가 아이의 스승이 되어 가볍게 말하면 아이가 대수롭지 않게 받아들이고 너무 심하게 말을 하면 감정을 상하게 됩니다. 그래서 옛날 사람들은 자식을 바꾸어 교육했다고 합니다. 아무리 교육의 전문가라도 자기 자식은 직접 가르치지 않은 것입니다. 그래서 다른 전문가와 자식을 서로 바꾸어 가르쳐 모두에게 좋은 결과를 얻고자 했습니다.

그렇다면 "기쁨은 생부보다 더하지 않고, 슬픔은 효자보다 더하지 않는다."는 말은 무슨 의미일까요? 이웃의 할아버지가 돌아가셨다고 합니다. 주위 사람들 모두 조문을 가는데, 조문하는 사람이 얼마나 상심하는지와 관계없이 상심의 정도는 상주를 넘어 보여서는 안 된다는 이야기입니다. 만약 상주인 아들이 한두 방울의 눈물을 흘리는데 그가 엎드려 통곡하며 이마에서 피까지 흘린다면 아마도 사람들이 "대체 누가 친아들이냐?"라고 물을 것입니다. 외부인이 이렇게 울면 그 집안사람들은 어떻게 처신해야 하겠습니까?

"기쁨은 생부를 넘어서면 안 된다."는 말은 훨씬 이해하기 쉽습니다. 옆집에서 돌잔치를 하는데 옆집 아저씨가 돌잔치에 가서 기쁨에 넘쳐 여기저기 날뛰며 친아버지보다 즐거워하면 이것이야말로 큰일이 날 일입니다. 그래서 처신과 일처리에는 주의를 기울이고 그에 맞는 태도로 행동해야 합니다.

사마의는 비록 경쟁의 와중에도 자신의 역할을 고려하여 온화하고 함축적인 책략을 채택했습니다.

제 3 책략

후퇴로써 나아가고 지키면서 공격하지 않는다

태화 4년(230년) 조진은 "촉병이 여러 차례 국경을 침입하고 있으니 마땅히 그들을 토벌해야 합니다. 길을 나누어 나란히 들어가면 촉 군사를 크게 이길 수 있습니다."(『삼국지』)라는 상소를 올립니다. 다시 말하면 '우리는 제갈량이 항상 우리를 공격하길 기다려서는 안 된다, 우리가 먼저 그들을 쳐야 한다'는 뜻입니다. 모두가 조진의 상소에 반대했습니다. 특히 고명대신인 진군이 여러 차례 상소를 올려 반대했지만 조진은 거들떠보지도 않았습니다. 뿐만 아니라 조진은 자신의 권한을 발동하여 사마의에게도 함께 병사를 일으켜 촉을 치러 가자고 명했습니다. 그런데 뜻밖에도 사마의는 어떤 반대 의견도 내지 않고 진지하게 촉 정벌 계획을 집행합니다.

하지만 촉 정벌을 하러 가는 도중 30일간 큰비가 계속 내려 길이 막혀 더 이상 나아갈 수 없게 되자 결국에는 철군하게 됩니다. 그런데 조진을 방어하러 나온 공명은 철수하는 위나라 군대를 보고도 뒤쫓지 말라고 수하들에게 이야기합니다. 이에 대해 『삼국연의』 제100회 '촉한의 군사가 조진의 성채를 공격하여 대파하고, 무후가 진법으로 중달을 욕보이다'는 이렇게 묘사하고 있습니다.

위병을 쫓지 말라는 공명의 명령을 받은 장수들이 공명 앞에 나아가 물었습니다.

"위병은 비에 시달리다 더 견디지 못해 이제 물러나고 있습니다. 지금이야말로 승세를 타 그 뒤를 추격할 때인데, 승상께서는 어찌하여 뒤쫓지 말라 하십니까?"

공명이 말합니다.

"사마의는 군사를 매우 잘 부리는 사람이다. 지금 군사를 물리기는 하지만 반드시 복병을 심어두었을 것이다. 만약 우리가 그 뒤를 쫓는다면 오히려 그의 계책에 빠지는 꼴이 되니 멀리 달아나도록 놔 두어라. 나는 군사를 나누어 지름길로 야곡으로 달려가 기산을 빼앗고 위병들로 하여금 막을 틈이 없게 만들겠다."

철군할 때 사마의는 조진에게 말합니다.

"조진 대장군, 촉군이 우리를 추격하는 것을 막기 위해 도중에 한 부대를 매복합시다. 촉군이 추격할 때 그들에게 불시에 반격하게 합시다."

이리하여 매복을 두었지만 제갈량이 걸려들지 않았습니다. 사마의는 오랫동안 매복을 하고 기다렸지만 촉군은 뒤쫓아 오지 않았습니다.

조진이 말합니다. "잇달아 내린 가을비로 잔도가 모두 끊어져 버렸으니 촉병들이 무슨 수로 우리가 물러난 것을 알겠는가?"

사마의가 말합니다. "촉군은 머지않아 우리를 따라 나올 것입니다."

조진이 묻습니다. "어떻게 그걸 아시오?"

사마의가 답합니다. "날씨가 계속 맑은데도 촉병이 뒤쫓지 않는 것은 우리가 복병을 남긴 것을 알아차리고 우리가 멀리 도망가도록 놔두는 것입니다. 우리가 다 가고 나면 저들은 기산을 뺏으러 나올 것입니다."

사마의는 촉군이 우리가 매복을 둔 것을 알고 뒤쫓지 않는 것이고, 우리가 매복을 철수시키기를 기다린 후 허점을 노려 기산을 나와 중원으로 진공할 것이라고 생각했습니다. 하지만 조진은 믿을 수 없었습니다.

사마의가 이야기합니다.

"자단은 어찌하여 내 말을 믿지 않으십니까? 제가 보기로 공명은 반드시 기곡과 야곡 두 골짜기로 나올 것입니다. 열흘을 기한으로 우리 둘이 한 골짜기씩 맡아서 지키되, 만약 공명이 오지 않는다면 얼굴에 붉은 분을 바르고 여자 옷을 걸친 뒤 자단의 영채로 찾아가 죄를 청하겠습니다."

그래서 조진이 말합니다. "만약 촉군이 온다면 나는 천자께서 하사한 옥띠 한 벌과 말 한 필을 중달에게 드리겠소."

이것이 『삼국연의』에 기재된 사마의가 두 번째로 여인의 의복을 입으려 한 것입니다. 내기를 한 후 각자 병사를 나누어, 조진이 한 부대를 이끌고 입구 하나를 막고, 사마의가 한 부대를 이끌고 다른 입구를 지킵니다. 조진이 막은 곳은 야곡이고, 사마의가 막은 곳은 기곡이었습니다. 사마의는 미리 준비를 철저하게 해서 위연과 진식이 군대를 이끌고 계곡 입구를 나왔을 때 크게 물리쳐 승리를 얻었습니다. 하지만 조진 쪽은 준비가 없었고 또 적을 가볍게 여겨 촉의 군대에 영채를 빼앗기고 참패하고 맙니다. 결국 위급한 시기에 사마의가 군대를 이끌고 나타나 조진을 구해줍니다.

조진은 구출된 후 부끄러워 어쩔 줄 몰라 하면서 사마의에게 궁금한 듯 묻습니다.

"중달, 어떻게 내가 이토록 대패할 줄 알았소?"

사마의가 말합니다. "내가 보낸 정탐이 와서 말하기를 자단께서 촉병이 침범할 리 없다고 말했다 들었습니다. 나는 그 말을 듣고 공명이 몰래 자단의 영채를 급습할 것이라고 생각했습니다. 그래서 미리 장군을 구원할 준비를 하고 있었습니다. 결과적으로 장군께서는 정말로 그의 계책에 당한 것입니다."

여기까지 말하고 사마의는 아주 특별한 경지를 보여주는 한 마디를 말합니다.

"전에 내기한 것을 입 밖에 내셔서는 안 됩니다. 다만 서로 마음을 합쳐 나라의 은혜에 보답할 생각만 하십시오."(『삼국연의』)

즉 공명의 계략에 당하기는 했지만 지금은 절대 이전에 내기한 내용, 옥대나 어마, 여자 옷과 같은 것은 잊어버리고 우리 한마음으로 나라의 은혜에 보답할 생각만 하자는 것이었습니다.

『삼국연의』가 묘사한 사마의의 행위는 밑줄을 쳐두고 오래오래 생각할 만큼 뛰어난 것입니다. 이는 내부의 악의적 경쟁에 대응하는 표준적인 방법으로, "물러남으로써 나아가며 지키면서 공격하지 않는다. 以退爲進, 只守不攻."라고 하는 책략입니다.

여기에는 다섯 가지의 테크닉이 있습니다. 만약 권세가 높은 상급자와 대면할 때 우리는 이 다섯 가지 원칙을 준수해야 합니다.

첫 번째, 내외를 구별하고 대국을 중시하는 것입니다. 상대가 설사 경쟁을 원한다고 해도 그는 같은 편입니다. 같은 편끼리의 내부 갈등으로 회사 전체에 영향을 미치게 해서는 안 되는 것입니다. 특히 남의 힘을 빌려 상대를 해치는 차도살인借刀殺人은 해서는 결코 안 되는 일입니다.

두 번째, 위치를 넘어서지 않고 공을 다투지 않는 것입니다. 보스가 뭘 하라고 하면 그대로 하면 되고, 문제가 생기면 윗사람과 소통하면 됩니다. 하지만 지휘계통을 넘어서 보고해서는 안 되고 결코 멋대로 아무 말이나 해서 다른 사람에게 모순을 공개해서는 안 됩니다.

세 번째는 사실만을 말하는 것입니다. 상대가 나와 경쟁하려고 하더라도 나는 상대와 경쟁하지 말아야 합니다. 우리는 사실로써 증명하고 실천으로써 진리를 검증해야 합니다. 사실은 항상 웅변을 이기는 법입니다.

네 번째는 넓은 도량을 갖고 동기부여를 하는 것입니다. 내가 고려하는 것은 회사이고 조직의 성과인 것이지, 개인적인 일은 논하지 않는다고 말함으로써 자신의 넓은 도량과 높은 동기를 보여주는 것입니다.

다섯 번째는 가장 중요한 원칙으로, 미리 계획을 잘 세워서 국면을 통제하는 것입니다. 손실이 지나치게 커지는 것을 방지하고 일단 문제가 생기면 적시에 손을 뗄 수 있어야 합니다.

사마의는 위에서 말한 원칙을 잘 수행하여 내부 경쟁에서 유리한 위치를 점할 수 있었습니다. 비록 조진이 몇 차례 악의적인 경쟁을 시도했지만 모두 목적을 이루지 못했습니다. 또한 조진이 사마의와 경쟁하면 할수록 황제는 사마의의 도량과 경지를 더 높게 보았고, 사마의의 개인 이미지도 갈수록 좋아져, 점차 조예의 마음속에 대국적인 관점을 가진 가장 믿을 만한 군사 간부로 자리 잡게 됩니다.

238년, 조예는 사마의에게 아주 어려운 임무를 내립니다. 그에게 4만의 원정군을 이끌고 요동의 공손연을 정벌하라는 임무를 맡깁니다. 이 임무는 후방의 원군 없이 적진 깊숙이 들어가는 상당히 어려운 임무였습니다. 대군이 원정을 가는데 군량 공급은 부족했고, 아군은 단지 4만에 불과한데 비해 요동을 경영하며 뿌리를 내린 지 무려 40여 년이 된 공손연 정권은 야전군만 거의 10만에 달했으며 군량은 충분했습니다. 이런 국면에서 사마의는 어떠한 방법으로 승리를 획득했을까요?

237년, 요동태수 공손연이 스스로 연왕이라 칭하며 반란을 일으키자 조예는 당시 태위의 신분이던 사마의에게 요동 정벌의 전권을 맡긴다. 하지만 이번 원정은 지금까지의 지키는 전쟁이 아닌 적진 깊숙이 들어가 싸워야 하는 전쟁이었고, 공손연의 무력 또한 만만한 상대가 아니었다. 사마의는 보스 조예의 극진한 대우를 받은 후 4만의 병력을 이끌고 요동 원정을 떠난다. 고대 전쟁에 나간 장수가 전쟁에 지거나, 혹은 이겼다고 하더라도 그 과정에서 조그마한 잘못을 저지르기라도 하면 그 운명은 예측하기 어려웠다. 때문에 사마의는 반군을 토벌하러 밖으로 나가는 과정에서부터 근신하고 조심하였고, 군사 작전을 행할 때는 뛰어난 작전 예술을 보였을 뿐만 아니라 상사인 조예의 높은 신임을 얻어냈다. 사마의가 사용한 책략은 무엇이었을까?

제6강

위로 겸허하고 아래로 단호하여 신망을 얻으라

위임받은 권한으로 역경을 헤쳐 나가다

재능과 능력을 갖춘 사람일수록 조직의 리더로부터 중요한 역할을 일임받을 기회가 많다. 하지만 어떤 사람은 리더가 권한을 위임한 후 자의식이 팽창하여, 신중하게 처신하지 못하고 리더의 시기와 불신임을 초래하기도 한다. 나아가 조직 전체의 사업 발전에 좋지 않은 영향을 끼치기도 한다. 그렇다면 우리는 권한과 임무를 받았을 때 어떻게 행동해야 할까?

238년 사마의는 멀리 요동에서 반란을 일으킨 공손연을 토벌하라는 임무를 받았다. 사마의는 출발, 행군, 전투 등 전 과정에서 신중한 행동과 발군의 지략으로 뛰어난 작전술을 보여주었을 뿐 아니라 상사인 조예의 높은 신임을 얻어 자신의 경력에 굵은 획을 그었다. 권한을 맡은 사마의는 어떤 방식으로 자신의 임무를 완수했을까? 우리는 그 속에서 어떤 깨우침을 얻을 수 있을까?

중국 속담에 "물은 천 번을 굽이돌아 바다에 이르고, 사람은 만 리를 걸어 고향으로 돌아간다."라는 말이 있습니다. 사람은 모두 고향에 대한 향수가 있습니다. 나이가 들수록 고향으로 돌아가고자 합니다. 성공했든 실패했든 혹은 뜻을 이루었든 못 이루었든 모두 고향에 돌아가고자 합니다. 고향은 마치 인생이라는 좌표의 원점과도 같아서 우리가 어디를 가더라도 결국은 이 원점에서 자신의 인생을 측량한다고 말할 수 있습니다.

서기 238년 봄, 사마의도 고향으로 갔습니다. 오랜 시간 사방을 헤매다가 마침내 자신의 고향에 돌아간 것입니다. 그런데 사마의의 이번 고향 방문에는 황제 조예의 특별대우가 있었습니다. 첫째, 조서를 내려 지방 관원들 모두가 환영회에 참석하여 사마의를 칭송하도록 했습니다. 만약 참석하지 않은 사람이 있다면 그것은 황제의 체면을 깎아내리는 일이 되었습니다. 둘째로는 황제가 친히 '곡식과 비단, 고기와 술을 하사賜以穀帛牛酒'(『진서』)했습니다. 황제가 꼼꼼하게 환영 행사에 쓰일 밥과 고기 그리고 마실 술과 입을 옷을 챙겨보낸 것입니다.

사마의의 이번 고향 방문에 관해 『진서』는 '고향의 어른들과 오랜 친구를 만나 여러 날 잔치를 열어 함께 술을 마셨는데, 사마의는 탄식하며 서글퍼했다. 見父老故舊, 宴飮累日. 帝嘆息, 悵然有感.'라고 자세하게 기록하고 있습니다. "고향사람을 만나니 두 눈에 눈물이 그렁그렁하다."는 속담처럼 옛 친구들 모두 이미 백발이 되었고, 어떤 사람은 세상을 떠나고 없었습니다. 하지만 어린 시절 보았던 마을 앞 복숭아나무에는 여전히 그때와 같은 과일이 열려 있으니 아마도 감개가 무량했을 것입니다. 중국의 문인 사대부들은 감개가 무량하면 일단 시를 지었습니다. 사마의도 마찬가지였습니다. 사업에 성공한 후 고향에 돌아가 고향 사람들과 함께 술을 마시며 시를 짓고 노래한 관습의 유례는 유방으로까지 거슬러 올라갑니다.

한 고조 12년 말 영포英布를 평정한 후 고향 패현沛縣을 지나가다 고향 사람들을 만난 유방은 술을 마시며 성벽을 두드리면서 노래를 부릅니다.

>큰 바람 부니 구름이 높날리네
>大風起兮雲飛揚
>위엄을 해내에 더하고 고향으로 돌아가네
>威加海內兮歸故鄉
>어떻게 용맹한 군사들을 얻어 사방을 지킬까
>安得猛士兮守四方

여기서 우리는 한 가지 의문을 품을 수 있습니다. 사람들은 왜 성공한 이후 고향으로 돌아가고자 할까요? 심리학 연구에 따르면 사람에게는 모두 생리욕구, 안전욕구, 사회욕구, 존엄욕구가 있다고 합니다. 네 번째 존엄욕구란 것이 흔히 말하는 자존심인데, 이 존엄욕구가 고향 사람, 가족, 어린 시절의 친구와 같이 특별히 친숙한 사람들에게서 구현될 때에 만족도가 아주 높다고 합니다. 그래서 유방도 고향에 돌아가고자 했고, 항우도 돌아가길 원했으며, 사마의 또한 돌아가길 원한 것입니다. 그 심리의 근저에는 바로 존엄욕구를 충족하는 데서 오는 만족감을 얻고자 하는 마음이 있었습니다.

유방이 고향에 돌아와 「대풍가」를 썼던 것처럼, 사마의도 긴 시 한 수를 썼습니다.

>天地開闢, 日月重光.
>遭遇際會, 畢力遐方.

將掃群穢, 還過故鄉.
肅清萬里, 總齊八荒.
告成歸老, 待罪舞陽. (『진서』)

과거 사대부들은 시를 읊으며 마음에 품은 뜻을 말했습니다. 시는 한 사람의 가슴속 포부와 지향을 반영합니다. 위의 시 앞부분은 사마의가 마음속에 품은 지향을 말해줍니다. '천지개벽, 일월중광天地開闢, 日月重光'은 위나라가 건립되었고 황제는 아주 성명聖明함을 말합니다. 두 번째 구 '조우제회, 필력하방遭遇際會, 畢力遐方'은 황제가 나를 신임하고 나에게 큰 권한을 주어 내가 군대를 이끌고 동서를 돌아다니며 나라를 지켰다는 뜻입니다. 세 번째 구 '장소군예, 환과고향將掃群穢, 還過故鄉'은 지방 할거 세력을 토벌하러 지나는 길에 고향에 들렀다는 이야기입니다. 네 번째 구 '숙청만리, 총제팔황肅清萬里, 總齊八荒'은 자신의 이상은 지방 할거세력을 소멸하여 천하통일을 이루는 것이라는 의미입니다. 이 네 번째 구절은 기백이 넘칩니다. 재미있는 것은 이 시의 마지막 구절 '고성귀로, 대죄무양告成歸老, 待罪舞陽'으로, 나는 사업을 성공한 후에 고향에 돌아와 국가가 나를 처벌하기를 기다린다는 의미입니다.

이 마지막 구절을 통해서 우리는 사마의란 사람이 비록 득의양양하고 술에 취해 자신의 야심과 웅재대략雄才大略을 보이면서도 마지막에는 여전히 맑은 정신으로 자신의 꼬리를 거둬드리는 것을 볼 수 있습니다. 이 시를 통해 우리는 뜻을 이룬 후에도 꼬리를 내리고 결코 날뛰지 않는 사마의만의 행동양식을 엿볼 수 있습니다.

그는 가장 득의양양한 시기에도 자신을 낮추는 처신을 안 사람입니다. 이것이 바로 사마의 처세술이고, 사마의 인생의 훌륭한 점입니다. 이는 또한 사마의 인생에서 어찌할 수 없는 점이기도 했습니다. 당시의 정치 환경에서 사마의가 꼬리를 내리지 않는 것은 허용될 수 없었고, 조심하지 않고 본분을 잃는 것은 재앙을 초래할 수도 있었습니다.

이 시의 배후에는 관리자가 알아야 할 두 가지 원칙이 있는데 첫 번째가 바로 '자아의 드러냄'입니다. 현대 사회 심리학 연구에서 리더가 자신의 내면 세계를 드러내 자신의 진실한 느낌을 표현하는 것을 '자아의 드러냄'이라고 합니다. 리더가 시를 쓰고 산문을 짓고 노래하며 자신의 내면 세계를 드러내고 심지어 자신의 약점을 이야기하는 것은 좋은 일일까요, 아니면 나쁜 일일까요? 리더라면 높은 곳에서 대중과는 거리를 두고 모든 방면에서 강한 모습을 보여야 하고, 강자가 되려면 절대 자신의 약점을 드러내서는 안 된다고 생각하는 사람들은 리더가 자아를 드러내는 것을 좋지 않게 평가할지도 모르겠습니다.

하지만 여러 연구 결과를 보면 리더가 자아를 드러낼수록 오히려 지지율과 흡인력이 증가함을 알 수 있습니다. 우리는 인터뷰 프로그램에 출연한 많은 리더들이 자아를 있는 그대로 드러내는 경우를 종종 볼 수 있습니다. 의지가 굳고 용감하여 대중의 모범이 되던 스타가 텔레비전에 나와 '나도 마음이 약해지고 겁이 날 때가 있다'고 말하며 눈물을 흘리기도 합니다. 이 프로그램이 방송되면 스타의 지지율은 오히려 올라갑니다. 그가 자신의 진실한 느낌과 진실한 인생을 드러내 사람들로 하여금 그가 매우 진실하고 친근해서 신뢰할 만하다고 느끼게 했기 때문입니다. 그래서 리더가 적절하게 자아를 드러내어 자신의 진실한 느낌을 노출할수록 흡인력과 지지율도 증가하게 되는 것입니다. 반면 매일 무뚝뚝하게 정색을 하고 큰 원칙만 이야기하는 리더는 관료적이고 상투적인 사람으로 받아들여져 오히려 주위 사람들의 인정을 받지 못합니다.

중달의 잠언
리더가 적절하게 자아를 드러내어 자신의 진실한 느낌을 노출하면 흡인력과 지지율을 높일 수 있다.

사물의 발전이 극에 달하면 오히려 반전하기 마련입니다. 자아를 드러내는 것도 정도껏 해야지 너무 지나치면 안 됩니다. 사마의는 자아를 드러낼 때 먼저 자신의 처지, 웅대한 포부와 도량을 모두 드러내고, 자신을 다 드러낸 후에는 이를 다시 거두어들였습니다. 이것이 바로 적절한 태도이고, 사마의의 고명한 점입니다. 사마의의 처세의 특징은 참을 줄 알고 자신을 감출 줄 아는 데 있었습니다. 그리고 참는 것도 아주 독하게 참았고 감추는 것도 아주 깊이 감추었습니다. 높은 자리에 있으면서 병권을 장악하고 큰 일을 하려고 생각하는 사람은 먼저 자아를 억누르는 법을 배워야 합니다. 그렇지 않으면 큰 문제가 생길 수 있습니다.

두 번째로, 자아를 억제하는 법과 관련하여 '원숭이 장대 오르기'라는 관리학 규칙을 이야기하려고 합니다. 원숭이가 가장 부끄러워하는 치부는 바로 엉덩이가 빨간 것입니다. 하지만 원숭이가 무리와 함께 있으면 빨간 엉덩이는 문제가 되지 않습니다. 원숭이 엉덩이는 모두가 빨갛기 때문에 아무도 이를 문제 삼지 않기 때문입니다. 그런데 공교롭게도 멀지 않은 곳에 높은 장대가 있어 한 원숭이가 이곳을 오르려는 생각을 품게 됩니다. 그는 남보다 두각을 나타내어 한 수 높은 곳에 오르면 사업이 진보하고 인생에도 빛이 비칠 것이라 생각하여 장대를 오릅니다. 이때 문제가 생깁니다. 그가 높은 곳으로 올라갈수록 밑에 있는 원숭이들은 그의 꼴사나운 빨간 엉덩이를 더욱 분명하게 보게 됩니다. 결국 원숭이 무리가 장대를 한번 흔들기만 하면 그는 곧바로 떨어져 큰 대자로 뻗게 됩니다. 이 고사는 우리에게 '높은 곳에 있는 사람이 위신을 세우는 것은 어려운 일이지만, 엉덩이를 드러내는 것은 아주 쉽다.'는 원리를 알게 합니다.

   자신의 재능과 능력, 장점을 드러내는 것은 아주 어려운 일이지만, 결점을 드러내는 것은 애써 노력할 필요도 없는 일입니다. 모두가 한눈에 보고 알 수 있는 일이기 때문입니다. 그래서 높은 자리에 있는 사람들은 특히 자기관리에 철저해야 합니다. 범인들은 세세한 것에 신경을 쓰지 않아도 되지만 사업이 날로 발전하는 사람들일수록 자아를 잘 통제해야 하는 것입니다. '언제나 벌벌 떨면서 깊고 깊은 못가에 임하는 심정으로 살얼음 위를 걷는 듯 戰戰兢兢, 如臨深淵, 如履薄氷'해야 하는 것입니다. 사마의는 부귀영화와 사업 성공의 길에서 줄곧 자기관리에 철저했고 언행에 충분히 주의했습니다.

중달의 잠언

   자신의 재능과 능력, 장점을 드러내는 것은 아주 어려운 일이지만,

결점을 드러내는 것은 애써 노력할 필요도 없는 일이다. 모두가 한눈에 알기 때문이다.

사마의는 고향에서 며칠간 주연을 베풀며 술을 마셨고, 사람들을 만나 대화를 나누고 시를 썼습니다. 그는 이 모든 일을 마친 이후 곧바로 전투복으로 갈아입고 몸에는 황금갑옷을 걸치고는 위풍당당하게 커다란 말에 올라탑니다. 그의 옆에는 살기등등한 네 명의 대장이 마치 금갑을 입은 천신처럼 서 있었습니다. 그 네 명의 대장은 우금, 호준, 하후위, 하후패였습니다. 사마의가 고향에 들른 것은 휴가를 보내기 위한 것이 아니었습니다. 그에게는 중요한 임무가 있었고, 임무를 수행하러 가던 김에 한번 들른 것입니다.

그렇다면 사마의가 달성해야 할 임무는 무엇이었을까요? 바로 정예 원정군을 조직하여 요동 땅을 평정하는 것이었습니다. 238년 정월, 위 명제 조예는 사마의를 장안에서 수도 낙양으로 소환하여 4만의 원정군을 조직하여 요동에서 독립을 선포하고 스스로를 연왕燕王이라고 칭한 공손연을 토벌하도록 명했습니다. 이번 원정은 사마의 군사 생애에 있어서 커다란 도전이었습니다. 요동을 정벌하는 일에는 세 가지 어려움이 있었습니다.

첫 번째, 공손씨 정권은 3대에 걸쳐 48년이라는 오랜 기간 동안 집권했기 때문에 세력이 강대하고 뿌리가 깊어 일거에 제거하기 힘들었습니다.

두 번째, 4만의 군대가 원거리 원정으로 적을 급습하는 일은 후방 보급에 어려움이 있었습니다. 사람이 적으면 싸우기가 어렵고,

너무 많으면 식량 조달에 어려움이 있었습니다.

세 번째, 별도의 지원군 없이 적진 깊숙이 들어가 작전을 펼치는 일은 사실상 도처에 위기가 잠복한 상황에서 전쟁을 치루는 것과도 같은 위험한 일이었습니다.

따라서 이번 요동 정벌은 사마의의 군사 지휘 능력과 정치 운영 기교를 실험하는 커다란 도전이었습니다.

줄곧 근신하며 낮은 자세로 처신하던 사마의는 조예의 깊은 신임을 얻어 요동 정벌을 떠나게 되었다. 이 일은 난이도가 높아 황제 조예는 사마의에게 최대한의 권한을 부여했다. 만약 우리가 이런 유형의 임무를 맡아 파견이 된다면 먼저 어떤 방면의 준비를 해야 할까?

제 1 책 략
먼저 소통하고 후에 움직인다

보스에게 권한을 위임받은 이후 첫 번째로 해야 할 일은 소통입니다. 먼저 소통하고 후에 움직이는 것이 중요합니다. 그렇다면 무엇에 관해 소통해야 할까요? 사마의는 우리에게 다음 세 가지 원칙을 제시했습니다.

첫 번째, 자원을 확정하는 것입니다. 해당 프로젝트를 완성하기 위해 필요한 인력과 자금, 시간 등 필요한 자원을 명확하게 보고

하고 확인받는 것입니다.

두 번째는 목표로 하는 결과를 사전에 보고하는 것입니다. 결과가 나오기 전에 먼저 사장에게 결과물을 그려 보게 하고 그것이 사장이 생각한 것인지 아닌지를 분명하게 확인하는 것입니다. 대강의 골격이 보스가 그리고 있는 상과 같은지를 반드시 확인해야 합니다.

세 번째는 중간 과정에서 발생하는 중요 결정 사항은 보스에게 명확하게 보고하는 것입니다. 보스가 허락하면 그대로 가고, 보스가 거부하면 일은 다시 해야 합니다.

이것이 기본적인 소통의 방법입니다. 이 세 가지는 대권을 위임받은 후 가장 먼저 확인해야 할 소통지점입니다.

사마의는 먼저 자원 문제를 확인했습니다. 그는 4만의 군대를 요구합니다. 당시 조정에서는 도대체 얼마의 군대를 파견해야 할지 격렬한 논쟁이 있었습니다. "4만은 너무 많다. 현재 우리의 경제 능력에는 한계가 있어 4만을 다 징발하기는 어렵기 때문에 더 적게 파견해야 한다."고 말하는 사람도 있었습니다. 하지만 이 논쟁에서 조예는 사마의를 지지했습니다. 조예는 "천 리 길을 원정하여 고군분투하는데, 아무리 기묘한 계책이 있다고 하더라도 사람이 적으면 어떻게 전쟁에서 이길 수 있겠는가?"라고 말합니다.

클라우제비츠$^{\text{Carl von Clausewitz}}$의 『전쟁론』이나 『손자병법』을 보면 수량 원칙은 기본 중의 기본 원칙입니다. 우세한 병력을 집중해야 적을 섬멸하고 전쟁에서 이긴다는 것인데, 조예는 이 점에서 사마의를 지지한 것입니다.

두 번째, 사마의는 전쟁 과정과 승리 방식에 대해 소통합니다.

조예는 사마의에게 "공손연이 당신과 싸우려고 하는데, 그대는 어떻게 싸울 것인가?"라고 묻습니다. 사마의는 대답합니다. "공손연의 상책은 성을 버리고 도망하는 것이고, 중책은 변경을 굳건히 지키며 저와 대치하는 것입니다. 하책은 고립된 성을 지키면서 우리가 포위하기를 기다리는 것으로 이는 바로 독 안에 든 쥐를 잡는 것이나 다름없는 방법입니다." 조예가 묻습니다. "중달, 그대는 공손연이 어느 길로 달아날 것이라고 보는가?" 사마의는 대답합니다. "총명하고 지혜로워 지피지기하는 사람이라야 아까워도 버릴 줄 아는데, 공손연의 지력 수준은 이에 미치지 못합니다. 그는 반드시 먼저 요하로 나와 저지하고 이후 양평으로 돌아가 지키려할 것입니다."

세 번째는 작전 계획의 소통입니다. 조예는 사마의에게 묻길, "그대는 이번 원정에 얼마의 시간이 필요한가?" 사마의는 "가는 데 100일, 돌아오는 데 100일, 싸우는 데 100일, 휴식하는 데 60일이 걸립니다."라고 말합니다. 1년의 시간만 있으면 모든 일을 끝낼 수 있다고 한 것입니다. 그러자 조예는 "좋아! 그럼 그렇게 하기로 합시다. 출발하세요."라고 말합니다.

이런 충분한 소통은 군신 두 사람이 서로 신뢰하는 보증이 됩니다. 당시는 오늘날과 달리 휴대폰이나 비디오, 위성 생방송 중계가 없었기 때문에 전쟁이 절반쯤 진행될 때 조예가 사마의에게 전화하여 상황이 어떤지 보고하라고 할 수는 없었습니다. 당시 낙양과 양평(지금의 요양시)의 거리는 아주 멀어서 정보를 전달할 시간이 없었고, 이처럼 정보 전달이 원활하지 않은 상황 하에서는 사전에 이야기를 나누어 놓아야 비로소 피차간에 서로를 신뢰할 수 있었습니다.

사마의에 앞서 전예田豫와 관구검이 두 차례 공손연과 싸움을 벌였지만 모두 성과 없이 돌아와야 했습니다. 사마의에게는 이들과 다른 지략이 필요했습니다.

제 2 책 략
지혜로 싸우고 힘으로 보완한다

사마의는 근거지를 지키면서 피로한 아군을 기다리는 적들과 달리 자신은 장거리 원정군으로 자원과 병력이 한정되어 있음을 숙지하고 있었습니다. 그래서 사마의는 '지모 싸움을 주력으로 하고 힘으로 하는 싸움으로 보완하는' 전법 원칙을 확정했습니다. '최고의 용병은 적의 계획을 무너뜨리는 것이고, 장수란 전략에 있지 용맹함에 있지 않다. 上兵伐謀, 將在謀不在勇.'는 믿음이 있었습니다.

사마의의 첫 번째 전술은 '성동격서聲東擊西'였습니다. 사마의가 군대를 이끌고 자신을 공격하러 온다는 이야기를 들은 공손연은 대략 8만의 정예 병력을 뽑아 지금의 요녕 해성海城 부근에 방어선을 치고 20여 리에 걸쳐 깊은 해자를 파고 성벽을 높이 쌓았습니다. 공손연의 속셈은 '사마의의 방식을 그대로 사마의에게 되돌려주는 것'이었습니다. '너 사마의가 해자를 깊이 파고 성루를 높여 시간을 질질 끌며 제갈량을 죽인 것처럼, 나도 똑같은 방법으로 시간을 끌며 너 사마의를 죽일 것이다.' 하지만 사마의의 전략은

공손연(?~238)

자는 문의(文懿). 유주(幽州) 요동 양평 사람. 요동 태수 공손도(公孫度)의 손자, 공손강의 아들, 공손황의 동생, 공손수의 아버지. 위나라 대사마로 낙랑공으로 봉해졌으며, 스스로 연왕이라고 칭했다. 사마의의 요동 정벌 때 위군에 붙잡혀 살해되었다.

달랐습니다. 그는 먼저 깃발을 휘날리며 남쪽 전선으로 달려 나가는 것처럼 부대 하나를 가장한 후, 적의 정예 병력이 남쪽 방어선에 집중할 때 자신의 주력을 이끌고 적의 통치 중심인 양평을 불시에 습격했습니다. 이것이 바로 동쪽에서 소리를 내고 서쪽에서 적을 친다는 뜻의 성동격서입니다.

사마의가 채택한 두 번째 전술은 '인사출동引蛇出洞' 즉, 적을 그 근거지에서 나오게 하는 것이었습니다. 사마의가 양평으로 곧바로 내달릴 때 수하 장수들은 왜 적의 주력을 섬멸하지 않고 오히려 양평을 치는지를 물었습니다. 사마의는 설명합니다.

"적의 주력부대는 수가 많고 준비가 충분하며 방어벽이 견고하다. 만약 우리 4만 군대를 성 아래에서 다 잃으면 어떻게 할 것인가? 그래서 우리는 공성전을 해서는 안 되고, 야전이나 기동전을 해야 한다. 적의 주력이 이곳에 있으니 양평은 반드시 비어 있을 것이다. 우리가 직접 양평을 공격하면 적들은 근거지를 잃는 것이 두려워 반드시 나와 우리와 싸울 것이다. 우리가 양평을 치는 것은 가짜이지만 적을 끌어내는 것은 진짜이다. 이것이 바로 '창을 흔들어 뱀을 굴에서 나오게 하는 것'으로, 우리는 기어 나오는 적을 기다려 해치우기만 하면 된다."

과연 사마의가 예상한 대로 해성 방어선에 있던 적의 주력은 사마의가 양평을 공격하려는 것으로 알고 마음이 조급해져 곧바로 양평을 구원하기 위해 방향을 돌렸습니다. 양평으로 가는 길에는 수산首山이라는 곳이 있었는데, 사마의는 이곳에 매복을 두어 돌아가는 적군을 대파합니다.

세 번째 전술은 '살인경백殺一儆百', 즉 한 사람을 죽여서 100사람을 경계하는 것이었습니다.

사마의는 적의 주력을 대파한 이후 전군의 사기가 크게 진작되자 4만 대군을 지휘하여 양평을 포위하기 시작합니다. 그런데 모두가 전투가 승리로 끝나 곧 집에 돌아갈 수 있다고 생각하던 차에, 생각지도 못한 재앙이 닥쳤습니다. 큰비가 계속해서 줄기차게 내리기 시작한 것입니다. 『삼국지』와 『진서』에는 "큰비가 내려 평지가 다 물로 덮였다. 大水, 平地數尺."라고 기록되어 있습니다.

길은 모두 강으로 변했고, 땅 위는 모두 물로 뒤덮였습니다. 조위 진영의 많은 장병과 간부들이 물속에 갇히지 않기 위해 군영을 높은 곳으로 옮길 것을 제안했습니다. 사마의는 지금까지의 유리한 전쟁 국면이 비로 인해 철수하는 즉시 사그라지는 것을 걱정했습니다. 그래서 그는 철수하지 않기로 결정하고는, 설령 물에 빠져 죽는 한이 있더라도 철군을 말하는 자는 목을 베겠다는 지엄한 명령을 내립니다. 이때 하필 한 사람이 공공연히 이 방침을 거스릅니다. 이 사람은 장정張靜으로 사서는 그의 직무를 도독영사都督令史로 기록하고 있는데, 오늘날의 부참모장급에 해당되는 상당히 높은 직위였습니다. 장정은 빗속에서 주둔하는 것에 의문을 제기했습니다. 그래서 사마의는 독한 수단을 씁니다. 곧바로 군사들이 보는 앞에서 장정의 목을 자르게 합니다. 이렇게 되자 군대 전체가 두려움에 떨며 더 이상 아무도 철군을 말하지 않게 됩니다.

여기서 '손목시계 법칙Segal's Law'이라는 관리학 법칙을 분석해 보기로 합시다.

한 사람이 손목시계 하나를 차고 있으면 그는 몇 시인지를 알 수 있지만 두 개의 손목시계를 차고 있으면 몇 시인지를 알지 못하고 다른 사람에게 몇 시인지를 물어야만 한다는 것입니다. 기준이 많을수록 의사 결정을 하기는 더욱 어려워집니다. 의사 결정 단계에서는 많은 목소리가 있을 수 있지만, 집행 단계에서는 반드시 하나의 목소리만 있어야 합니다. 중대한 일을 앞두었다면 더더욱 두 번째 원칙, 두 번째 기준을 내놓도록 허락해서는 안 됩니다. 이는 사업에 엄중한 혼란을 초래합니다.

그래서 대규모 부대가 공격을 개시할 때에는 사전에 사령관과 시계를 맞추는데 이는 기준을 통일하여 보조를 맞추기 위한 것입니다. 장정은 참모장으로서 결정적인 순간에 감히 이런저런 불평을 늘어놓았으니 당연히 죽여야 했습니다. 장정의 이 사건이 있은 이후 조위 대군의 군심은 안정됩니다.

조직에서 급작스런 사건이 일어나면 필연적으로 서로 다른 목소리들이 나타날 수밖에 없다. 만약 신속하게 속도를 조절하고 생각을 통일하지 않으면 혼란스런 상황이 출현할 것이고 조직에도 커다란 손실이 발생한다. 사마의는 돌발 사건 앞에서 냉정하고 과감하게 병사들의 정서를 안정시킨 이후 적군에 대응하기 위한 대책을 내놓았다.

네 번째 전술은 활을 당기기만 하고 쏘지 않는다는 뜻의 '인이불발引而不發'입니다. 공손연은 이처럼 큰비가 내리는 것은 하늘이 공손씨를 도왔기 때문이며 결국 위군은 물러날 수밖에 없으리라 생각했습니다. 하지만 사마의는 오히려 홍수로 생긴 수로를 이용하여 요하 입구에서 양평성까지 직접 치중을 운송하고 군수품을 보급하여 양평을 공격하기 위한 준비를 진행했습니다.

그런데 사마의는 공격할 준비만 하고 공격을 개시하지 않았습니다. 조위 대군은 양평을 포위하고는 공격하지 않고, 포위도 느슨하게 했습니다. 사마의는 특별 명령을 내려 남쪽의 군영을 20리 밖으로 물리고 적들이 성을 나와 방목하고 나무를 벨 수 있도록 하였습니다. 또한 적들이 아침에 산보를 나와 저녁에 돌아갈 수 있는 공간을 만들어 주었습니다. 여러 장수들 모두 이를 이해하지 못하고는 사마의에게 물었습니다.

"과거 우리가 맹달을 공격할 때는 여덟 길로 진공하여 열흘 만에 제압하는 등 서둘러 공격을 했습니다. 또한 그때는 우리 쪽 사람이 더 많았습니다. 지금은 4만 명의 군사로 가까스로 적들을 포위했는데 왜 싸우지 않는 것입니까?"

이에 사마의는 두 가지 원리를 이야기합니다.

첫 번째 원리는 이러했습니다. "당시 맹달을 칠 때에는 우리의 수가 많아 적과의 병력비가 4대 1이나 되었지만, 동시에 적들의 군량이 많고 우리는 군량이 적었다. 이런 상황 하에서 우리는 군량을 아껴야 하고 또 희생을 두려워하지 않았으니 여덟 길로 나누어 진공한 것이다. 설령 우리 네 사람 중 절반이 사라지더라도 두 사람이 살아남으면 성공했다고 할 수 있었기 때문에 서둘러 공격을 감행한 것이다. 그런데 지금의 양평 전역은 이와는 딱 반대이다. 적군은 많고 우리의 수가 적으며 또 죽는 것을 두려워한다. 적군의 양식은 적지만 우리는 많기 때문에 서로 대치하는 것은 두려워할 일이 아니다. 적들이 남은 군량을 다 먹어치울 때를 기다리면 자연 내란이 일어날 것이고 그때 어지러움을 틈타 공격하는 것이 더 나은 전략이다."라는 것이었습니다.

두 번째는 전략은 이러했습니다. "현재의 형세에서 적들이 모여 있는 것은 두렵지 않으나 적들이 흩어지는 것이 더 두려운 일이다. 적들이 한번 흩어져 십여 개의 현성으로 분산하면 우리는 현성 하나하나에 2,000~3,000명의 사람을 파견해야 하는데, 어떻게 싸울 수 있겠는가? 싸울 수 없다. 우리는 적들이 심리적으로 안정된 상태에서 서로 모여 도망가지 않기를 바라기 때문에 적들의 방비가 느슨해지고 도망가지 않도록 포위하고 있는 것이다. 우리는 그들을 한곳에 모아 놓아야 그들을 쉽게 무너뜨릴 수 있다."

사마의의 인이불발 책략은 금방 효과를 드러냅니다. 공손연의 잔여병력은 양평에 머물면서 곧 군량을 모두 소모하고 맙니다. 사마의는 조건이 충족된 것을 보자 곧바로 군대를 지휘하여 양평성에 맹공을 퍼붓습니다.

사서에는 양평성을 공격할 때 '위로는 토산을 쌓고, 아래로는 굴을 팠다. 방패막, 루차, 충차, 걸개 사다리를 함께 써서 밤낮으로 성을 공격하니 화살과 돌이 비처럼 끊이지 않았다. 造土山, 挖地道, 用櫓, 樓車, 鉤梯, 沖車晝夜攻城, 矢石如雨.'(『진서』)고 기록하고 있습니다. 하늘의 반쪽이 붉게 물들 정도로 장장 1개월에 걸쳐 계속해서 공격해댔으니 양평성이 어떻게 되었겠습니까? 성내의 군량은 다 떨어져 먹을 수 있는 것은 다 먹고 마지막으로 사람까지 먹을 지경에 이르렀습니다. 게다가 밖에서 도와줄 구원병도 없으니 이제 공손연은 막다른 골목에 내몰리게 되었습니다.

다섯 번째 전술은 헛된 환상조차 품지 못하게 하는 것입니다. 공손연은 대세가 이미 기운 것을 보고 급하게 화의를 꾀합니다. 그는 당시 수하의 재상 왕건王建과 어사대부 유보柳甫를 사마의 군영에 파견했는데, 사마의는 두말하지 않고 두 사람을 끌고 나가 목을 베어 버립니다. 두 나라가 교전할 때 사신은 참하지 않는다는 원칙에 반하는 행동을 한 것입니다. 그러고 난 후 다시 공손연에게 편지를 써서 이야기합니다.

"그대가 파견한 두 사람은 늙어 우매하여 말을 분명하게 하지 못해서 내가 미리 그대 대신에 그들을 죽였다. 빨리 간부를 교체를 하여 젊은 사람을 보내라."

양평성에 있던 간부들은 사마의가 이토록 모진 사람임을 알고는 벌벌 떨기 시작합니다. 이리하여 공손연은 당시의 고급 고문관인 시중 위연衛演을 파견하여 화의회담을 진행합니다. 사서에는 위연이 "무릎으로 기어 궁에 들어온膝行入宮" 것으로 기록되어 있습니다.

사신으로 온 위연이 사마의에게 "우리 대왕은 강화하기를 원하여 아들 공손수公孫修를 낙양에 인질로 보내고자 합니다."라고 말하자, 사마의는 그에게 말합니다.

"군사의 요체는 크게 다섯 가지가 있는데 싸울 수 있으면 싸우고, 싸울 수 없으면 지키고, 지킬 수 없으면 도망가는 것이다. 그리고 남은 두 가지는 투항 아니면 죽는 것뿐이다.

> **위연(衛演)**
> 삼국시기 공손연의 부하 시중. 공손연이 연왕을 칭하고 위연을 시중으로 임명했다. 사마의가 공손연을 양평성 안에 포위하자 공손연은 먼저 왕건과 유보를 보내 항복을 청했으나 이루지 못하자 할 수 없이 위연에게 위군 앞에 나아가 항복을 청하게 하고, 아들 공손수를 인질로 보낼 의사를 표하게 했다. 사마의는 받아들이지 않았다.

네가 지금 바로 내 눈 앞에서 몸을 묶지 않으면 결국 죽음을 당할 뿐이다."

지금 투항하지 않으면 죽음만 있을 뿐인데 화의는 무슨 화의냐는 뜻이었습니다. 그리고 나서 위연을 쫓아냅니다. 사마의는 적들의 환상을 뭉개 버리고는 성 안에 있는 백성들에게 화해의 문은 이미 닫혀 버렸으니 무기를 버리고 투항하라고 이야기합니다. 탈출구는 없으니 헛된 환상을 품지 말라고 경고한 것입니다. 이렇게 하자 적들은 사기가 떨어지고 간담이 서늘해졌습니다. 이후 내부가 분열되기 시작합니다. 주전파와 주화파, 통치 집단과 하층 군민 간의 갈등이 생기기 시작하여 신속하게 적들을 와해시키는 데 유리한 상황이 조성된 것입니다.

이 초식은 과연 주효하여 며칠 지나지 않아 양평성은 무너집니다. 공손연은 아들 공손수와 수백 명의 사람들과 함께 포위망을 뚫고 양수梁水(太子河)를 향해 도주하지만 결국 양수 강가에서 위군에 사로잡히고 맙니다. 『삼국연의』는 공손 부자의 죽음을 기술하면서 "서로 얼굴을 마주보게 하고는 머리를 잘라냈다. 相對受戮."고 표현하고 있습니다. 참혹한 죽음이었습니다. 양평대전은 일단 승리로 마무리되었습니다. 그러나 일차적인 승리였습니다. 비록 적들을 패배시켰지만 적들의 기반을 어떻게 안정시키고 통치할 것인지, 어떻게 그들을 판도에 넣을 것인지가 숙제로 남았기 때문입니다.

이와 관련하여 사마의가 행한 후속 조치는 역사상 커다란 오명을 초래했습니다. 『진서』는 사마의가 포로들을 선별하여 '15세 이상 7,000여 명을 모두 죽였다.'고 기재하고 있습니다. 당시에는 신분증이 없었기 때문에 키를 측정해 기준만 넘으면 일률적으로 죽인 것입니다. 이어 '공손연이 비합법적으로 임명한 공경 이하를 다 죽이고 장군 필성畢盛 등 2,000여 명을 살육'(『진서』)했습니다. 모두 합쳐 1만여 명을 죽였으니 말 그대로 피로 강을 이룰 정도였습니다. 사마의는 여기서 그치지 않고 죽인 사람들로 '경관京觀'을 구축하여 군대의 위엄을 드러내고자 했습니다. '경관'이란 무얼 말하는 것일까요? 경관이란 고대 전쟁에서 승자들이 전공을 과시하고 적들을 떨게 만들기 위해 적들의 시체를 한 층 한 층 쌓아 만든 높다란 언덕을 말하는 것으로, 경관을 구축한다는 것은 아주 잔인한 행위였습니다.

그래서 후인들은 사마의의 성격을 다음 네 가지 글자로 표현했습니다.

첫 번째는 평온하다는 뜻의 온穩으로, 토끼를 보고도 매를 풀지 않듯이 확실하게 이익이 보장되지 않으면 손을 대지 않았고 마음을 안정시키며 가볍게 움직이지 않았다는 것입니다.

두 번째는 정확하다는 뜻의 준準으로, 두 번째 수를 두지 않아도 될 정도로 반드시 성공하는 공격을 했다는 뜻입니다.

세 번째는 참는다는 뜻의 인忍으로, 다른 사람이 참아낼 수 없는 일을 참아내며 결코 속마음을 얼굴에 드러내지 않아 누구도 알지 못하게 했다는 것입니다.

네 번째는 사납다는 뜻의 한狠으로, 결정적인 순간에는 정말 악독한 수를 사용했다는 것입니다.

사마의는 왜 이런 성격을 갖게 되었을까요? 관리학의 '스프링 법칙'을 예로 들 수 있을 것 같습니다. 사람의 속마음은 마치 스프링과 같아서 세게 누를수록 반동도 더욱 커진다고 합니다. 압력이 오래 지속될수록 반발력도 강해집니다. 사마의처럼 오랜 기간 인내하면서 심리적 억압을 지속할수록 일단 화를 분출하게 되면 더 음험하고 독한 방법을 사용하게 되는 것입니다. 바로 이 점 때문에 사마의는 후세 사람들의 책망을 받게 되었습니다.

당연히 다른 해석도 있을 수 있습니다. "자비로는 병사를 부리지 못하고 의리로는 재물을 모으지 못한다."라는 말이 있습니다. 마음이 약한 사람은 병사를 거느리며 싸울 수 없고, 베풀기를 너무 좋아하는 사람은 재물을 모을 수 없다는 말입니다. 하지만 오늘날의 눈으로 보면 사마의는 확실히 독한 구석이 있었습니다. 그가 죽인 사람이 너무 많았습니다.

중달의 잠언

사람의 속마음은 스프링과도 같아서 세게 누를수록 반동도 더욱 커지게 된다.

사람을 죽이고 위신을 세우고 난 뒤 사마의는 가치관과 문화를 전파했습니다. 그는 두 사람의 문묘에 상을 내렸습니다. 윤직倫直과 가범賈範은 원래 공손연의 수하 장군이었는데, 과거 공손연에게 반란을 일으키지 말 것을 간언하다 살해된 사람들이었습니다. 사마의는 특별히 제사상을 들고 이 두 사람의 무덤에 가 제사를 지내고 상을 내렸습니다. 이러한 상벌은 주위 사람들에게 무엇이 정확한 것이고 응당 해야 할 일인지를 보여주는 것이었습니다.

관리에 있어 강제적 수단과 고압적인 태도만 가지고는 원하는 효과를 얻기 힘듭니다. "칼은 사람의 고개를 돌리게 하지만 문화는 머리를 끄덕이게 한다."고 합니다. 고개를 돌리게 하는 수단만으로 장기간 안정적인 통치를 할 수 없고, 고개를 끄덕이게 하는 수단이야말로 평화로운 통치를 가능하게 하는 것입니다. "무력은 일시적인 해결이지만, 문화는 지속적인 해결이다."라는 관리학 법칙은 장기간 안정되게 다스리려면 문화적 수단을 사용해야 하고, 사람을 죽이는 일로는 근본 문제를 해결하지 못한다는 것을 알게 합니다. 문제가 생길 때마다 탁자를 내려치고 화를 내며 걸핏하면 월급이나 상여를 깎는 것은 거친 관리라 할 수 있습니다. 사업이 활성화하고 오랜 기간 안정되게 만들려면 문화적 통치를 시행할 줄 알아야 합니다. 관리의 뛰어난 점은 사람의 머리를 돌리게 하는 것이 아니라 머리를 끄덕이게 하는 것입니다.

중달의 잠언

칼은 사람의 고개를 돌리게 하지만 문화는 머리를 끄덕이게 한다.

양평대전이 원만하게 수습되자, 반란을 평정한 사마의 군중에는 작지만 흥미로운 논란이 일었습니다. 그런 연고로, 사마의는 그의 세 번째 처신의 지혜를 보여줍니다.

조직의 핵심 인재가 외부로 파견 나가 임무를 집행할 때, 중앙의 법과 제도가 미치지 않음을 이용해 함부로 처신하는 경우를 종종 볼 수 있다. 사실 이런 처신에는 커다란 우환이 숨겨져 있고, 사마의는 이를 깊이 깨닫고 있었다. 이번 출정에서 그는 아주 까다로운 일에 직면했다. 그는 어떠한 관리 경험과 지혜로 문제를 해결해 나갈 것인가?

제 3 책략
멀리서 충성하고 가까이에서 존경한다

양평대전은 겨울에 치러져 추운 날씨와 얼어붙은 땅 때문에 병사들은 고통을 겪었습니다. 당시 공손연의 창고 안에는 많은 솜옷이 있었는데 누군가 "대장군, 적들의 창고에 솜옷이 많습니다. 꺼내서 병사들에게 나누어주면 안 됩니까?"라고 건의했습니다. 하지만 사마의는 허락하지 않고 말했습니다. "우리는 우리가 가진 물자로 문제를 해결해야지, 창고에 있는 물건을 꺼내어 쓰면 안 된다."

'멋대로 공적인 물건을 취하지 않고 멋대로 사적인 상을 내리지 않는' 초식이었습니다. 쉽게 말하면, 남의 물건으로 선심을 쓰지 않은 것입니다. 사마의가 공적 재화를 가지고 사적인 상을 내리지 않고, 전리품을 개인적으로 취하지 않은 것은 아주 고명한 행위였습니다. 만약 사마의가 선심을 써서 물자를 나누어 가졌다면, 그의 생애에는 위험한 복선이 깔렸을 것입니다. 고대에는 정보가 발달하지 않아 누군가 보고하지 않으면 보스가 알지 못했고 또 감시할 방법도 없었습니다. 그래서 "멀리에서 충성을 확인하고, 가까이에서 공경을 확인한다."는 관리 기교가 나온 것입니다. '멀리에서 충성을 확인한다.'는 의미는 무엇일까요? 충성심이 깊은지를 확인하려면 그를 먼 지방으로 파견하여 그가 함부로 재물을 취하지 않는지를 확인하면 충심을 알 수 있다는 말입니다. 면전에서는 진심으로 일을 하지만 먼 곳으로 파견되면 어물쩍 대충대충 일을 한다면 이 사람은 충성스럽지 않은 사람이라 할 수 있습니다.

그렇다면 '가까이에서 공경을 확인한다.'라는 말은 무슨 뜻일까요? 바로 한 사람의 업무 태도가 단정한지 아닌지를 보려면 그를 가까운 곳에 놓고 살펴야 한다는 의미입니다. 오랜 기간 함께 일하며 익숙해졌는데도 일하는 태도가 여전히 단정하고 엄격하고 진지하다면, 이런 사람은 본질적으로 믿을 만하고 인품 또한 뛰어나다고 봐도 좋다는 의미입니다. 처음 접했을 때는 태도가 단정하고 진지했으나 시간이 흐를수록 위아래가 없고 행동거지가 적합하지 못하다면, 이런 사람은 업무 태도에 문제가 있기 때문에 중용해서는 안 될 것입니다.

사마의는 이런 이치를 잘 이해했습니다. 사실 황제가 사마의를 요동이라는 먼 곳에 파견한 이유는 공손연을 토벌하기 위함 이외에 사마의의 충성심이 믿을 만한지를 관찰하기 위한 목적도 있었습니다. 만약 독단적으로 공손연의 솜옷을 병사들에게 나누어 주었다면, 그의 수완에 탄복하고 칭찬하는 사람도 있었겠지만 분명 질투하고 음해하는 사람도 있었을 것입니다. 사마의는 표면적으로 큰 문제가 아닐 것처럼 보이는 솜옷을 나누어 주더라도 반드시 이 일로 꼬투리를 잡혀 모함을 받게 될 것을 생각했습니다. 재물을 탐하는 것은 작은 일이지만, 불충은 아주 큰일이었습니다.

고금을 통틀어 혁혁한 전공을 쌓은 장수들이 가장 두려워한 것은 무엇이었을까요? 바로 조정이 그의 충성심을 의심하는 것이었습니다. "새를 잡으면 활을 감추고, 토끼를 잡으면 개를 잡아먹는다. 飛鳥盡, 良弓藏, 狡免死, 走狗烹."는 말처럼 역사에는 큰 공을 세운 뒤 모함으로 죽음을 당한 장수들이 아주 많습니다. 그래서 "평화는 본래 장군이 만든 것이지만, 장군은 그 평화를 누리지 못한다."라는 속담이 있습니다. 천하를 다투는 시기에는 전쟁을 잘하는 장수가 필요하지만 천하가 평정된 이후에 이러한 장수는 화약고로 변합니다. 과거에는 안정 요인이었지만 이제는 불안정 요인이 되어, 어떤 공헌이 있었고 보스와의 관계가 얼마나 좋았는지에 상관없이 숙청의 대상이 되고 맙니다. 역사에는 이런 예가 상당히 많습니다. 후한을 세운 광무제光武帝 유수劉秀가 공신들을 공훈에 따라 책봉하면서도 경계의 말을 한 것이나, 송 태조 조광윤趙匡胤이 공신들의 부귀영화를 보장하는 대신 병권을 빼앗은 이야기는 비교적 온화하고 덕성스런 것이라 할 수 있습니다. 토사구팽과 같은 악독한 사례는 훨씬 많이 있습니다. 일대의 영웅이 전장에서 죽지 않고 자기편의 손에 죽는 일은 우리에게 깊은 고민거리를 안깁니다.

    사마의는 먼 곳에 파견될수록 작은 일에도 근신해야 한다는 점을 알고 있었습니다. 그렇지 않으면 쉽사리 꼬투리를 잡히고, 원치 않는 의심을 사는 골치 아픈 일이 생길 수 있었습니다.

    서기 238년 4월, 3대에 걸쳐 48년을 지속한 공손연 정권은 사마의에 의해 반년도 걸리지 않아 멸망했습니다. 사마의가 이끈 전 군대가 위로는 장군, 아래로는 사병들까지 각각 포상을 받게 되어 모두의 얼굴에는 웃음꽃이 피었습니다. 하지만 뜻밖에도 사마의의 얼굴은 근심과 걱정으로 가득했습니다. '이렇게 큰 승리를 거두고 임무를 완수했는데도 대장군의 얼굴에는 왜 수심이 가득할까?' 주위의 병사들은 이해할 수 없었습니다. 사실 그 속에는 말 못할 사정이 있었습니다. 양평에 진입한 사마의는 이상한 꿈을 꾸었는데, 이 꿈이 그의 마음을 불편하고 안절부절 못하게 만들었습니다. 그의 꿈은 조위 정권의 경천동지할 정치적 대격변을 암시하고 있었습니다. 사마의는 또 어떤 정치적 풍파에 직면해야 했을까요?

239년 요동 정벌을 마치고 돌아온 사마의는 곧 조상曹爽과 함께 어린 군주 조방曹芳을 보좌하라는 유조를 받는다. 그는 다시 한 번 고명대신으로서 권력의 정점에 오른다. 하지만 사마의를 고명대신으로 선임하는 조예의 유조를 받기까지는 몇 번의 우여곡절을 거쳐야 했다. 인생에서 기회는 세 번 정도 온다고 한다. 인생에서 이 기회를 붙잡을 수 있다면 아마도 우리의 인생은 한 단계 상승할 것이다. 그러면 이런 중요한 기회를 만났을 때 어떻게 해야 그것을 붙잡을 수 있을까? 중앙 권력으로부터 줄곧 견제를 받던 사마의는 인생의 중대한 기회에 직면하여 과감하게 그것을 움켜잡았다. 그렇다면 그는 기회를 포착하기 위해 사전에 어떤 준비를 했고, 또 기회가 왔을 때 어떻게 행동했을까? 우리는 그것으로부터 무엇을 배울 수 있을까?

제7강

기회가 임할 곳에
먼저 가서 기다리라

기회를 잡기 위해 판을 설계하다

우리의 일생은 다양한 기회로 가득 차 있다. 주어진 기회를 얼마나 잘 운용하느냐에 따라 운명을 바꾸는 큰 변화가 일어날 수가 있다. 우리 인생 항로에 결정적인 영향을 미치면서도 자칫하면 눈 깜짝할 사이에 사라질 수도 있는 결정적인 기회를 마주했을 때, 우리가 구체적으로 실현할 수 있는 방법론에는 무엇이 있을까?

"능력 없음을 걱정하지 않고, 기회 없음을 걱정한다. 말하지 못하는 것을 걱정하지 않고 받아들이지 않을까 걱정한다."

모든 사람에게는 기회가 필요하지만 기회란 제한된 것이어서 다른 누군가에게 주면 나에게는 오지 않고, 나에게 오면 다른 사람에게 줄 수 없는 것입니다. 그러면 결정적인 순간 기회를 내 것으로 만드는 방법에는 무엇이 있을까요? 사마의의 행보에 주목해 보겠습니다.

서기 238년, 사마의는 양평을 점령하고 성에 들어간 이후 이상한 꿈을 꾸었습니다. 꿈속에서 황제 조예가 자신의 다리 위에 베개를 놓고는 "내 얼굴을 보아라. 視吾面."(『진서』)라고 말하는 것이었습니다. 사마의가 머리를 숙이고 조예를 언뜻 보았는데 너무 괴이하고 흉악한 얼굴에 깜짝 놀라 식은땀까지 흘리며 잠에서 깨어났습니다. 우리는 흔히 "낮에 생각하는 바가 있으면 밤에 꿈꾸는 바가 있다."라고 말합니다. 이 꿈에 근거해서 사마의를 사로잡고 있던 생각 두 가지를 유추할 수 있습니다.

첫 번째, 어린 황제의 건강을 염려하고 있었다는 점입니다. 60대의 원로가 30대 보스의 건강 문제를 걱정한 것을 보면 조위 정권 사람들의 건강 관리가 너무 형편없었음을 알 수 있습니다.

두 번째, 사마의가 특별히 조예와 단독으로 마음속 이야기를 나눌 수 있기를 희망했음을 알 수 있습니다. 그의 꿈이 그의 바람을 내포하고 있었습니다.

꿈은 줄곧 사마의의 머리를 떠나지 않았습니다. 비록 대군이 개선한 이후에도 이 꿈 때문에 시종 기분이 답답하고 울적했습니다. 조정의 조서에 따르면 사마의는 수도로 들어갈 수 없었습니다. 조서는 사마의로 하여금 지름길을 택해 관중으로 들어가 서쪽 전선에 주둔하며 다시금 서촉을 방어하도록 규정했습니다. 이런 요구는 좋게 말하면 오랜 원정으로 피로한 사마의를 배려하는 것이었지만, 나쁘게 말하면 중앙에는 너의 자리가 없으니 돌아올 생각을 말라는 좌천의 의미이기도 했습니다. 정치적으로 민감했던 사마의에게 이 조서는 말 못할 무거운 걱정을 안겼습니다.

사마의, 조진, 조휴, 진군 이 네 명의 고명대신은 분명 조예 정권의 근간이고 조직의 리더라고 할 수 있었는데, 조예가 고명대신을 용인한 방식은 중국 역사에서도 매우 독특한 사례로 꼽힙니다.

중국 역대 왕조에서 대다수의 고명대신은 대권을 장악하고 황제 대신 각종 업무를 처리했습니다. 하지만 조예는 이러한 방식을 따르지 않고, 네 명의 고명대신 중 문관인 진군만 중앙에서 사무를 처리하게 하고, 병사를 다루고 전쟁 수행에 뛰어난 나머지 세 사람은 외지로 파견했습니다. 좋게 보면 간부의 장점을 잘 발휘하도록 중요한 임무를 위임한 것이고, 나쁘게 보면 그들을 신임하지 않고 암암리에 경계한 것이기도 했습니다. 비록 어린 황제였지만 조예는 자못 생각이 깊었습니다.

이런 인사 배치의 양면을 내심 염두에 두던 사마의는, 낙양으로 돌아오지 말라는 조서를 받고는 매우 심란한 마음이 되었습니다. 전쟁에 크게 이기고도 수도에 발을 디디는 것조차 불가능한 기분이 어떠했겠습니까? 한직으로 밀려나 잊혀진 기분이 들었을 것입니다.

그런데 대군이 백옥白屋이라는 곳에 이르렀을 때 조정에서 갑자기 긴급 조서가 내려오고, 이후 불과 사흘 동안 다섯 개의 조서가 연이어 내려옵니다. 이상한 것은 각 조서의 내용이 서로 달랐다는 사실입니다. 첫 번째 조서의 내용은 "중달, 돌아와라."였습니다. 두 번째 조서의 내용은 "중달, 오지 마라." 세 번째 조서의 내용은 "앞의 것은 폐기하고 다시 돌아와라." 네 번째 조서의 내용은 다시 "지금 시점부터 돌아오지 마라."는 것이었습니다. 이 네 개의 조서는 사마의를 어리둥절하게 만들었습니다. 이런저런 의심으로 결정을 내리지 못하던 사이에 다섯 번째 조서가 내려왔습니다. 이 조서는 앞의 것과는 달리 황제가 친히 쓴 것이었습니다. 내용은 아주 간단했습니다.

"최근 두렵고 불안하여 그대가 오기를 기다리고 있소. 도착하면 직접 궁으로 들어와 내 얼굴을 보시오. 間側息望到, 到便直排閣入, 視吾面."『진서』

이 마지막 세 글자 때문에 사마의는 식은땀을 흘렸습니다. 왜냐하면 꿈속의 장면이 이 세 글자와 일치했기 때문입니다.

수십 년에 걸쳐 정치경험을 쌓은 노련한 사마의는 곧 중앙정부에 큰 일이 생겼음을 직감했습니다. 하지만 그곳에서 낙양까지의 거리는 400여 리로 당시에는 고속도로도 없고 비행기도 없었습니다. 사마의는 추봉거追鋒車라는 당시 고급 승용차에 해당하는 특수한 수레를 이용했습니다. 이 추봉거는 아주 힘이 세서 바람처럼 빨랐습니다. 큰 길의 중앙을 여러 마리의 말이 마차를 끌고 질풍같이 달려 400여 리를 단 하루 만에 이동했습니다. 사마의는 낙양에 도착한 후 곧바로 후궁으로 달려가 조예의 병상 앞으로 나갔습니다.

사마의와 조예의 이번 만남에 대해 『진서』, 『삼국지』, 『삼국연의』가 모두 상세하게 묘사하고 있습니다. 『삼국지』는 이렇게 전합니다.

> 황제는 역마로 조서를 보내 사마의를 급히 불렀다. 침실 안으로 불려 들어온 사마의의 손을 잡으며 조예가 말했다.
> "짐은 병이 위중하여 그대에게 뒷일을 부탁하니, 그대는 조상과 함께 어린 태자를 보필해 주시오. 그대를 보았으니 어떠한 여한도 없구려! 吾疾甚, 以後事屬君, 君其與爽輔少子. 吾得見君, 無所恨!"

사마의는 이 말을 듣고 눈물을 쏟았습니다. 조예는 손을 저어 두 아들을 오라고 불렀습니다. 이 두 아들은 각각 진왕秦王과 제왕齊王으로 둘 다 조예의 친아들이 아닌 양자였습니다. 황제의 몸으로 죽음에 즈음하여 병상에서 임종을 지키는 사람이 친아들이 아니었으니 말하자면 상당히 섭섭한 일이었을 것입니다. 조예는 진왕과 제왕을 병상 앞에 불러 제왕 조방曹芳을 가리키며 사마의에게 말했습니다.

"바로 이 아이이니, 그대는 자세히 보거라, 절대 잘못하지 마라. 此是也, 君諦視之, 勿誤也."(『자치통감』)

이 말의 함의는 아주 깊은 뜻을 가지고 있었습니다. 조예의 생각에 앞으로의 천하는 너 사마의에게 달려 있으니 사람을 잘 보고 실수하지 말라는 것이었습니다. 조예는 이어 어린 조방으로 하여금 사마의의 목을 껴안고 조그만 얼굴을 사마의의 백발이 성성한 머리에 닿게 하고는 사람을 감동시키는 아주 특별한 말을 합니다.

"죽음을 참고 견뎌내는 것은 쉬운 일이 아니다. 지금 내가 죽음을 참고 있는 것은 그대를 한 번 보기 위함이었으니, 그대는 조상과 함께 어린 태자를 잘 보호하도록 하시오. 死乃復可忍, 朕忍死待君, 君其與爽輔此."(『삼국지』)

『삼국연의』에는 또 다른 감동적인 이야기가 기재되어 있습니다. 조예는 사마의에게 "태위는 어린 아이와 오늘의 정을 잊지 말라."고 당부하고는 눈물을 흘렸습니다. 다음날 조예는 세상을 떠났습니다. 그의 나이 36세였습니다.

조방(232~274)
자는 난경(蘭卿). 조위 정권의 세 번째 황제. 239~254년간 재위. 사마염이 위를 대신하여 칭제한 이후 조방을 소릉현공으로 다시 봉했다. 274년 조방이 병으로 죽자 여공(厲公)이라는 시호를 내렸다.

조예가 죽은 해에 사마의는 딱 60세였습니다. 60세의 사마의는 이미 조조, 조비, 조예 3대 보스를 떠나보냈고, 자신처럼 고명대신이었던 세 명의 대신들과 함께 죽지 않고 있었으니 그의 건강이 얼마나 좋았는지 미루어

짐작할 수 있습니다.

조예가 세상을 떠나고 사마의는 또 한 차례 고명대신이 되었습니다. 다시 한 번 사업의 정점을 맞이한 것입니다. 또한 이번에는 내부 경쟁도 줄어들었습니다. 같은 고명대신인 조상은 조진의 아들로 한 연배 낮았습니다. 그러나 돌이켜 보면 매우 아찔한 순간이었습니다. 추봉거가 있어서 다행이었지 만약 조예의 임종 전에 병상 앞에 나아갈 수 없었더라면, 정국은 순식간에 변하여 고명대신은 아마도 다른 사람이 되었을 수 있었습니다.

이 경우 속도가 결정적인 역할을 했습니다. 오늘날 마케팅 법칙 중 하나는 "큰 물고기가 작은 물고기를 잡아먹는 것이 아니라 빠른 물고기가 느린 물고기를 잡아먹는다."는 것입니다. 빠른 사람이 성공하고, 서로 속도를 경쟁합니다. "밤이 길면 꿈이 많고, 좋은 일은 질질 끄는 것을 두려워해야 한다." 우리는 보통 "기회를 붙잡아라."라고 말합니다. 좋은 기회는 정말 낚아채야 하는 것입니다.

저는 한 세일즈 매니저로부터 다음과 같은 실패담을 들은 적이 있습니다. 그는 한 세미나에 참석하여 우연히 중요한 고객을 만났습니다. 그와 몇 마디 이야기를 나누자 상대는 그의 회사의 신상품 시리즈에 큰 흥미를 갖으며 체계적인 설명을 요청했습니다. 당시 이 세일즈 매니저에게는 조그만 홍보용 전단지 외에 자세한 자료가 없었습니다. 그래서 오후에 자세한 설명서를 이메일로 발송할 것을 약속했습니다. 그런데 하필 그날 오후 호텔의 인터넷망이 고장 나 메일을 보내기 어렵게 되었습니다. 그는 그다지 급한 마음을 먹지 않고 다음날 보낼 생각으로 그날 하루를 보냈습니다.

그러나 메일을 받기로 했던 고객은 그날 저녁 구매계획을 확정하여 상부에 보고해야 했습니다. 이런 상황을 파악한 경쟁 상대는 곧바로 완벽한 제품 소개와 프로젝트 제안서 및 해결 방안을 마련하여 복사본 USB를 직접 들고 찾아와 고객에게 제공했습니다. 결국 장기적인 파트너십을 형성할 수 있는 우량 고객을 미적거리며 소홀히 대하다가 놓치고 만 것입니다. 이처럼 기회란 꽃이 피었다가도 지는 것처럼 순식간에 사라지는 것입니다.

일을 하면서 가장 경계해야 할 것 두 가지가 있습니다. 첫째는 할 일을 미루고 시간을 끄는 것입니다. 당장 시작해도 될 일을 내일 해도 괜찮겠거니 방심하다가 결국 기회를 놓치고 마는 것입니다. 다른 하나는 위임하는 것입니다. 분명 자신이 직접 해야 하는 일임에도 일시적으로 게으른 마음이 생겨 다른 사람이 대신 하게 하는 것입니다. "목마른 사람이 샘을 판다."라는 말이 있듯이 자신이 일을 처리하면 시기와 기준 모두를 잘 조정할 수 있지만, 다른 사람이 대신하게 되면 많은 정성을 기울이지 못할 뿐더러 고민도 깊이 할 수 없게 됩니다. 그 결과 여차하면 기회를 잃게 되는 것입니다. 그래서 일을 할 때는 첫째로 '쟁취'하는 정신이 필요하고 절대로 질질 끌어서는 안 됩니다. 둘째로 '돌진'하는 정신이 필요하고 자신이 직접 처리해야 할 일에 요행을 바라며 게으름을 피워서는 안 됩니다.

관리학에는 '일몰법칙'이라는 것이 있습니다. 오늘의 일은 반드시 해가 지기 전에 완성해야 한다는 뜻입니다. 그렇지 않으면 중대한 기회를 잃을 수 있고, 통제할 수 없는 위험을 초래할 수도 있다는 것입니다. 인생도 마찬가지입니다. 많은 경우, 하려고 마음 먹었을 때 하지 못하면 이후에 기회는 사라집니다. 허다한 말이 있어도 제때 하지 못하면 이후 다시 말할 기회는 사라지게 됩니다.

중달의 잠언

하려고 마음 먹었을 때 하지 못하면 이후에 기회는 사라져 버린다. 허다한 말이 있어도 제때 하지 못하면 이후 다시 말할 기회는 사라진다.

인생은 길고 긴 여정입니다. 이 먼 여행에서 가장 떼기 어려운 걸음은 무엇일까요? 바로 눈앞에 놓인 한 발자국입니다. 우리는 종종 신나게 이것저것 과식하면서 "내일부터 다이어트 해야지!" 결심하는 여성들을 보게 됩니다. 단언하건데 그녀는 영원히 다이어트를 할 수 없을 것입니다. 내일은 오지 않았고, 우리에게 주어진 것은 눈앞의 현재일 뿐입니다. 해야 할 일을 알면 즉각 행동하고 미루어서는 안 됩니다.

사마의가 신속한 행동으로 조예의 임종을 지키며 고명대신이 되자 당시 황제의 측근이던 중서감中書監 유방劉放과 중서령中書令 손자孫資는 지금까지 있었던 후계 지정 내막을 사마의에게 낱낱이 말해줍니다.

이 내막을 듣고 사마의의 득의양양함은 곧 사라졌습니다. 몸에서는 한 차례 식은땀이 흘렀습니다. 손자와 유방은 사마의에게 말했습니다. 사실 사마의가 요동을 정벌하러 나간 1년 동안 정국에는 거대한 변화가 발생했다는 것이었습니다. 사마의가 요동에서 싸울 때 황제는 이미 고명대신을 지정했고 선택된 인물은 사마의가 아닌 다음 다섯 사람이었다는 것이었습니다.

첫째는 연왕 대장군 조우曹宇로, 조조의 아들이자 조예의 작은아버지뻘이었습니다. 두 번째 인물은 영군대장군 하후헌夏候獻, 세 번째 인물은 조진의 아들인 무위장군 조상, 네 번째 인물은 조휴의 아들인 둔기교위장군 조조曹肇, 마지막 한 사람은 교기장군 진랑秦郎이었습니다. 이 다섯 사람 모두가 황제의 최측근으로 애초부터 사마의의 자리는 없었습니다.

중서감 유방과 중서령 손자는 황제의 총애를 받는 측근이었다. 그들은 고명대신 후보에 사마의가 없었다는 내막을 왜 사마의에게 이야기했던 것일까? 사마의는 기회란 하늘에서 떨어지는 떡과 같은 것이어서, 비록 그 떡이 언제 떨어질지 모른다고 하더라도 떨어질 만한 위치에 미리 서 있는다면 기회를 잡을 확률이 매우 크다는 사실을 알고 있었다. 유방과 손자의 행동은 사마의의 이러한 태도에 연유한다.

▎제 1 책 략 ▎
정치적 연맹으로 내부의 지지를 얻는다

중국인들이 특별히 중요시하는 말 중에 "하나의 울타리에는 세 개의 말뚝이 있고, 한 사람의 대장부에게는 세 명의 귀인이 있고, 집에서는 부모를 의지하고 집을 나서서는 친구를 의지한다."는 말이 있습니다. 단기필마로 누구의 도움도 받지 않고 성공하려 해서는 성공할 수 없고, 성공하려면 반드시 누군가의 지지를 받아야 한다는 뜻입니다. 그래서 중국인들은 귀인을 만나는 것을 중요시했습니다. 귀인은 생활 속에서 우리에게 관심을 갖고 사업에서 우리가 기회를 붙잡을 수 있도록 도와주는 사람입니다. 유방, 손자는 바로 사마의의 귀인이었습니다. 먼저 유방, 손자 이 두 사람이 어떤 인물인지를 분석해 봅시다.

중달의 잠언
단기필마로 누구의 도움도 받지 않고 성공하려 해서는 성공할 수 없고, 성공하려면 반드시 누군가의 지지를 받아야 한다.

유방은 탁군 방성(지금 하북 고안) 사람이고, 손자는 태원군 중도(지금 산서 평요) 사람으로 둘 다 문필이 뛰어나고 지략도 있었습니다. 두 사람 모두 일찍이 조조의 측근으로 선발되어 비서랑이 되었습니다. 비서랑이라는 관직은 비록 높지는 않지만 항상 보스와 접촉하기 때문에 보스의 신임과 인정을 받을 기회가 많았습니다. 남송 양만리楊萬里의 시에 표현된 '초록빛 연잎 하늘에 닿아 있고 햇빛 받은 연꽃 유난히 붉네. 接天蓮葉無窮碧, 映日荷花別樣紅.'라는 분위기가 바로 이런 경우를 말하는 것일 것입니다. 이런 연유로 유방과 손자는 승진 속도가 매우 빨랐습니다. 황초 연간 조비가 칭제할 때 유방은 중서감으로 승진하였고 손자는 중서령으로 승진하였습니다. 두 사람 모두 중앙의 비서장이 되었고 또 후로 봉해져, 많은 중요한 기밀 사건들을 처리하게 되었습니다.

조예는 황제가 되자, 앞에서도 말한 것처럼, 고명대신은 외지로 내보내고 조정 내에서는 자신의 사람을 쓰는 인사 정책을 썼습니다. 그 자기 사람이 바로 유방과 손자였습니다. 이 둘 중 한 명은 서향후에, 다른 한 명은 악양정후로 봉하고 산기상시의 작위까지 주었으니 두 사람의 권력은 그야말로 한 손으로 하늘을 가릴 만큼 막강했습니다.

이 두 사람의 특수한 권력에 관해 『삼국지』에는 "매번 손자와 유방 두 사람을 불러 중요한 기밀을 제정하고 결정하는 일을 맡기어 정사에 이 둘의 손을 거치지 않는 것이 없었다. 孫劉於時號爲專任, 制斷機密, 政事無不綜."라고 기록되어 있습니다. 두 사람이 조위 중앙 정권의 모든 중요한 일을 총괄하는 주요한 의사 결정자였다는 의미입니다.

아이러니하게도 조위의 두 주된 라이벌은 동오의 손씨와 서촉의 유씨였는데, 중앙 정부의 주요 정권 담당자 또한 뜻밖에도 손씨와 유씨인 것이 흥미롭습니다. 하지만 손자와 유방 두 사람이 권력을 쥐고 있는 것은 조씨 종족의 대신들에게는 매우 화가 나는 일이었습니다. 이들은 수시로 이 두 사람을 무너뜨릴 기회를 엿보고 있었습니다. 한편에서는 유방, 손자에게 권력이 집중되고 있었지만, 다른 한편에서는 위기가 도사리고 있었습니다.

이 둘의 직위가 가진 특징을 종합하면 다음과 같습니다.

손자(?~251)
자는 언룡(彦龍), 한말 태원군 중도(지금의 산서 평요) 사람. 위나라의 중신. 처음에 공조의 일을 하다 후에 계리, 참승상군사에 임명되었다.

유방(?~250)
자는 자기(子棄), 기주 탁군 방성(지금 하북 고안) 사람. 표기장군, 중서감, 방성후에 이르렀다. 서신이나 격문을 쓰는 데 뛰어나 조조, 조비, 조예 조칙 문서의 대부분을 썼다.

첫째, 능력 출중

둘째, 보스 신임

셋째, 권력의 견제

그들도 사마의와 지위가 비슷하고 처지가 비슷했습니다. 사마의도 능력이 출중하고 보스의 신임을 받고 있었지만 조씨 종족의 견제도 받고 있었습니다. 동병상련의 사람들은 서로 소통하기가 아주 쉬운 법입니다. 게다가 사마의는 바깥에서나 군사를 장악하고 있었지 중앙 정부의 상황은 잘 알지 못했고, 반면 유방과 손자는 중앙 정부의 정책을 결정하지만 바깥의 상황을 이해하지 못했기 때문에 쌍방은 자신의 부족한 정치적 자원을 서로 보완하는 관계를 형성한 것입니다. 이리하여 세 사람 사이에는 자연스럽게 묵계가 이루어지고 정치적 연맹이 형성된 것입니다.

사실 막 요직을 맡은 이후부터 손자와 유방은 외부에서 군사를 담당하는 장군들에 대해 특별한 관심을 두었습니다. 『삼국지』에는 정동장군 만총滿寵, 양주자사 서막徐邈 등 각지의 고위 관리들이 참언과 음해를 받았지만, 이 두 사람의 지지와 보호를 받고서 재난을 피한 사례들을 기록하고 있습니다. 이런 보호는 한편에서는 공적인 마음에서 나온 것이지만 한편에서는 외부의 지원을 끌어들여 자신들의 지위를 공고히 할 목적도 있었습니다.

사마의는 대단히 영리한 사람입니다. 조비가 어린 자식을 부탁한 이래 그는 조예가 사실은 심기가 깊은 사람임을 알고 있었습니다. 사마의, 조진, 조휴를 바깥으로 내보내 변경을 지키게 하고 자신은 중앙 정부의 권력을 견고하게 장악하여 고명대신이 지위와 권력을 행사하여 황제를 유명무실하게 만드는 것을 효과적으로 방지했습니다. 하지만 이러한 조치는 사마의에게 위기감을 느끼게 했습니다. 그는 중앙 정부 내에서 자신을 대변해 줄 사람이 필요했습니다. 이리하여 자연스럽게 손자와 유방은 안정된 정치 연맹을 형성한 것입니다.

손자와 유방의 도움으로 인해 사마의는 비록 밖에서 군사를 거느리면서도 조정의 지지를 얻는 기회를 갖게 되었고, 격렬한 정치 투쟁의 와중에서도 리더의 위치로 나아갈 수 있었던 것입니다. 이것이 바로 동맹을 결성하고 지지를 얻는 것의 중요성입니다.

> 사마의는 기회를 붙잡기 위해 사전에 정치적 연맹을 결성했다. 이는 결정적 순간에 누군가가 자신의 지지할 수 있도록 하기 위함이었다. 하지만 그렇다고 해도 보스인 조예가 그를 무시한다면 다른 사람의 지지를 얻은들 아무 소용 없는 일이었다. 사마의가 조예의 지지를 얻을 수 있었던 두 번째 책략은 무엇이엇을까?

제 2 책 략
보스의 성향을 파악해 스타일을 맞춘다

보스의 지지가 없으면 모든 노력이 수포로 돌아갑니다. 따라서 평소에 보스가 관심을 두고 있는 일을 눈여겨 보면서 역으로 보스의 관심을 끌기 위해 노력해야 합니다. 제 아무리 공훈이 많아도 적당한 자리에 오르지 못하면 제대로 된 기회는 생길 리 없습니다.

사마의의 새로운 보스는 조예였습니다. 조예는 어떤 사람을 좋아했을까요? 먼저 조예는 고분고분한 사람을 좋아했습니다. 사람들은 당연히 고분고분한 사람을 좋아합니다. 하지만 조예의 이러한 총애는 매우 불안정했습니다. 한편에서는 고분고분한 사람을 좋아하면서도 다른 한편에서는 주변의 고분고분한 사람들에 대해 의심하고 못마땅해했습니다. 심리학 용어를 들어 설명하자면 조예는 정서가 불안정한 사람이었습니다. 사실 이런 사람의 생활은 아주 고통스럽습니다. 상대를 좋아하다가도 상대가 불충할까 우려하여 마음을 놓지 못하고 경계하면서 자신을 감정적으로 괴롭힙니다.

우리는 보통 사람의 성격은 어린 시절의 성장 환경과 부모의 영향을 받아 형성된다고 알고 있습니다. 어린 시절은 인생의 부친이고 환경은 인생의 모친이라는 말도 있지요. 조예의 성격 형성은 그의 어린 시절의 이력과 관련이 깊었습니다.

> **조예(204~239)**
> 자는 원중(元仲). 위의 명제. 폐국 초현(지금 안휘의 호주) 사람. 조비의 아들이며 조조의 손자이다. 조비가 세상을 떠난 후 황제를 계승하여, 조진과 사마의 등을 지휘하여 오나라와 촉나라의 공격을 여러 차례 막아냈다. 선비족을 평정하고 공손연을 멸망시키는 업적을 쌓았다. 하지만 통치 후기 대규모 토목공사를 일으키고 임종 전에 후계 선정이 부당하여 훗날 조정의 혼란을 초래했다.

중달의 잠언

어린 시절은 인생의 부친이고 환경은 인생의 모친이다.

조예의 모친은 유명한 미녀 견씨甄氏였습니다. 견씨는 중산中山 무극無極 사람으로 어려서부터 지혜와 미모를 겸비한 재원이었습니다. 동한 건한 연간 견씨는 원소의 둘째 아들인 원희袁熙에게 시집을 갔습니다. 원소가 패한 이후 조비는 업성鄴城에서 견씨를 보았습니다. 『위략』은 "그 얼굴의 비범함을 보고 감탄해마지 않았다. 태조가 그 이야기를 듣고는 곧 그녀를 아내로 맞이하도록 했다."고 기록하고 있습니다. 결혼 후 얼마 지나지 않아 조예가 태어났습니다.

견씨는 본래 조비와 감정이 좋아 부부가 서로 아끼고 사랑했습니다. 견씨는 현덕했을 뿐만 아니라 문재도 출중했습니다. 그런데 훗날 조비가 황제가 되자 상황에 변화가 발생했습니다. 먼저 한헌제가 천하를 조비에게 넘기면서 아울러 두 명의 예쁜 규수를 보낸 것입니다. 이어 조비는 곽귀인, 이귀인, 음귀인을 맞아들이는데 이들 모두 아주 아름다웠습니다. 조비 주변의 꽃 같은 여인들이 저마다 아름다움을 다투게 되니 조비는 더 이상 견황후를 돌아보지 않게 됩니다. 견황후는 어떤 심정이었을까요? 따뜻한 방안에서 몸을 누이다가 찬바람 부는 문밖으로 나선듯 춥고 외로웠을 것입니다. 그래서 견황후는 몇 마디 원망하는 말을 하게 되고, 조비가 그 원망하는 말을 듣게 됩니다. 게다가 누군가 그의 귀에 없는 말을 보태어 말하고, 곽귀인까지 말을 지어 보태자 조비는 순간 노발대발하며 견황후에게 자진할 것을 명령했습니다.

견씨(182~221)
이름은 견락(甄洛). 중산 무극 사람. 부친은 견일(甄逸)로 관직은 채현의 령을 지냈다. 시호는 경후. 모친 장씨는 광락향군으로 봉해졌다. 처음 원희에게 시집갔지만 204년 다시 조비에게 시집갔다. 그 자식 조예가 즉위한 후 '문소황후'의 시호가 추증되었다.

흔히 "하루만 부부 생활을 해도 태양과 같은 은혜이고, 100일을 산 부부의 정은 바다처럼 깊다."고 하고, "10년을 수련해야 같은 배를 타고, 100년을 수련해야 함께 베개를 벤다."고 말합니다. 오랜 동안 애를 낳고 키우면서 부모를 보살피며 효를 다했는데, 고마운 마음이 없다면 어찌 정이 있다고 할 수 있겠습니까? 조비는 지난날의 은정을 모두 버려 버리고는 두 눈 똑바로 뜨고 견황후를 죽게 만들었습니다. 견황후의 죽음은 아주 처량했습니다. 머리카락으로 얼굴을 덮고 코와 입을 쌀겨로 막은 채로 대충 관속에 넣어 매장했을 뿐이었습니다. 제왕의 집에서 생활한다는 것은 때때로 사람을 탄식하게 합니다.

견황후의 죽음 후 조예는 곧바로 천당에서 지옥으로 떨어졌습니다. 어머니가 죽었고, 조비가 자신을 의심하기 시작하여 태자로 세우는 일을 미루었습니다.

그러던 어느 날, 조비가 조예를 데리고 사냥을 나가게 되었습니다. 그때 어미 사슴 한 마리가 아기 사슴과 함께 있는 것을 보고 조비는 재빨리 화살을 쏘아 어미 사슴을 맞추었습니다. 그런 후 조예에게 나머지 어린 사슴을 쏘라고 말했습니다. 조예가 활을 내려놓고 조비에게 말했습니다.

"폐하께서는 이미 그 어미를 쏘았습니다. 신은 차마 그 자식을 쏘지는 못하겠습니다. 陛下已殺其母, 臣不忍復殺其子."(『삼국지』)

사실 이 말은 암시였습니다. 이 말에 조비는 측은지심이 발동했습니다. 사람의 마음이란 변하기 마련입니다. 자신의 아들이 철이 든 것을 보고는 결국 조예를 태자로 세울 것을 결심하게 됩니다.

조예는 태자가 된 후 더욱 불편했습니다. 『삼국지』는 그가 "동궁에 기거하며 조정의 신하들과 교류하지 않고 정사를 묻지 않으며 오직 생각에 잠겨 책을 읽을 뿐이었다. 自在東宮, 不交朝臣, 不問政事, 唯潛思書籍而已."라고 기록하고 있습니다. 왜 그랬을까요?

황제가 혹시 그가 모반하리라 생각할까 걱정했고, 주위 사람들이 괜히 나쁜 마음을 불러일으켜 분란에 휩싸이는 것을 두려워했기 때문입니다. 우리는 이 몇 마디 기록을 통해서 조예가 태자가 된 후 전전긍긍했음을 알 수 있습니다.

　이와 같은 어린 시절을 경험하면서 조예에게는 몇 가지 좋지 않은 성격상의 징후들이 생겼습니다. 첫째로 안정감을 잃었고, 둘째로 침묵하며 참는 버릇이 생겼습니다. 그의 수하가 되려면 잘 참고 침묵해야지, 자신을 떠벌려서는 안 되었습니다. 만약 조금이라도 자신을 떠벌리면 그는 금세 조예의 곁에서 밀려났습니다. 이 점에서 사마의는 조예가 좋아하는 유형이었습니다. 세 번째로 의심이 많아졌습니다. 자신과 감정이 깊은 사람일수록 그는 더욱 방비하며 의심했습니다. 또한 변덕스럽기 그지없었습니다. 방금 결정한 일도 말 한마디로 뒤엎어 버리고는 했습니다.

　오랫동안 억압을 받은 사람은 한 번 반발할 때 크게 폭발하는 경향이 있습니다. 조예는 음험하고 말을 더듬거리기까지 했습니다. 이는 모두 어린 시절의 영향과 큰 관계가 있었습니다. 조예의 좋지 않은 성격은 이후의 관리 스타일 및 그의 전 인생에 큰 영향을 끼쳤습니다. 발달 심리학은 가정의 화목이 아이의 건강한 인격과 훌륭한 성격 형성에 가장 중요한 요소임을 증명합니다. 조예의 성격에는 가정 파괴로 인한 낙인이 깊게 찍혀 있었습니다.

　조예에게 있어 사마의의 강점은 탁월한 공적을 쌓은 데다 내성적이고 신중한 성격의 소유자라는 것이었습니다. 하지만 조씨 성과 혈연관계가 없고 오랫동안 밖에서 병사를 거느려 조예의 선택 범위 안에 들지 못했습니다. 처음 조예가 선택한 다섯 명의 고명대신인 연왕 조우, 영군장군 하후헌, 무위장군 조상, 둔기교위 조필, 교기장군 진랑은 모두 친근한 내신이었습니다. 유방과 손자는 조씨 성의 종친들이 권력을 장악하는 것은 장래에 자신들에게 불리하다고 생각하고, 조예의 성격적인 약점을 이용하여 조위 정권의 조직 구조를 바꾸었던 것입니다.

유방, 손자 두 사람은 부저추신釜底抽薪(솥 밑에 타고 있는 장작을 꺼내어 물이 끓어오르는 것을 막다.)의 방법을 사용했습니다. 먼저 조우 쪽 사람들의 결점과 문제점을 드러내어 조예로 하여금 의심하도록 만들었습니다. 그리고는 자신들과 조예의 평소 친밀한 관계를 빌려 사마의를 강력하게 추천했습니다.

『한진춘추漢晉春秋』는 유방, 손자가 조예를 찾아가 보고하려 했으나, 연왕 조우가 조예의 주변에 호위를 배치하여 아무도 조예를 만나지 못하게 했다고 기록하고 있습니다. 유방과 손자는 궁으로 들어가지 못해 밖에서 어쩔 줄 몰라 갈팡질팡하고 있었습니다. 하지만 호랑이도 조는 때가 있는 법입니다. 조우, 조필 등이 방심하여 방어를 게을리 할 때 유방, 손자가 기회를 틈타 조예의 병상에서 조예를 만났습니다. 유방은 자신의 뛰어난 말재주를 이용하여 조예에게 다섯 가지 사항을 이야기하고 마침내 국가의 형세를 변화시킵니다.

첫 번째로 유방은 번왕藩王은 정치를 보좌할 수 없다는 선제의 유조를 조예에게 말하였습니다. 동성의 제후 왕이 정치를 보좌하면 천하에 변란이 일어날 것이라고 말한 것입니다.

두 번째로 조필과 진랑 이 두 사람은 겉으로는 황제의 병을 돌보는 듯하지만, 사실은 황제가 잠든 사이 시중드는 궁녀들과 시시

덕거리며 추파를 던지고 있으니 마음이 바르지 않은 인물들이라고 말합니다.

세 번째로 연왕 조우는 비록 황제의 작은아버지이지만 지금 병권을 장악하고 내외를 가로막고 있으니 찬역의 마음이 있다고 말합니다.

네 번째로 어린 군주 조방은 나이가 어려 일을 알지 못하니 정국을 장악할 수 없다고 고했습니다. 밖으로는 강포한 도적이 있고 안으로는 피로한 백성들의 원망이 쌓여 있는 지금, 만약 이들 몇몇 범부들에게 정사를 맡게 되면 국가가 위험에 빠질 것이라는 내용이었습니다.

다섯 번째로 유방은 열여섯 글자를 이용해 현재의 형세를 총결했습니다.

"사직이 위태로운데 그것을 알지 못하니 신들이 마음 아파하는 것입니다. 社稷危殆, 而己不知, 此臣等所以痛心也."(『삼국지』)

즉 황제가 병을 얻은 날 위와 아래 사이의 교류가 이미 끊어져 국가가 위태로운 지경에 처했는데도 황제가 이를 알지 못하니 매우 마음이 아프다는 뜻입니다.

이 말을 들은 후 조예의 마음이 움직였습니다. 그는 유방과 손자에게 누구를 의지할 것인지를 묻습니다. 유방, 손자는 먼저 조상이 믿을 만하다고 말하고 두 번째로 사마의를 추천합니다. 조예는 귀가 얇은 사람으로 듣자마자 곧 사마의와 조상을 쓰기로 결정합니다. 이리하여 사마의와 조상을 고명대신輔政大臣으로 결정합니다.

하지만 유방과 손자가 떠나자마자 황제는 생각이 바뀌었습니다. 세상에서 가장 한심한 리더는 어떤 리더일까요? 첫 번째가 조변석개하는 리더입니다. 아침에 결정한 일을 저녁에 바꾸는 리더입니다. 두 번째로 귀가 얇아 남의 말을 쉽게 듣는 리더입니다. 이 사람이 말하면 이 말을 듣고 저 사람이 말하면 저 말을 듣는 사람입니다. 하필 조예는 이런 유형의 리더였습니다.

조예와 같이 의심 많고 변덕스러우며 귀가 얇은 리더 밑에서 일하면서 사마의는 내부의 지지를 얻어 기회를 잡는 법을 터득했다. 또한 여러 방식으로 조예와의 감정적인 거리를 가깝게 만들었다. 하지만 이런 방법만으로 반드시 기회를 잡으리라는 보장이 없었다. 기회가 자신에게 떨어질 확률을 높이기 위해 사마의는 세 번째 책략을 사용했다.

제 3 책 략
유형에 맞춰 설득하고 행동에 앞서 동의를 얻는다

군주는 가볍게 말을 해서는 안 됐다고 했거늘, 왜 조예는 식언을 하고 수시로 결정을 번복했을까요? 유방과 손자가 자리를 떠난 후 조우와 조필 등이 들어와 변명을 늘어놓자, 조예의 마음이 다시 움직였습니다. 사실 이런 의사 결정 스타일은 조예의 인관관계 유형과 관계가 있었습니다.

   사람과 사람이 소통하는 방식에는 세 가지 유형이 있습니다.

   첫 번째 유형은 두뇌형입니다. 이런 사람은 다른 사람과 소통하고 교류할 때 이해 분석과 이익 판단에 근거해 의사 결정을 내립니다. 이들은 다른 사람과 교류할 때 자신을 아주 강력한 사람처럼 포장해 상대의 마음속에 경외하는 마음이 생기게 합니다. 그리고 이들이 상대를 신임하는 것은 상대가 감히 반역을 꾀하지 못하기 때문입니다. 조조가 바로 이런 사람이었습니다. 이런 사람을 두뇌형 인간이라고 부릅니다.

두 번째 유형은 마음형입니다. 이런 사람은 다른 사람과 소통하고 교류할 때 이상, 신념, 가치관을 가지고 이야기합니다. 다른 사람과 온화한 교류를 나눔으로써 상대의 마음속에 존경과 탄복이 생기게 합니다. 이들이 상대를 신임하는 것은 상대가 반역을 꾀할 리가 없다는 것에서 비롯되는 것으로, 제갈량이 바로 이런 사람입니다. 이런 사람을 마음형 인간이라고 부릅니다.

세 번째 유형으로 감성형 인간이 있는데, 대다수의 사람들이 여기 속합니다. 감성형 인간들은 일상적인 접촉과 평상시 표현에 의지해 의사 결정을 합니다. 그들은 상대의 마음에 친절함이 생기게 하고 그가 상대를 신임하는 것은 '내가 너에게 잘해주었으니 너는 차마 변심하지 않을 것이다.'라는 믿음에 기인합니다. 조예가 바로 이런 사람입니다.

조예는 다른 사람과 교제할 때 많이 접촉하고 많이 교류했고, 애정이나 친근감을 척도로 사람을 썼습니다.

'너는 나와 오랫동안 교류했으니 너를 쓰겠다. 하지만 교류가 줄어 눈에서 멀어지면 마음에서도 멀어질 것이니 그럴 경우 너를 쓰지 않겠다.'

이와 같은 자세로 용인했습니다. 조예는 접촉이 많고 교류가 많은 사람을 훨씬 쉽게 믿었고, 동시에 수시로 자신이 신임하는 사람을 회의했습니다.

『삼국연의』제105회 '무향후가 미리 비단 주머니에 계책을 숨기고 위주는 승로반을 꺾어서 차지하다'에는 다음과 같은 고사가 있습니다.

각설하고 조예의 황후 모씨는 하내 사람이다. 이전 조예가 평원왕이었을 때 가장 금슬이 좋아 황제로 즉위한 후 황후로 삼았다. 훗날 조예가 곽부인을 총애하자 모후(毛后)는 총애를 잃었다. 곽부인은 아름답고 지혜로웠다. 조예는 그녀를 아주 총애하여 매일 함께 즐기고 한 달 내내 궁궐을 나가지 않았다. 때는 춘삼월, 방림원의 꽃들이 아름다움을 다툴 때 조예는 곽부인과 함께 방림원에서 꽃놀이를 즐기고 있었다. 곽부인이 "왜 황후를 불러 함께 즐기지 않으십니까?"라고 묻자, 조예는 "만약 그녀가 오면 짐은 어느 것도 목에 넘어가지 않네."라고 대답했다. 그러면서 궁녀들에게 모후가 알지 못하게 하라고 명령했다.

모후는 조예가 한 달 내내 정궁에 들어오지 않자 어느 날 10여 명의 궁인들을 이끌고 취화루에 올라 마음을 달래고 있었다. 그런데 어디선가 들려오는 맑은 노랫소리를 듣고 "어디서 나는 음악 소리인고?"라고 물었다. 한 관원이 "성상과 곽부인이 어화원에서 꽃놀이하며 술을 마시는 중입니다."라고 대답했다. 모후는 이 말을 듣고 마음이 괴로워 궁으로 돌아가 잠자리에 들었다.

다음날 모황후는 작은 마차를 타고 궁을 나와 노니다가 마침 조예를 툇마루 근처에서 만나 웃으면서 물었다. "폐하께서는 어제 북원에서 노시면서 아주 즐거우셨다고 하던데요?" 조예가 대노하여 즉각 어제 시중을 든 사람들을 체포하여 질책하며 말했다. "어제 북원에서 놀 때 짐은 모후가 알지 못하게 하라고 했는데 어찌 이것이 알려졌단 말인가!" 그리고는 궁의 관리들에게 명하여 시중 든 사람들 모두를 참수하라고 명령했다. 모후가 크게 놀라 궁전으로 돌아가자 조예는 조서를 내려 모황후를 사사하고는 곽부인을 황후로 삼았다. 조정의 신하들이 감히 간언하는 자가 없었다.

이 고사와 사료에 기재된 것은 기본적으로 일치합니다. 조예는 확실히 이 사건으로 모황후를 죽이고 적지 않은 주변의 궁인들을 죽였습니다.

옛말에 "군주를 모시는 것은 호랑이를 곁에 두는 것과 같다."는 말이 있습니다. 군주와 함께 있으며 금방 하하거리며 웃었더라도, 말 한마디 잘못하여 죽음을 당할지 모르는 일이기 때문에 조심하라는 이야기입니다. 그래서 조예와 같은 사람과 일을 상의하려면 반드시 그의 스타일에 맞추어야 하는 것입니다.

조우와 조필이 나간 후 유방, 손자는 다시 들어와 조우, 조필보다 훨씬 격하게 울며 사마의를 추천했습니다. 조예는 또 마음이 움직여 다시 인선을 고치기로 했습니다. 이때 유방은 기지를 발휘했습니다. 조예의 손으로 직접 조서를 쓰도록 청한 것입니다. 역시나 가장 믿을 만한 것은 직접 남긴 문서입니다. 백지에 글자를 쓰고 도장을 찍으면 모든 것이 끝납니다. 조예가 "나는 이미 병이

들어 손을 쓸 수 없다."고 하자 유방은 "괜찮습니다. 제가 대신 쓰겠습니다."라고 말합니다. 이리하여 종이를 가져와 조예의 손을 잡고 조서를 썼습니다. 결국 두 사람은 조서를 들고 조우, 조필, 진랑에게 가서 말합니다. "황제의 조서가 있으니 당신들은 후궁에 들지 말고 곧바로 집으로 돌아가세요." 이리하여 유방과 손자가 전체 국면을 장악하게 된 것입니다.

정치 맹우 유방과 손자의 도움으로 인해 사마의는 다시 한 번 위험한 고비를 넘어서 조야의 권력이 몰리는 고명대신이 되었습니다.

여기서 잠깐 유방과 손자의 행위를 평가해 보고자 합니다. 어떤 사람은 조위 정권이 전복된 것은 바로 이 두 사람이 화근을 심었기 때문이라고 말합니다. 중앙 정부의 주요 결정권자로서 국가 정권교체라는 중대 문제를 결정할 때에 황제를 제멋대로 조종하여 사리사욕을 취하고 시비를 조장하는 행위를 한 것입니다. 이는 전형적인 간신들의 행위였습니다.

사실 일리가 있는 평가입니다. 먼저 조우, 조필 등이 국가를 잘 다스릴 수 있는 능력이 있는 것인지는 논하지 않더라도, 손자와 유방 두 사람의 동기를 살펴보면 그들이 국가나 백성들의 이익을 걱정하기보다는 소집단의 이익과 개인의 이익을 취하려 했다고 결론지을 수 있습니다.

조방이 황제에 오른 후 사마의의 벼슬은 더욱 높아집니다. 황제는 그를 시중侍中, 지절持節, 제독중외제군都督中外諸軍, 녹상서사錄尚書事로 발탁하고 특별대우를 합니다.

"궁에 들어가 서둘러 걷지 않아도 되고 알현하며 이름을 말하지 않아도 되고 검과 신을 벗지 않아도 되는 것이 소하의 옛일과 같게 하라. 入殿不趨, 贊拜不名, 劍履上殿, 如蕭何故事."
(『진서』)

즉 한나라의 창업 공신 소하와 같이 보검을 차고 신발을 신고 궁전에 나아가 황제를 보고 허리만 구부리면 된다는 뜻입니다. 또한 사마의의 자제 세 명을 후로 봉하고, 다섯 명은 기도위騎都尉로 봉하게 되자 사마의의 권력은 일시에 정점에 도달합니다. 당연히 유방, 손자도 상응하는 좋은 대우를 받았습니다.

다시 한 번 고명대신이 된 이후 손바닥으로 하늘을 가릴 만큼 권력이 커진 사마의는 이미 예전의 사마의가 아니었습니다. 일단 기득권을 쥐자 사마의의 일하는 방식과 처신의 원칙은 변했습니다. 만약 처음부터 사마의에게 대업을 이룰 마음이 있었다고 한다면 그의 모든 업무의 중심은 내부 투쟁을 처리하고 기득권을 보장하는 데 있었을 것입니다.

하지만 사마의의 권력은 곧바로 조씨 종친의 도전을 받게 됩니다. 조방은 조서를 내려 조상, 사마의에게 각각 3,000의 병력을 이끌고 공동으로 조정을 관할하게 합니다. 기득권을 보호하고자 하는 양자의 모순이 충돌하여 부각되기 시작한 것입니다. 하나의 원 안에 두 개의 중심이 있을 수 없고, 한 조직에 두 명의 보스가 있을 수 없습니다. 이리하여 핵심 권력 쟁취를 둘러싸고 치밀하고 노련한 사마의와 혈기왕성한 조상이 생사를 건 정치 투쟁을 시작합니다.

중달의 잠언

하나의 원 안에 두 개의 중심이 있을 수 없고, 한 조직에 두 명의 보스가 있을 수는 없다.

속담에 '사람은 천 일 내내 좋기 힘들고, 꽃은 백 일동안 붉게 피지 않는다'는 말이 있다. 잘나가던 사람에게 생각지도 못한 액운이 닥쳐 순식간에 역경에 빠져드는 게 인생이다. 사마의도 이를 피해갈 수 없었다. 고명대신으로 다시 한 번 권력의 핵심에 오른 사마의는, 그러나 공동 국정 파트너인 조상과의 갈등으로 정치에서 물러나게 된다. 조씨 종친과 명문세가를 대표하는 이 양자의 권력 투쟁은 이후 조위 정권과 사마의의 운명에 결정적인 영향을 미쳤다. 그렇다면 권모와 임기응변의 달인 사마의는 어떻게 이런 곤경을 극복하고 정국을 독차지할 수 있었을까?

제8강

승기를 잡은 뒤엔
가차 없이 행동하라

위기를 전화해 왕좌의 발판을 삼다

인생에는 예상하지 못한 어려움이 있기 마련이다. 우리가 각고의 노력을 들여 사업의 정점을 맞더라도, 어느 순간 닥친 역경으로 인해 순식간에 밑바닥으로 곤두박질 치는 순간이 온다. 사마의는 조위의 고명대신이 되어 순풍에 돛을 단 듯 세력이 팽창하던 순간, 생각지도 못한 사건에 휘말려 권력을 잃고 배척당하는 상황에 처했다. 이전의 순탄하던 상황이 일시에 역경으로 바뀌었을 때 그는 어떻게 처신했을까? 그가 택한 방법을 통해 우리가 얻을 수 있는 깨달음은 무엇일까?

"사람은 천 일 동안 한결같이 좋을 수 없고, 아무리 아름다운 꽃도 백 일 동안 붉게 피지 않는다. 人無千日好 花無百日紅."고 합니다. 다시 말하면 아름다운 꽃도 백일이 지나면 시들기 마련이고, 잘나가는 사람이나 열렬한 관계도 시간이 지나면 식기 마련인 것입니다. 순조로운 상황에서는 물론이고 역경에서도 잘 적응해 내는 것이 처세입니다. 여름을 보내는 것처럼 겨울도 잘 보낼 수 있어야 합니다. 하지만 많은 사람들이 이를 잘하지 못합니다. 예를 들면 우리 주변에는 이런 사람이 있습니다. 특히 젊은이들은 뜻을 이루어 득의만면할 때는 의기양양하지만 일단 좌절과 곤란을 만나면 낙담하여 기운을 잃고 일어나지 못합니다. 이는 모두 잘못된 것입니다. 큰일을 하려면 역경이라는 시험을 거쳐야 합니다. 강철은 뜨거운 불 속에서 단련되어 나옵니다. 눈부시고 아름다운 꽃도 거름 속에서 피어납니다. 인간이 성장하기 위해서는 역경의 시험을 피할 수는 없습니다.

이제 사마의가 직면한 역경의 시험에 대해 이야기하고자 합니다.

사마의는 오장원에서 제갈량을 막아내고 요동의 공손연을 대파했으며, 조예가 후사를 부탁한 이후에는 조위 정권에서 가장 큰 권력을 가진 인물이 되었습니다. 대권을 독점하고 이름을 천하에 떨쳐 인생에서 가장 빛나는 순간을 맞이한 것입니다. 하지만 여기서 우리는 중국 도가道家의 한마디, "꽃이 가장 붉은 때가 지기 시작하는 순간이고 달이 가장 둥근 때가 기울기 시작하는 순간이다. 花紅易衰, 月圓易缺."라는 말을 상기해야 합니다. 인생의 정점일 때가 바로 가장 쉽게 문제에 빠지는 때입니다. 사마의는 이 정점의 상태에서 커다란 위기와 도전에 직면했습니다.

중달의 잠언
꽃은 가장 붉을 때 꽃잎이 지기 시작하고 달은 가장 둥근 때에 기울기 시작한다.

조위 정시正始 8년(247년) 늦은 봄과 초여름 사이에 68세의 사마의는 병을 얻었습니다. 뿐만 아니라 병이 너무 갑작스럽고 병세가 심각하여 더 이상 일을 계속할 수 없었습니다.

5월의 어느 날, 사마의의 집무실에 귀빈 한 명이 나타났습니다. 이 사람은 성은 이李이고 이름은 승勝으로, 최근 형주자사로 발탁

된 신진인사였습니다. 이승은 부임하기 전에 특별히 사마의의 집에 들러 그를 문안하고자 했습니다. 사마의는 병상에 누워 이승을 접견했습니다. 당시 이승의 시야에는 매우 마음 아픈 장면이 들어왔습니다. 68세의 사마의가 머리를 풀어헤치고 침상에 누워 있는데 숨결은 미약하고 눈빛은 혼탁하여 생기라고는 하나도 없었던 것입니다. 이때 여종 둘이 사마의가 먹는 것을 시중들었는데, 한 여종이 사마의의 등을 부축하고 한 여종이 수저로 사마의의 입속으로 죽을 떠먹이자, 입속에 들어간 죽의 80퍼센트가 입가를 따라 흘러내려 수염과 옷을 적시고 있었습니다. 눈앞에서 사마의의 병든 모습을 본 이승은 그가 과거 제갈량과 싸우고, 맹달을 평정하며, 공손연을 멸하는 등 종횡천하하던 장면을 떠올리면서, 이것이 과연 영웅의 기개인지를 생각했습니다. '세월은 무정하고 영웅도 죽음을 피하기 어렵구나!' 인생이란 영원히 이런 것이라는 감회에 젖었습니다. 생각할수록 이승의 마음은 심란해져 흘러내리는 눈물을 참을 수 없었습니다.

하지만 이승은 속은 것이었습니다. 사마의는 애초에 병에 걸리지 않았고 몸도 말짱했습니다. 혼자서 뭘 먹어도 맛있게 먹으면서 편안하고 유쾌한 날을 보내고 있었습니다.

건강한 사마의가 왜 병을 가장하여 이승을 속여야 했을까요? 거기에는 말 못할 사정이 있었습니다. 이승은 당시 고명대신인 대장군 조상의 측근으로 그가 이번 병문안을 온 이유는 전적으로 조상이 안배한 것이었습니다. 조상은 이승으로 하여금 사마의의 병이 도대체 무엇인지, 그리고 자신과 권력을 다툴 수 있는 상태인지 아닌지를 몰래 알아보게 했습니다.

사마의와 조상 두 사람 사이에는 도대체 무슨 일이 있었던 것일까요?

> **조상(?~249)**
> 자는 소백(昭伯), 위나라 종친으로 조진의 아들이며 조조의 손자. 249년 사마의가 정변을 발동하여 조상 일족을 처단하고 권력을 장악했다.

사마의와 조상 두 사람은 처음에는 친밀하게 시작해서 후에 서로 씩씩거리는 원수가 되는 과정을 거쳤습니다. 처음에는 사업의 동반자로 출발해 마지막에는 물과 불 같은 관계가 된 것입니다.

앞에서 우리는 조예가 어린 자식과 사직을 조상과 사마의에게 부탁한 이야기를 했습니다. 이 두 사람의 나이차는 아주 컸지만 지위는 동등하였습니다. 『삼국지』에는 "처음 조상은 사마의가 나이도 많고 덕망도 높아 항상 부모처럼 섬기고 함부로 일을 처리하지 않았다. 初, 爽以宣王年德并高, 恒父事之, 不敢專行."라고 기록되어 있습니다. 조상은 사마의를 어른으로 대우하고 큰일이든 작은 일이든 모두 사마의에게 물어서 처리할 정도로 사마의를 의지했습니다. 초기에는 두 사람의 궁합이 아주 잘 맞았습니다.

하지만 시간이 흐르면서 변화가 생겼습니다. 조상의 주변에는 시비를 따지는 사람이 많았습니다. 이들은 조상의 면전에서 '대권이 다른 사람 손으로 떨어지게 해서는 안 된다. 이렇게 눈 뜨고 사마의가 권력을 장악하여 주도권을 쥐게 해서는 안 된다. 권력을 빼앗을 생각이 있으면 우리가 손을 잡기만 하면 된다.'라며 조상을 부추기고 분란을 조성했습니다.

옛말에 "분란이 있는 곳에는 반드시 분란을 일으키는 사람이 있다."라는 말이 있습니다. 모두 함께 앉아 있는데 만약 어느 한 사람이 면전에서 항상 이 사람은 이래서 나쁘고 저 사람은 저래서 나쁘다고 말한다면 그들 사이가 어떻게 되겠습니까? 그런 사람이 바로 분쟁의 근원지입니다. 게다가 권력을 장악한 시간이 길어짐에 따라 조상에게는 야심이 생기고 욕망이 부풀어 오르기 시작했습니다.

잘 지내고 있는 사람이 왜 자아팽창에 득롱망촉得隴望蜀(농서를 얻으니 촉을 바라본다는 뜻으로 인간의 욕심은 끝이 없음을 비유한 말)할까요? 비유를 통해 한번 분석해 봅시다. 예를 들어 아주 배고픈데도 먹을 것 하나 없다가 마침내 만두 하나를 먹을 기회가 생겼다고 합시다. 그러면 대단히 만족하여 이렇게 읊을 것입니다. "오랜 가뭄 단비를 만난 듯 타향에서 오랜 친구를 만났네. 동방화촉을 밝히는 밤, 먹을 만두가 있구나!" 이어 두 번째 만두를 먹을 때에도 기쁠 것입니다. 하지만 흥분의 정도는 조금 줄어들 것입니다. 세 번째 만두를 먹을 때 감각은 아마도 그저 그럴 것이고, 심지어는 조금 난감할지도 모릅니다. 그러다가 네 번째 만두를 보면 먹지 않고 속으로 '자꾸 먹으라고 하는 녀석이 누구야?'라며 화를 낼 것입니다.

모두가 같은 만두이지만 첫 번째와 네 번째 만두를 먹으면서 느끼는 만족감은 같지 않습니다. 경제학은 이런 현상을 '한계효용체감의 법칙'이라고 합니다만, 우리는 이를 그냥 '만두의 정리'라고 해 봅시다. 첫 키스처럼 인생에서 처음 경험하는 것은 영원히 잊기 어렵고, 항상 지금의 현실보다 좋게 느껴지는 법입니다. 첫 번째 것이 정말로 좋아서 그런 만족감이 느껴지는 것이 아니라 단지 그것이 첫 번째이기 때문에 그런 만족감을 느끼게 되는 것입니다.

사람의 심리도 마찬가지입니다. 바라는 것을 얻어 만족했을 때 뛸 듯이 기뻐하며 눈물을 흘리기도 하지만 만족하는 횟수가 많아

지면 그저 그렇게 되고 의기소침해지게 됩니다. 첫 번째로 먹은 만두는 마음을 즐겁게 하지만 세 번째로 먹는 만두는 답답하게 하고 여섯 번째 만두는 속을 메스껍게 하면서 아홉 번째에 이르면 만두만 봐도 화들짝 놀라 죽을 지경으로 만듭니다. 조상의 행위도 이런 법칙에 부합했습니다. 처음 권력이 일천할 때에는 대장군이 되어 사마의와 함께 정치를 보좌하며 높은 지위에 오른 것이 흐뭇했을 것입니다. 그러나 훗날 매일같이 그저 평범하기만 한 날이 계속되자 불만족이 생기고 고민이 생기기 시작한 것입니다. '권력을 한 사람이 다 가진다면 얼마나 좋겠는가!'

중달의 잠언

인생에서의 첫 경험은 영원히 잊기 어렵고, 언제나 현재 상황보다 좋게 느껴지는 법이다.

이것이 바로 자아팽창의 심리 매커니즘입니다. 모든 팽창이 수반하는 것은 평가절하입니다. 통화팽창 즉 인플레이션이 초래하는 것은 화폐의 평가절하이고 사람의 마음이 팽창하는 것은 행복감의 평가절하입니다. 그러면 현실 생활에서 권력과 자원을 장악하거나 지명도가 높은 사람이 어떻게 자신의 팽창을 제어할 수 있을까요?

가장 효과적인 것은 자신의 욕망을 절제하는 것입니다. 결과물이 불만족스럽더라도 과거 아무것도 없던 때를 떠올리면서 처음의 행복감을 돌이켜 맛보는 것입니다. 이를 "있을 때는 항상 없을 때를 생각하고 눈앞의 즐거움을 평가절하하지 말라. 인생에서 매사를 처음 본 듯 대하면 행복으로 가득한 아름다운 날들이 시작될 것이다."라고 말하는 것입니다.

중달의 잠언
있을 때는 항상 없을 때를 생각하고 눈앞의 즐거움을 평가절하하지 말라. 인생에서 매사를 처음 본 듯 대하면 행복으로 가득한 아름다운 날들이 시작될 것이다.

조상은 자신의 야심과 욕망을 위해 사마의를 무너뜨리기로 결심했습니다. 그가 사용한 방법은 겉으로는 올라간 것처럼 보이나, 실상은 내려간 것이라는 의미의 '명승암장明升暗降'의 책략으로, 아주 고명한 방법이었습니다. 조상은 황제에게 표를 올려 "당조의 태위 사마의는 문무에 능하고 이름을 천하에 떨쳐 공적이 세상에 가득하나 지금의 대우는 그의 공로와 덕행을 드러내기에 부족하니 그를 승진시켜야 한다."고 말하고, 결국 황제와 상의하여 사마의를 태부로 발탁할 것을 결정했습니다.

사실 이러한 인사는 절묘했습니다. 『진서』와 『삼국지』에 따르면 조예가 자식을 부탁할 때 사마의의 행정상의 직무는 세 가지였습니다. 태위, 도독내외제군사, 그리고 녹상서사로, 이 세 가지 직무 중 세 번째가 가장 중요했습니다. 『한서』에 "천하의 중심은 다 상서에 있다. 天下樞要, 皆在尙書."고 한 것처럼 당시에는 상서대의 권력이 가장 컸습니다. 상서대는 오늘날의 총리실에 해당되는 것이어서, 녹상서사는 총리의 직권을 가지고 정치, 경제, 군사, 외교를 모두 관장했습니다. 그런데 사마의가 태부로 승진한 이후 녹상서사의 업무는 소리 없이 사라지고 단지 도독내외제군사의 직무만 남게 된 것입니다. 그러면서 조상은 사마의에게 당신은 이제 나이가 많으니 이런 자질구레한 일들에 번거롭게 마음 쓰지 말라고 말하며 마치 사마의를 위한 척 한 것입니다. 이것이 이른바 '명승암장'으로, 이로써 조상은 사실상 사마의로부터 국정을 관할하는 권력을 빼앗았습니다.

『자치통감』은 조상과 사마의가 합작한 8년을 간단하게 개괄하여, "대장군 조상이 하안何晏, 등양鄧颺, 정밀丁謐 등의 계책을 써서 태후를 영안궁으로 보내고, 조정을 독단하고 자신과 친한 당파 사람을 많이 심고, 여러 차례 제도를 바꾸었다. 태부 사마의는 이를 막지 못하고 조상과 틈이 생기게 되었다. 5월, 사마의는 비로소 병을 칭하고 정사에 참여하지 않았다."라고 썼습니다.

권력을 잃은 후 사마의는 차라리 몸이 좋지 않다는 것을 이유로 더 이상 정사에 참여하지 않았습니다. 싸워 이길 수 없으면 싸우지 않고, 맞설 수 없으면 참는 것은 일생 동안 사마의가 상투적으로 쓴 수법이었습니다.

사마의에게는 평생을 고수한 세 가지 중요한 무기가 있었습니다.

첫 번째 무기는 참고 견뎌내는 것입니다. 조조를 참아내고 조비를 견딘 후 조예를 견뎠고, 조상을 견뎌냈습니다. 치욕을 참아가며 중임을 맡고서 울분을 억누르며 견디고 또 견뎠던 것입니다.

두 번째 무기는 위장하는 것입니다. 기쁠 때 평정을 유지하고 기쁘지 않을 때에도 평정을 유지했습니다. 병을 가장하는 이 초식으로 조조를 속인 후 조예를 속였고, 조상을 속였습니다. 사마의의 일생을 한마디로 하면 '잠복'이라 할 수 있을 정도로 그는 내내 참고 위장했습니다.

세 번째 가장 중요한 무기는 바로 뛰어난 실력이었습니다. 말에 올라서는 칼을 잘 휘두르고, 말에서 내려서는 붓을 잘 휘둘렀습니다. 큰일이든 작은 일이든 모두 잘 해냈습니다. 무력으로는 공명과 싸우고, 맹달을 사로잡고, 요동을 격파했고, 문으로는 미관말직과 황제의 비서 역할을 10여 년씩 하며 무슨 일이든 잘 해내어 국가에 없어서는 안 되는 인재였습니다.

그래서 사마의의 원칙은 바로 "나는 지금의 굴욕을 참고, 또 위험을 피하기 위해 위장하기도 하지만, 어쨌든 너희들은 나를 버릴 수는 없을 것이다. 이렇게 기다리다가 기회만 잡으면 너희들을 굴복시키겠다."는 것이었습니다. 이것이 우리가 통상 말하는 '방수반격防守反擊' 즉 수비하며 반격하는 것입니다. 축구에서 공격을 많이 하면 할수록 허점이 많아지는 것처럼 일단 방어하면서 반격하는 것이 비교적 쉽게 상황을 장악하는 방법인 것입니다.

조상은 당시 사마의가 이런 국면을 그대로 받아들이는 것을 보며 득의양양했습니다. 『진서』에 기재된 바에 따르면 조상은 세 가지 일을 했는데, 첫 번째가 '전천조정專擅朝廷' 즉 대권을 혼자 틀어쥔 것이고, 두 번째가 '다수친당多樹親黨' 즉 친척, 친구, 동창, 동료, 소꿉친구 등을 모두 승진시킨 것이고, 세 번째가 '누개제도屢改制度' 즉 이전의 조조, 조비가 정한 많은 제도를 모두 바꾼 것이었습니다. 이러한 조치는 사마의와 조상 사이에 커다란 갈등과 대립을 불러일으켰고, 결국 두 사람의 관계는 영하의 온도로 떨어졌습니다.

비록 사마의가 조상에게 참고 양보했다고 하지만 조상은 여전히 사마의가 권토중래捲土重來하여 자신을 무너뜨리는 것에 대해 두려움을 가지고 있었습니다. 그래서 사마의가 병이 났다는 이야기를 듣고 특별히 측근인 이승을 파견하여 사마의가 정말로 병들었는지 아니면 거짓으로 병이 든 체하는지를 탐문하라고 한 것입니다. 이승은 사마의를 문안하러 와서 사마의가 죽을 먹으며 온몸에 흘리는 것을 보고는 마음속에 자신이 생겼습니다.

사마의는 병상에서 이승에게 말합니다. "나는 나이가 많아 곧 흙으로 갈 터인데 너는 이번 머나먼 병주幷州로 부임받았구나. 앞으로 만나지 못할 것이다. 그러니, 항상 잘 지내거라."

이승은 바로잡아 그에게 말합니다.

"저는 병주로 가는 것이 아니라 형주荊州로 갑니다."

사마의는 정신이 나간 듯이 가장하여 말합니다.

"병주는 호인胡人과 가까운 곳이므로 그대는 엄히 방비해야 한다." 이승이 보니 이 사람은 몸만 아픈 것이 아니라 정신도 좋지 않았습니다. 반나절을 이야기했으나 형주와 병주조차 분간하지 못한 것입니다. 이승은 기쁜 마음으로 돌아와 조상에게 보고합니다.

"태부는 말에 착오가 있고, 식사를 제대로 하지 못하고, 남쪽을 가리키며 북쪽이라고 합니다." 사마의의 나이가 들어 눈과 귀가 어두우며 몸도 좋지 않고 정신도 이상하니, 천하는 우리 것이라고 말한 것입니다.

이리하여 조상의 마음속에는 자신감이 생겼습니다. '사마의의 건강이 좋지 않으니 더 이상 재기하기는 불가능하다.' 이리하여 사마의에 대한 방비를 느슨하게 했습니다. 사마의는 성공적으로 병을 가장하여 조상을 속인 것입니다.

우리의 인생이 침체된 시기를 맞이했을 때, 낙담하지 않고 남을 원망하지 않으면서 적극적인 행동으로 기회를 찾다보면 곧 판을 뒤집을 기회를 맞이할 수 있다. 사마의는 대권을 손에 쥐고 있다가 어쩔 수 없이 다른 사람에게 넘겨주어야 하는 심각한 타격을 받은 후에도 결코 낙담하거나 의기소침하지 않았다. 대신 적극적인 행동으로 세 가지 책략을 발휘하여 결국에는 곤경에 빠진 자신의 상태를 변화시켰다.

사마의는 조상을 속인 후 세 가지 책략을 사용하여 단기간에 조상을 무너뜨렸습니다.

제 1 책 략
역전의 순간에는 여지를 남기지 않는다

사마의가 병을 가장한 이번 일은 인간관계에서 보통 자신의 약함을 드러낸다는 의미의 '시약示弱'이라고 할 수 있습니다.

업무 성적이 출중하면 주위 사람들의 질시와 미움을 받게 되는데 이런 일은 옛날이나 지금이나 종종 발생하는 일입니다. 잘나가는 사람을 경계하고 질시하는 심리에는 한 가지 전제가 있습니다. 상대가 자신과 같이 중량급 위치에 있다고 느낄 때입니다. 호랑이는 표범이나 사자에게는 질시를 느끼지만 강아지나 토끼에게는 질투를 느끼지 않습니다. 왜냐하면 이미 체급에서 게임이 안 되는 상대이기 때문입니다.

그래서 질시에는 세 가지가 원칙이 있습니다. 하나는 "서로 엇비슷한 것을 질시하지 나와 다른 것은 질시하지 않는다."는 것입니다. 상대가 자신과 비슷하면 질시하지만 상대가 나보다 크거나 작으면 질시하지 않습니다. 두 번째는 "강한 자를 질시하지 약자를 질시하지 않는다."는 것입니다. 상대가 성공하여 이름을 날리며 얼굴의 혈색이 좋아야 질투하지 상대가 의기소침하고 몸도 약하면 질투하지 않습니다. 세 번째는 "쉽게 얻은 것을 질투하고 어렵게 얻은 것은 질투하지 않는다."는 것입니다. 상대의 성공이 쉽게 얻은 것이면 질투하지만 어렵게 얻은 것이라면 질투하지 않습니다. 여유롭게 길을 가다가 500원을 주우면 질투하겠지만, 만약 맨손으로 설악산을 오르다가 500원을 주었다면 질투하지 않는 것입니다. 사람의 마음이란 원래 이렇습니다.

그래서 사마의는 사람들의 질투를 받는 피동적인 상황에서 첨예하게 맞서지 않고 오히려 '시약' 노선을 선택했습니다.

'너는 나를 상대로 골랐겠지만 나는 몸도 좋지 않고 정신도 흐리멍덩하여 너의 상대가 될 수 없다. 비참하게도 이렇게 되었으니, 근본적으로 너와 싸울 수 없다.'라는 메시지를 상대에게 전달한 것입니다.

이러한 시약의 책략은 조상으로 하여금 그를 경계하는 마음을 풀게 했을 뿐만 아니라 심지어는 사마의에 대한 동정과 이해의 마음을 품게 했습니다.

중달의 잠언

서로 엇비슷한 것을 질투하고 다른 것은 질투하지 않는다. 강한 자를 질투하지 약자를 질시하지 않는다. 쉽게 얻은 것을 질투하고 어렵게 얻은 것은 질투하지 않는다.

하지만 시약의 책략을 사용한 것은 사마의의 첫 번째 계획에 불과했습니다. 사마의에게는 더욱 큰 야심이 있었습니다. 사마의를 68세의 노인으로 보지 마십시오. 그는 원대한 뜻을 가지고 젊은이들과 필사적으로 싸우는 사람으로 결코 수중의 권력을 놓아버릴 사람이 아니었습니다. 이때의 그는 권력에 대해 극도의 흥미와 강력한 필요를 느끼고 있었습니다. 사마의는 조용히 기회를 기다리고 있었습니다. 그리고 마침내 기회가 찾아왔습니다.

『삼국지』는 조상이 권력을 독점한 후 주변 사람과 형제자매들을 모두 봉한 내용을 기록하고 있습니다.

"동생 희義를 중령군으로, 훈訓은 무위장군으로, 언彦은 신기상시 시강으로 삼는 등 위아래 형제들을 모두 열후로 봉하여 어린 임금을 시종하게 하고 모두 궁중을 드나들면서 비교도 안 될 정도의 고귀함과 총애를 누렸다."

한 사람이 권세를 잡으니 온 집안사람들이 그 덕을 본 것입니다. 게다가 조상은 나이가 젊어 밖으로 나가 노는 것을 좋아했습니다. 오늘날 말로 하면 주말마다 형제자매들과 함께 차를 몰고 교외로 나가 고기를 구워 먹으며 즐겁게 놀았다는 것입니다. 조상의 측근인 모사 환범桓範은 조상에게 이렇게 건의한 적이 있습니다.

"대권을 관할하고 금군을 장악하고 있으니 형제들이 반드시 돌아가면서 나가야 합니다. 만약 누군가가 성문을 닫고 반란을 꾀하면 들어오고 싶어도 들어올 수 없는데, 그때는 어떡하시겠습니까?"

그러자 조상이 말합니다.

"누가 감히 그럴 수 있겠는가?"

조상의 이 한 마디를 보면 이미 자만에 빠졌음을 알 수 있습니다. 그는 사마의를 포함하여 어느 누구도 안중에 두지 않았습니다. 여러분들은 교만한 군사는 반드시 패한다는 '교병필패驕兵必敗'의 원리를 잘 아실 것입니다. 사업을 할 때에는 위험을 두려워하지 말고, 준비하지 않는 것을 두려워해야 한다는 뜻입니다.

사람이 일을 하면서 모두가 그를 대단하다고 생각한다면 이는 그가 최선을 다해 노력했음을 말해 줍니다. 반면 누구의 인정도 없이 자기가 자기 스스로를 대단하다고 생각하는 것은 혼자만의 착각에 빠져 오버하는 것입니다. 조상은 오버했습니다. 그는 자신이 매우 잘났다고 생각하여 어느 누구도 신경 쓰지 않았습니다. 그래서 영웅과 강자는 적들에 의해 패배하는 것이 아니라 자기 자신에게 패한다고 하는 것입니다.

중달의 잠언

사람이 일을 하면서 모두가 그를 대단하다고 생각한다면 이는 그가 최선을 다해 노력했음을 말해준다. 반면 누구의 인정도 없이 자기가 자기 스스로를 대단하다고 생각하는 것은 혼자만의 착각에 빠져 오버하는 것이다.

가평嘉平 원년 정월 249년, 조상은 형제들과 함께 황제를 모시고 낙양성 밖 조예의 능묘가 있는 고평릉高平陵에 제사를 지내러 떠났습니다. 수많은 인마가 기세 높게 성문을 떠났습니다. 부중에서 이 소식을 들은 사마의는 크게 기뻐했습니다. 드디어 기회가 온 것입니다. 사마의는 즉시 행동에 착수했습니다.

『삼국연의』 제 106회는 조상이 성을 나갔다는 소식을 들은 사마의가 '마음속으로 크게 기뻐하며 옛날 함께 싸웠던 사람들과 두 아들 및 곁에 두고 부리는 수십 명의 장수들을 이끌고 곧바로 조상을 모살하러 떠났다.'라고 기록하고 있습니다.

하지만 『삼국지』와 『진서』를 보면 『삼국연의』의 묘사에 문제가 있음을 알 수 있습니다. 조상에게는 손으로 하늘을 가릴 만큼 권력이 집중되어 있고 형제들이 모두 열후이고 중앙의 금위군 수만 명이 모두 그의 손안에 있는데, 사마의 수하 장수 수십 명이 어떻게 정권을 탈취할 수 있었겠습니까? 단지 수십 명의 사람만으로 정변을 일으키는 일은 그야말로 스스로 죽음을 초래하는 일이었을 것입니다.

『진서』에는 역사의 진실된 정황이 기록되어 있습니다. 사마의가 거사를 일으키던 때 '은밀하게 양성한 3,000명의 결사대가 사람들 사이에 흩어져 있다가 이때에 이르자 하루아침에 모여들었는데, 아무도 그들이 어디서 온지를 알지 못했다. 陰養死士三千, 散在人間, 至是一朝而集, 衆莫知所出也.'고 기록하고 있습니다.

즉 사마의 수중에는 오직 그의 명령에만 복종하는 3,000여 명의 결사대가 있었는데, 평소에는 성안 곳곳에서 마차를 끌거나 짐을 나르고 먹을 것이나 과자 등을 팔면서 은신하고 있다가 사마의가 결단한 순간, 순식간에 결집했다는 이야기입니다. 이들은 사마의의 정예 병사들로 아마 두 개 사단의 특수부대에 맞먹는 군대였을 것입니다. 사마의가 거사를 일으키려 한다는 소식을 듣고 이들 부대는 그날 저녁 갑옷과 투구를 쓰고 사마의 집 밖에 대열을 갖추고 살기등등하게 나타났습니다.

이는 적어도 두 가지 사항을 이야기해 줍니다. 하나는 사마의에게는 충성으로 그를 따르는 믿을 만한 사당死黨이 있었다는 것입니다. 두 번째는 사마의가 일찍부터 거사 준비를 하고 있었고, 이런 준비 또한 극도의 기밀이었다는 점입니다. 『진서』에는 사마의가 이들 사병을 훈련하는 일은 단지 사마의와 그의 큰아들 사마사만 알고 있었고, 둘째 아들인 사마소조차 알지 못했다고 기록되어 있습니다. 그러니 안하무인이었던 조상은 말할 것도 없었습니다.

이 정예부대를 통해 사마의는 다음 몇 가지 일을 수행했습니다. 첫 번째, 무기고를 점령했습니다. 수중에 무기만 있으면 곧 군대를 조직할 수 있었습니다. 두 번째, 성문을 닫아 걸었습니다. 낙하洛下 다리의 건널목을 점령하여 조상 등이 다시 돌아오지 못하도록 한 것입니다. 세 번째, 사마의는 과거 조상에 의해 배제된 중요한 세 명의 베테랑 간부들을 청했습니다. 고유高柔, 왕관王觀, 장제蔣濟가 바로 이들이었습니다. 그는 이들 세 사람을 이끌고 궁에 들어가 조상이 연금했던 곽황후를 만나 곽황후로 하여금 이들 세 사람에게 관직을 내리는 조서를 내리게 했습니다. 고유에게는 '행대장군사行大將軍事'의 관직을 내려 태후의 조서를 가지고 조상의 군영에 가 그의 부대를 장악하게 하고, 왕관에게는 '행중령군사行中領軍事'의 자리에 앉혀 조희의 군영에 가 그의 부대를 장악하게 했습니다. 그리고 장제는 자신의 측근들과 함께 조상을 설득할 준비를 했습니다. 사마의는 거사 하루 만에 치밀하고 신속하게 행동을 취했습니다. 그리하여 중앙의 모든 핵심 부문과 성 밖에 있던 조상의 수만 군대는 모두 사마의에 의해 통제되었습니다. 강력한 집행력으로 펼친 초식은 확실하고 매서웠고, 한 걸음 한 걸음이 짧고 빨랐습니다.

하루 사이에 사마의는 숨이 간들간들한 병상의 노인에서 대권을 장악한 늠름한 위용을 가진 장군으로 변했습니다. 이제 승리의 저울추는 신속하게 사마의 쪽으로 기울었습니다.

역경에 처한 사마의는 냉정하게 기회를 기다린 연후에 뜬구름처럼 금방 사라질 수도 있는 기회를 확실히 붙잡고 과감하고 신속하게 행동하여 피동적 국면을 역전시킬 수 있었다. 승리의 성과를 공고히 하기 위해 사마의는 진일보한 조치를 취하여 자신을 피동에서 주동으로 변화시켰다. 그렇다면 그가 택한 진일보한 조치는 무엇이었고, 그 조치로부터 우리는 어떤 교훈을 얻을 수 있을까?

제 2 책략
안은 조이고 밖으로는 여지를 남겨둔다

사마의가 채택한 두 번째 책략은 "안은 바싹 조이고, 밖으로는 여유롭게 여지를 남겨둔다."는 것입니다. 긴급하게 일을 처리해야 할 때는 손발이 빨라야 합니다. 그러나 입은 급해서는 안 됩니다. 입이 급한 사람은 마음이 안정되지 않습니다. 예를 들어 비행기 탑승 시간에 늦지 않기 위해 버스 대신 택시를 타는 것은 좋습니다. 하지만 이미 운행 중인 차 안에서 "급해요, 급해." 혹은 "급해 죽겠네."라고 말하며 조급해하는 것은 좋지 않습니다. 이는 심리 상태가 불안정하고 머리가 냉정하지 않음을 말해 주는 것입니다.

운명이란 공평한 법입니다. 누군가에게 기회가 주어진다면 분명 다른 누군가에게도 기회가 주어지는 법입니다. 사마의가 기회를 잡고 신속하게 국면을 통제했다고 해도, 운명은 동시에 조상에게도 기회를 주었습니다. 이 기회는 조상의 모사인 대사농大司農 환범이 가져왔습니다.

3,000명의 결사대가 성의 곳곳을 신속하게 점령하고 있을 때 환범은 사농인司農印을 들고 사농부에서 몰래 빠져나와 재빨리 말을 타고 조상의 군영으로 달려갔습니다. 환범이 가지고 간 것은 단지 대사농의 도장만이 아니었습니다. 환범이 조상에게 가져온 것은 바로 목숨을 건질 수 있는 계책이었습니다.

두 사람이 만난 후 조상은 환범에게 성안의 상황을 물었습니다. 환범이 그대로 보고하자 조상은 후회막급하여 땅을 치고 발을 굴렀습니다. 관리학에는 엎지러진 물 때문에 후회하지 말라는 말이 있습니다. 과거의 일은 과거로 놔두어야 합니다. 그래서 평소에 훈련이 잘 된 사람은 후회스런 일이 생기면 적극적으로 미래를 계획하지만, 훈련이 안 된 사람은 고통스럽게 지난 일을 후회하다가 결국에는 갈수록 비참해지게 됩니다. 그래서 환범은 말했습니다. "대장군, 후회하지 마십시오. 저에게 생각이 있습니다."

중달의 잠언

평소에 훈련이 잘 된 사람은 후회스런 일이 생기면 적극적으로 미래를 계획하지만, 훈련이 안 된 사람은 고통스럽게 지난 일을 후회하다가 비참해질 뿐이다.

환범이 조상에게 제시한 반격 책략의 기본 요점은 다음 세 가지였습니다.

첫 번째, '우리는 지금 허창과 가까이에 있다, 허창은 병사와 식량이 충분하고 성은 크고 높아 나아가 공격하기도 좋고 물러나 지키기도 좋다, 이는 조조가 여러 해 동안 경영한 지역이니 빨리 그곳으로 가자'는 것이었습니다.

두 번째, '대장군의 손에는 지금 황제라는 가장 중요한 자원이 있다, 사마의가 내보낸 조서는 모두 가짜로, 태후의 명의로 내보낸 조서는 신경 쓸 필요가 없다, 우리 조위 정권에는 태후는 정치에 간여하지 않는다는 선대의 유훈이 있다, 지금 대장군의 수중에 황제가 있으니 바로 황제의 명의로 조서를 내려 천하 각 지역의 병마로 하여금 왕을 지키기 위해 모이라고 해라, 그들에게는 3,000명의 병사밖에는 없으니 우리는 곧 수적 우세로 그들을 진압할 수 있을 것이다'라는 것이었습니다.

세 번째, 조상이 머뭇거리며 결단을 내리지 못하자 환범은 다시 말합니다. "장군이 성을 나올 때 군량을 가지고 오지 않았어도 문제될 것은 없습니다." 그리고는 사농인을 꺼내들고 말했습니다. "천하의 양식은 모두 대사농인 저 환범의 손안에 있습니다. 우리에게는 양식이 있지만 저들에게는 양식이 없고, 우리에게는 병사들이 있지만 그들에게는 병사들이 없습니다. 우리에게는 성지가 있지만 저들에게는 없습니다. 우리가 신속하게 허창에 가면 판을 뒤집을 기회가 있습니다."

만약 조상이 환범의 계책을 따랐다면 중국의 역사는 지금과 달랐을지도 모르겠습니다. 환범의 계책은 아주 비상한 것이었고 성공 가능성도 높았습니다. 환범의 책략은 사마의에게는 커다란 위협이었습니다.

> **환범(?~249)**
> 자는 원칙(元則), 패국(沛國) 출신. 위의 충신으로 문재에 뛰어났다. 대사농을 역임하며 조상의 모사로 일해, '지낭'으로 불렸다. 사마의가 병변을 일으켰을 때 황제를 데리고 허창으로 가자고 했으나 조상이 받아들이지 않았다. 조상이 사마의에 의해 주살될 때 함께 피살되었다.

비록 성안을 장악했지만 아직 전쟁이 끝난 것은 아니었습니다. 사마의는 출현 가능성이 높은 변수에 대응하기 위하여 장제와 형세를 의논했습니다. 장제는 환범이 생각한 것처럼 조상이 황제를 데리고 허창으로 가는 것을 걱정합니다. 하지만 사마의는 달랐습니다.

"환범이 조상에게 가서 음모를 꾸미겠지만, 조상은 결코 환범의 계책을 받아들일 수 없을 것이다."라고 이야기합니다. 장제가 왜 그런지를 묻자 사마의는 조상이란 사람은 본래 원대한 뜻이 없고 또 인생의 시련을 겪어보지 않아 결정적 시기에 이런 결심을 내리지 못할 것이라고 말합니다. 사마의는 조상을 평가할 때 "아둔한 말은 외양간의 콩을 그리워한다."라는 뜻의 '노마연잔두駑馬戀棧豆'라는 성어를 사용했습니다. 즉 뛰어난 말은 외양간의 콩이 아니라 드넓은 초원을 그리워하는데, 조상과 같은 평범한 사람은 원대한 이상이 없다는 뜻입니다.

사마의는 환범이 조상에게 계책을 낼 것이지만, 그것은 호랑이의 생각을 쥐에게 준 것이며 독수리의 생각을 파리에게 준 것과 같은 것이어서 너무 걱정할 필요가 없다고 말합니다.

결과는 사실로 증명되었습니다. 조상은 정말로 환범의 말을 따르지 않았습니다. 사마의는 확실히 고수였습니다. 환범이 자신의 생각을 말하자 조상은 말했습니다.

"환 선생, 좀 더 생각해 봅시다." 그러고는 이리저리 왔다갔다 합니다. 환범은 일이 잘 안 될 것 같자 다시 고금의 역사를 인용하여 온갖 수단을 다해 간했습니다. 그러자 결국 조상은 "환 선생, 더 이상 말하지 마십시오. 골치가 너무 아프니 나가 보십시오. 혼자 좀 생각해 보겠습니다."라고 말하며 환범을 물러가게 했습니다. 그날 밤 조상은 '마음을 결정하지 못하고 손에 칼을 뽑고는 탄식하며 생각에 잠겼다. 황혼부터 새벽까지 눈물만 흘리며 결국 결정을 내리지 못했다. 意不能決, 乃拔劍在手, 嗟歎尋思, 自黃昏直流漏到曉, 終是狐疑不定.'(『삼국지』)라고 기록되어 있습니다.

집에서 뒤척이며 하룻밤을 보낸 다음날 조상은 허리에 찬 검을 뽑아들어 땅에 내치면서 후회로 발을 동동 구르며 말합니다.

"기껏해야 투항하면 되고, 투항한 후에도 백만장자일 텐데!"

조상이 이런 결정을 환범에게 말하자 환범은 대성통곡합니다. 『위씨춘추』에는 환범의 말이 기록되어 있습니다.

"조자단(조진, 조상의 부친)이 어떤 영웅이었는데, 어찌 이런 어리석기 그지없는 아들들을 낳았단 말인가! 결국 내가 너희들 씨족과 함께 죽게 생겼구나!"

그래서 우리는 '신을 두려워 할 것이 아니라 돼지 같이 멍청한 동료를 두려워해야 한다.'고 말하는 것입니다. 조상에게는 상황을 만회할 뛰어난 전략과 그것을 뒷받침할 자원이 있었는데도 그는 뜻밖에 투항을 결정해 버렸습니다. 예로부터 뛰어난 사람들은 줄 서는 문제를 항상 중시하고 잘 해결했습니다. 불행히도 환범은 줄을 잘못 선 것이었습니다.

조상이 투항하려고 생각할 때 사마의는 또 촉매제를 보냅니다. 먼저 장제를 파견하고 이어 조상의 측근인 윤대목尹大目을 보낸 후 다시 시중 허윤許允을 보내, 낙수를 가리키며 맹세하게 합니다. "조상아 걱정 마라, 지난 일을 다 잊어버리고 앞으로 잘 지내보자."

유치한 조상은 이를 진심으로 믿고 권력을 넘기기로 약속합니다. 이리하여 유리할 수 있었던 형세는 곧 사라져 버렸습니다. 이후 사마의는 즉각 대세를 장악하여 핵심 권력을 손에 넣었습니다.

조상이 투항한 후 사마의는 곧바로 조상 형제들을 연금하고 환범 등을 붙잡았습니다. 그리고는 얼마 안 있어 몇 가지 모반의 증거를 찾아내어 그들 전부를 하나도 남김없이 죽여 버립니다. 사마의는 3대에 걸친 원로대신으로 경험이 풍부한 고수였지만, 조상은 귀족 집안에서 어려움 없이 자라 권력 투쟁의 잔혹성과 복잡성에 대해 충분히 이해하지 못한 것입니다. 조상은 재능과 능력뿐 아니라 인품도 뛰어났지만 고명대신의 재목이 되기에는 부족했고, 더욱이 사마의와 같은 절대 고수의 상대는 될 수 없었습니다.

조상의 실패를 되돌아보면 관리학에서 말하는 한마디가 떠오릅니다. "권력이 재능보다 높으면 반드시 욕됨이 있게 되고, 위엄이 덕성보다 높으면 반드시 화근이 뒤따른다." "머리가 크면 큰 모자를 써야 하고, 큰 솥이 있으면 큰 솥뚜껑으로 덮어야 한다." 인생의 법칙에는 견뎌낼 수 없는 가난함은 없지만, 감당할 수 없는 부귀는 있는 법입니다. 가난한 생활을 견뎌내는 데는 사고 능력이나 수양은 필요하지 않습니다. 단지 주위 사람들의 도움이 필요할 뿐입니다. 부귀한 나날을 보내는 일은 그렇게 간단하지가 않습니다. 반드시 능력과 수양이 있어야 하고 그리고 주위 사람들의 압박이 있어야 합니다. 부귀를 추구할 때 정말 생각해야 할 것이 바로 '내가 이 엄청난 권력을 감당할 수 있을까?'입니다.

중달의 잠언
권력이 재능보다 높으면 반드시 욕됨이 있게 마련이고, 위엄이 덕성보다 높으면 반드시 화근이 뒤따른다.

조상은 이를 이해할 능력도 없고 수양도 되지 않은 상태에서 기어이 짐을 떠맡았다가 화를 자초하게 된 것입니다. 그래서 인생의 부귀의 길에 서 있는 사람은 지나친 탐심을 가져서는 안 됩니다. 인생은 고속도로를 달리는 것과 같습니다. 운전하는 사람이 엑셀을 이해하는 것이 역량이고, 브레이크를 아는 것이 지혜라는 사실을 명심해야 합니다.

사마의는 인생의 고점과 저점을 모두 경험했다. 잘나가던 순간 밑바닥으로 떨어지는 추락을 겪었지만, 의기소침하거나 낙담하지 않았다. 오히려 그는 참고 기다리며 기회가 오자 신속한 행동으로 국면을 반전시키고, 다시 한 번 주도권을 잡았다. 그렇다면 사마의가 인생의 순탄한 시절을 맞이한 후 취한 행보는 무엇이었을까? 그의 방식에서 우리는 또 어떤 경험과 교훈을 흡수할 수 있을까?

제 3 책략
여론을 조성하여 조직의 동의를 얻는다

249년 정월에 발생한 이 사건을 역사는 '고평릉사변'이라고 부릅니다. 이 사변은 조위 정권에 조종을 울리고 사마씨 정권 건립의 길을 닦았습니다. 사실 이 사변의 배후에는 근본적인 원인이 있었습니다. 사마의의 성공은 간단한 성공이 아니었고, 조상의 실패 또한 간단한 실패는 아니었습니다. 중국 역사를 통틀어 모든 사변에는 다음 세 가지 조건이 있었음에 주목하시기 바랍니다.

첫 번째 조건은 '세勢'이고, 두 번째 조건은 '국局'이고 세 번째 조건은 '변變'입니다. '세'가 말하는 것은 민심의 향배이고, '국'이 말하는 것은 역량의 대비이며, '변'이 말하는 것은 시기 조건입니다.

조상은 처음 우두머리가 되자 멋대로 측근을 심고 권력을 남용했습니다. 또 244년에는 촉을 정벌하러 가서 비위費禕와 왕평王平에게 크게 패해 낙양의 어린 아이들까지 동요를 지어 조상 집단을 풍자하기에 이르렀습니다. 민심은 천심이라고 하는데, 조상은 여론에서 우세를 점하지 못하고 '세'를 잃었던 것입니다.

두 번째 '국'을 살펴보면, 조상은 권력을 장악한 후에 일련의 개혁을 시도했는데, 이는 권문호족의 이익을 크게 해치는 것이었습니다. 이들이 사마의와 연합하여 확고한 맹우가 된 반면, 조상 집단 내부에는 분화가 나타난 것입니다. 쌍방의 역량이 이전에 비해 크게 차이가 난 것입니다.

세 번째 '변'을 살펴보면, 조상은 스스로를 과신하여 다른 사람의 올바른 의견을 듣지 않고 위기의식 또한 없었습니다. 사마의의 정변에 대한 야심과 신랄한 수완에 대해 어떤 마음의 준비를 갖추지 않고 어떤 대응 조치도 준비하지 않았던 것입니다.

이 세 가지 요소가 있어 사마의는 아주 짧은 기간에 팔 년여 동안 뿌리를 내린 조상 집단을 깨끗하게 정리할 수 있었던 것입니다. 하지만 모질게 손을 쓰기 전에 사마의는 한 편의 글을 써서 조상의 죄상을 공포하고 여론을 조성했습니다.

여론은 민심입니다. 여론이 있어야 합법성이 부여된다는 사실을 사마의는 누구보다도 더 잘 알고 있었습니다. 그래서 그가 제일 먼저 보여준 것은 관용과 온화한 태도였습니다.

사변 후 사마의는 조상을 고립시켜 감시하는 책략을 채택했습니다. 조상을 대장군부에 연금하고 낙양 주변의 교외에서 800여 명의 군중을 모아 조상의 저택을 둘러싸고 몇 개의 감시대를 세웠습니다. 조상이 후원으로 가면 감시대 위에 있는 사람들이 "옛날 대장군 조상이 후원으로 간다."고 소리쳤고, 조상이 앞뜰로 가면 "옛날 대장군 조상이 앞뜰로 간다."고 소리치도록 하여 조상을 바짝 긴장하게 만들었습니다. 이에 조상은 사마의가 자신을 어떻게 처리할지 알아보기 위해 시험 삼아 사마의에게 "우리 집에 식량이 부족하여 곧 끼니를 잇지 못할 것 같으니 태부 대인께서 나를 가련하게 여겨 식량 좀 보내주시오."라는 편지를 보냅니다. 사마의는 즉각 조상에게 양식과 고기 등을 보내주었습니다. 조상은 사마의가 자신에게 먹을 음식을 보내주자 사마의가 자신의 목숨을 노리지 않는다고 생각하고는 아주 기뻐합니다. 조상은 사마의가 자신을 죽이기 위해 악랄한 수를 준비하고 있다는 사실을 결코 깨닫지 못했습니다. 사마의는 조상을 감시하는 한편, 한쪽에서는 그의 죄명을 꾸며대고 있었습니다. 사마의가 꾸며낸 조상의 죄는 무엇이었을까요?

첫 번째는 선대의 제도를 멋대로 바꾼 죄입니다. 두 번째는 측근 인사를 한 죄입니다. 세 번째는 금위군의 대권을 농단한 죄입니다. 네 번째는 고위 지도자들의 관계를 이간한 죄입니다. 다섯 번째는 핵심 간부 조직의 이익을 해친 죄입니다. 당연히 이들 죄상은 부차적인 것이었습니다. 가장 중요한 한 가지가 있었는데, 그것은 바로 후궁을 음란하게 한 죄였습니다.

이들 죄상을 공포하고 마지막에는 조상 집단의 8대 가문을 모두 섬멸했습니다. 더욱 악랄한 사실은 사마의가 조상 집단의 핵심 성원인 하안何晏에게 증거를 심리하는 일을 맡긴 것입니다. 하안은 자신이 노력 여하에 따라 면죄부를 받을 수 있다고 생각하여 특별히 힘을 기울여 대량의 증거들을 수집했습니다. 하지만 증거가 수집되자 하안 자신도 멸문의 운명에서 벗어나지 못했습니다.

『자치통감』의 기록에 따르면 사마의가 거사를 결행한 날이 정월 6일이고 조상을 제거한 날이 정월 10일이니 6일에 거사하여 5일 만에 조상 집단을 멸족시켰습니다. 이후 18일에 대사면을 단행하고 신구를 구분하여 새롭게 인사를 감행했습니다. 계산해 보면 사마의는 13일 만에 조상이 고심 끝에 경영해 온 8년간의 기반을 깨끗하고 철저하게 정리한 것입니다.

8년의 시간을 인내하며 사마의는 마침내 억압에서 벗어나 활개를 활짝 폈습니다. 조상이 죽었으니 사마의의 마음은 정말 가뿐했을 것입니다.

고평릉사변 후 사마의의 태부부太傅府는 조위 정권의 실질적 통치의 중심이 되었습니다. 국가의 대사가 있으면 어린 황제가 방문하여 사마의에게 가르침을 청할 정도였습니다. 이때 사마의의 권세와 지위는 과거 조조가 한 헌제 앞에서 행했던 것과 흡사했습니다.

하지만 과거 한나라의 충신들이 조조를 못마땅해하던 것과 같이 조위에 충성하는 일련의 신하들도 사마의가 대권을 휘두르는 것을 매우 못마땅해했습니다. 그들은 사마의를 국가의 적으로 보고 필히 그를 제거하고자 했습니다.

사마의는 점차 군주에 충성하는 역할에서 군주를 기만하는 위치로 나아갔습니다. 이는 아주 난처하고 위험하며 압력도 많은 위치였습니다. 사마의가 처음 조위 정권에 투신했을 때에는 반역할 마음이 없었을 것입니다. 하지만 두 차례의 고명대신을 거치며 치욕을 경험한 후, 사마의에게 서서히 반역의 기운이 생겨났을 것입니다.

사마의는 제갈량과 같은 뚜렷한 가치관이 없었고 개인의 득실에 훨씬 신경을 많이 썼습니다. 그는 권력을 놓으려 하지 않았고 한직에 안거하려고도 하지 않았습니다. 더욱이 남의 손에 운명을 좌지우지하도록 내버려 두지도 않고, 자신의 앞길을 위협하는 어떤 사람도 가만두지 않았습니다.

이러한 투쟁의 과정에서 사마의 주변에는 시종 두 사람의 충실한 전우가 있었는데, 바로 그의 큰아들 사마사와 둘째 아들 사마소였습니다. 이 둘은 어려서부터 온갖 비바람을 무릅쓰고 사마의를 따라다녔고, 사마의가 힘든 시기를 보낼 때 그의 가장 충성스런 집행자였습니다. 사마의가 일생동안 가장 자부한 일이 바로 이 뛰어난 두 아들이었습니다. 이 두 아들은 그가 난관을 극복하는 것을 도와주었을 뿐만 아니라 사마씨 정권 수립의 견고한 기초를 닦았습니다. 사람의 일생 중 가장 큰 성공이 바로 자녀 교육의 성공이라고 할 수 있는데, 같은 이치로 사람의 일생 중 가장 큰 실패가 자녀 교육의 실패입니다. 사마의란 사람은 아주 대단한 사람이었습니다. 그는 자녀의 교육을 특히 중시하여 두 아들이 자신과 같이 문무를 겸비할 수 있도록 교육시켰습니다.

그렇다면 사마의는 두 아들을 교육하는 과정에서 어떤 책략과 기교를 사용했을까요? 또한 이를 통해 오늘날의 우리가 보고 배울 만한 점은 무엇일까요?

성공한 사람들을 보면 자신은 성공했지만 자녀 교육에는 실패한 경우가 종종 있다. 이는 대체로 자녀를 지나치게 감싸고도는 가정교육에서 비롯된 경우가 많다. 하지만 사마의의 경우는 그렇지 않았다. 아들 사마사, 사마소는 최종적으로 아버지의 비범한 소질과 능력을 잘 계승했다. 흔히 삼국 최후의 승자가 사마의라고 이야기하는 것은 단지 그가 권력 투쟁에서 승리했기 때문만은 아니다. 그의 두 아들 사마사, 사마소 형제가 사마의가 만든 권력의 기반을 잘 가꾸어 서진 창업의 기초를 닦았기 때문이다.

제9강

전쟁에 나가 싸울 때는
부자가 함께해야 한다

자녀교육에도 정성을 들이다

세상의 많은 영웅호걸 중에는 과연 그의 자녀가 맞는지 의심스러울 정도로 형편없는 자녀를 둔 경우가 많다. 아버지 대의 화려한 성취와 비교하면 발탁하여 쓰기가 힘들 정도로 문재(文才)도 없고 무재(武才)도 없는 자녀들이 많은 것이다. 이는 대부분 가정교육에서 비롯된 문제들이다. 후대를 잘 교육하기 위해서는 도대체 어떤 양육 방법을 사용해야 할까? 이 방면에서 사마의는 성공한 사람이었다. 그는 수십 년의 군대 생활 중에도 줄곧 아들 사마사, 사마소를 가르치고 교육하는 데 정성을 들였다. 이들 두 형제는 사마 가문의 우수한 소질과 능력을 계승하여 결국에는 사마씨 집안이 서진 왕조를 개척하는 길을 닦았다. 그러면 사마의의 자녀 교육에는 어떤 비결이 있었고, 그로부터 우리는 어떠한 교훈을 얻을 수 있을까?

"호랑이를 잡을 때는 친형제와 함께 하고, 전쟁에 나가 싸울 때는 부자가 함께 해야 한다."라는 말이 있습니다. 중요한 순간에 믿을 사람은 가족뿐이라는 뜻입니다. 이 말은 사마의를 설명할 때 딱 들어맞는 말입니다. 소설 『삼국연의』나 역사서 『삼국지』를 보면 사마의는 항상 두 아들을 데리고 다니며 전쟁터를 누볐고, 두 아들 또한 신속한 행동, 주밀한 안배, 현명한 결책을 잘 보여주고 있습니다.

『삼자경三字經』에는 "양불교, 부지과養不敎, 父之過"라는 말이 있습니다. 중국인들은 전통적으로 아버지가 자녀교육의 첫 번째 책임자이고, 아이들 교육이 잘못되면 가장 먼저 아버지에게 그 책임을 물어야 한다고 생각했습니다. 사마의는 자식 교육의 첫 번째 책임자로서의 의무를 완수하여 두 아이들을 아주 잘 교육시켰습니다. 사마의가 자녀를 가르친 방법을 살펴보기로 하겠습니다.

249년 정월, 조상이 형제들을 데리고 제사를 지내러 성을 나갔습니다. 사마의는 판을 뒤집을 수 있는 기회가 왔다고 여기고 조상을 넘어뜨릴 거사를 행하기로 결정했습니다. 행동하기에 앞서 사마의는 두 아들 사마사, 사마소를 집안 밀실로 불러 자세하게 역할을 안배했습니다. 모든 안배가 이루어졌을 때 태양은 이미 서쪽 하늘로 기울고 있었습니다. 사마의는 두 아들에게 방으로 돌아가 쉬라고 말하고는 내일 거사를 집행하기 전까지 정기를 키우고 예기를 모으라고 당부했습니다. 두 아들이 물러난 후 사마의는 쉬지도 않고 두 아들 몰래 한 가지 일을 했습니다. 측근을 불러 자신의 두 아들을 감시하도록 한 것입니다.

누군가는 자기 친아들도 믿지 못하는 사마의가 너무 지나쳤다고 말할 수 있습니다. 그러나 사마의는 자신의 자녀를 믿지 못한 것이 아니었습니다. 그는 중대한 거사를 앞에 두고 두 아들이 어떻게 행동하는지를 보고자 한 것입니다. 저녁 내내 두 아들을 감시하고 돌아온 측근이 사마의에게 보고하길, 큰아들 사마사는 방으로 돌아간 후 침대에 누워 쿨쿨거리며 편안하게 잤다고 하고, 둘째 아들 사마소는 방으로 들어간 후 침대에서 뒤척이면서 한숨

쉬며 잠을 이루지 못했다고 이야기했습니다. 보고를 받은 사마의는 속으로 고개를 끄덕였습니다.

다음날 아침 사마의는 갑옷과 투구를 갖추고 말에 올라 문 밖에 진열해 있던 군대를 점검하면서 조용히 두 아들의 상태를 관찰했습니다. 밤새 잠을 이루지 못한 사마소는 눈빛이 어둡고 피로해 보이는 데 반해, 사마사는 정신이 바짝 든 환한 얼굴로 아침 일찍 나와서 부대의 대열을 정비하고 있었습니다. 이에 사마의는 사마사를 보고는 한마디합니다. "이 녀석, 벌써 다 컸구나. 此子盡可也."(『진서』)

우리는 이 일을 통해 두 가지 정보를 얻을 수 있습니다. 첫째는 사마의가 자식을 교육하는 데 있어 아주 세심하고 특별한 주의를 기울여, 큰일이든 작은 일이든 기회만 있으면 그들을 교육하고 인도하려 했다는 점입니다.

둘째는 사마의가 자녀의 심리적 소양을 배양하는 것을 특히 중시했다는 점입니다. 오늘날 많은 부모들이 아이들을 수학학원이나 피아노학원 등에 보내는 것과는 달랐습니다. 현대교육 이론이 말하는 교육의 목표는 학습자가 몸과 마음이 건강한 사람이 되도록 교육하는 것이고, 그 다음으로 중요한 것이 기능을 습득하는 것입니다. 만약 아이들에게 피아노 연습을 강요하다가 음악을 싫어하게 된다면 성공한 교육이라고 할 수 있을까요?

사마의는 기능교육보다는 아이들의 심리

사마사(208~255)
자는 자원(子元), 하내 온(지금 하남 온현) 사람. 조위의 권신으로 관직은 대장군에 이르렀다. 서진 왕조의 기초를 놓은 사람 중 한 명이다. 사마의와 장춘화의 장자로 태조 사마소의 장형이고, 서진 개국황제 사마염의 큰아버지이다.

사마소(211~265)
자는 자상(子上), 하내 온(지금 하남 온현) 사람. 조위의 권신이며 서진 왕조의 기초를 놓은 인물 중 한 명이다. 사마의와 장춘화의 둘째 아들로 사마사의 동생이었고, 서진의 개국 황제 사마염의 부친이다.

적 소양을 특히 중시했습니다. 심리적 소양을 기르기 위해서 주목해야 할 두 개의 키워드가 있습니다. 그것은 침착함과 냉정함입니다. 사마의는 침착함과 냉정함을 유지하고 당황하지 않는 것이야말로 큰일을 하는 가장 중요한 자질이라고 생각했습니다. 조상은 결정적 순간에 당황하여 전열을 확보하는 데 실패했습니다. 사업에 성공하고자 하는 사람에게 침착하고 냉정한 심리적 소양은 매우 중요한 자질입니다. "풍랑이 쳐도 배에 조용히 앉아 고기를 잡는다."는 말처럼 큰일을 하려면 아무리 어려운 상황에서도 반드시 맑은 기운을 유지해야 하는 것입니다.

왜 침착과 냉정이 성공의 관건인지 심리학으로 해석해 보고자 합니다. 어느 깊은 산골에 한 사람이 살고 있었는데, 어느 날 옆마을에 사는 친구를 만나러 가 술을 마시며 놀다가 어느덧 취해 버렸습니다. 집에 돌아갈 때가 되었을 때 해는 이미 저물고 어두웠습니다. 그는 등불을 켜고 콧노래를 부르며 느릿느릿 집을 향해 출발했습니다. 그런데 집으로 돌아가는 도중에 일이 생겼습니다. 한 마리의 호랑이가 길을 잃고 마을로 들어온 것입니다. 놀란 마을 사람들은 모두 문을 걸어 잠그고는 집안에 틀어박혀 호랑이가 빨리 돌아가기만을 기다렸습니다. 하필이면 이 호랑이는 이 술 취한 사람의 집 앞에서 웅크리고 있었습니다. 놀란 집안사람들은 숨소리 한번 크게 내쉬지 못하고 있었습니다.

등불을 들고 유유자적하며 자신의 집 앞에 다다른 취객은 호랑이를 보고는 말했습니다. "누구네 집 소가 우리 집 앞문을 막고 서 있는 거야?" 그러고는 호랑이에게 달려들며 소리쳤습니다. "꺼져, 꺼지라구!"

호랑이가 취객을 향해 으르렁거리며 이를 드러내자 그는 수중에 있던 막내기를 들어 호랑이의 머리를 퍽하고 내리쳤습니다. 호랑이가 다시 한 번 '어흥'하고 소리치자 취객은 화가 나 호랑이를 발로 걷어차기 시작했습니다. 갑작스런 공격에 놀란 호랑이는 어쩔 수 없이 몸을 돌려 달아났습니다. 취객은 아무 일도 없었다는 듯이 문을 걷어차고 집안에 들어섰는데, 겁에 질린 그의 아내가 그가 때려잡은 것이 소가 아니라 호랑이였다는 사실을 이야기해 주었습니다. 이를 안 남자는 소스라치게 놀라며 땅에 등불을 떨어뜨리고는 혼절해 버렸습니다.

이 일을 통해 우리는 사람에게 호랑이를 때려잡을 역량이 부족한 것이 아니라, 담력이 부족하다는 사실을 알 수 있습니다. 호랑이가 눈앞에 있을 때 두려워하지 않으면 호랑이를 쫓아버릴 수가 있습니다. 우리는 많은 경우 능력을 갖추지 못해서가 아니라 심리적 소양으로 인해 한계를 넘지 못하는 것입니다.

중달의 잠언

사람에게는 호랑이를 때려잡을 역량이 부족한 것이 아니라, 호랑이를 때려잡을 담력이 부족한 것이다.

사마의는 큰일을 하려면 역량보다는 담력과 식견을 갖추고 있어야 한다는 사실을 알았습니다. 조상은 손에 몽둥이가 있고 눈앞에는 군대도 있고 사람들의 지지도 있었습니다. 두려워하지 않고 사마의를 칠 수 있었는데도 배짱이 없어 실패하고 만 것입니다. 사마의는 애초에 자식들을 조상과 같은 사람으로 키우면 안 된다고 생각했습니다. 그래서 그는 거사를 벌이기 전날 밤 측근을 보내 아들들의 행동을 관찰한 것입니다. 이를 통해 그는 큰아들 사마사에게는 문제가 없음을 알게 되었고, 작은 아들 사마소에게는 더 다듬어야 할 여지가 있음을 알게 되었습니다.

심리적 소양은 단순히 책을 읽으면 배양할 수 있을까요? 아닙니다. 심리적 소양은 반드시 큰일을 통해 단련해야 합니다. 사마의는 일생 동안 두 아들을 항상 곁에 두고 산전수전을 겪게 만들었습니다. 이런 경험을 거친 후 비로소 두 아들은 큰 재목으로 성장할 수 있었습니다. 온실에서 키운 묘목은 키워 봐야 섬약한 풀이 되지만, 들판에서 비와 바람을 견디며 자란 묘목은 커다란 재목으로 크는 법입니다. 사마의가 사용한 교육 방법은 바로 실천 훈련법으로 도전적인 임무를 통해 실제적인 훈련을 진행한 것이었습니다. 이 방법은 우리 모두가 귀감으로 삼을 만한 것입니다.

중달의 잠언

온실에서 키운 묘목은 키워봐야 섬약한 풀이 되지만, 들판에서 비와 바람을 견디며 자란 묘목은 커다란 재목으로 크는 법이다.

몇몇 부모들은 아이들이 위험에 빠지거나 억울한 일을 당할까 봐 많은 일을 직접 경험하지 못하도록 한다. 이렇게 되면 아이들이 자신을 연마할 기회를 갖지 못하여 심리적 소양이 충분히 발달하지 못하고 능력이 저하되는 상황을 겪을 수 있다. 사마의는 이런 원리를 잘 알았다. 그의 실천적 가르침을 통해서 사마사, 사마소

형제의 자질은 크게 향상되었다. 큰일에서 성공하려면 적지 않은 고난을 겪어야 하는데, 대부분의 사람들은 이 어려움 앞에서 위축되곤 한다. 이처럼 커다란 어려움에 직면했을 때 우리는 어떻게 해야 할까?

심리적 소양은 어떻게 훈련할까요? 하나의 예를 들어 보죠. 한 유망한 장거리 달리기 선수가 처음으로 마라톤 경기에 참가하기로 했습니다. 그는 시합에 나가기 전 자신이 과연 42.195킬로미터를 제대로 뛸 수 있을지 걱정하며 불안해했습니다. 그러니 연습이 잘 되지 않았습니다. 이 선수의 코치는 일찍이 마라톤에서 금메달을 딴 적이 있는 사람이었습니다. 그는 이 상황을 보고 반드시 금메달을 딸 수 있는 비결을 말해 주었습니다.

코치는 앞으로 훈련할 때는 전체 마라톤 코스를 몇 단계로 나누고, 각각의 단계마다 우체국, 정류장, 상가, 병원과 같이 눈에 보이는 목표점을 설정하라고 이야기했습니다. 그리고 달릴 때에는 결승선은 생각하지 말고 첫 번째 목표에만 집중하라고 이야기했습니다. 우체국에 이르면 다음 정류장까지 달리는 것만 생각하고, 정류장에 도달하면 다시 상가까지 뛰는 것만 생각하고, 또 상가에 이르면 다시 병원까지 달리는 일만 생각하고, 마지막으로 운동장에 들어서면 머릿속에 오직 한 가지 생각, 전심전력으로 달린 후에 금메달을 딸 수 있다는 것만 생각하라고 일러주었습니다.

이런 방법을 '절편법切片法'이라 합니다. 너무 큰 임무는 그 임무 자체가 막중하여 개인의 창조력을 억제하고 가진 능력을 최대한 발휘하지 못하도록 할 수 있습니다. 그래서 심리적 소양과 같이 오랜 시간이 필요한 교육은 마라톤처럼 약간의 단계적 목표를 설정하여 각각의 단계마다 눈앞의 목표에 주의력을 집중하게 하는 것이 좋습니다. 그러면 효율은 자연스럽게 올라갈 것입니다.

사마의는 실천적 훈련을 통해 그의 두 아들을 훌륭하게 키웠습니다. 그렇다면 자녀의 심리적 소양을 훈련시킨 것 말고 사마의 가족에게서 배울 만한 교육방법에는 또 무엇이 있을까요?

제 1 책 략
모범을 보여 좋은 습관을 가르친다

교육방법을 언급하기에 앞서 먼저 사마의의 가문을 언급하고자 합니다. 사마의는 명문세가의 자제였습니다. 조상 대대로 교육을 무척 중시했고, 학습 분위기 또한 매우 좋았습니다. 먼저 사마의 집안의 두 사람을 예로 들어 보겠습니다.

첫 번째는 사마의의 부친 사마방司馬防입니다. 사서에는 사마방의 체격이 장대했고, 위엄 있는 태도를 중시했으며, 사마의 가족들의 키가 매우 컸다고 기록하고 있습니다.

사마의의 부친 사마방은 당시 집에서 한거할 때 교육을 특별히 중시했습니다. 『삼국지』에는 사마방이 자녀교육에 매우 엄격하여 자녀가 보통 그와 함께 지낼 때 매

사마방(149~219)
자는 건공(建公), 하내 온현 사람. 그의 부친 사마준은 동한의 영천 태수였다. 한 환제 건화 3년(149년)에 태어나 한 헌제 건안 24년(219년)에 향년 71세로 죽었다. 여덟 명의 아들이 있었는데 이들이 역사적으로 유명한 '사마팔달(司馬八達)'이었고, 사마의는 이중 둘째였다.

우 엄숙하게 대했다고 기록하고 있습니다. 서 있지 말라고 하면 감히 서 있지 못했고, 앉지 말라고 하면 감히 앉지 못했으며, 묻지 말라고 하면 누구도 감히 묻지 못했습니다.

이런 엄격한 교육은 사마씨 가족의 아이들에게 공동의 성격적 특성을 만들었는데, 그것은 바로 아주 잘 인내하고 강인한 데다 매사에 침착하고 냉정하여 당황하지 않는 것이었습니다.

중국에는 엄부자모嚴父慈母라는 말이 있는데, 아버지는 엄격하고 어머니는 살가워야 한다는 말입니다. 현대 심리학은 아이들이 어린 시절에 좋은 습관을 기르는 것이 매우 중요하고, 특히 초등교육 단계에서 좋은 생활습관과 학습습관을 기르는 것이 무척 중요하다고 여기고 있습니다.

엄격한 교육은 좋은 습관을 형성하는 데 커다란 도움이 됩니다. 하지만 엄격함에는 엄격한 방법이 있어야 합니다. 현대 심리학 연구는 이를 "사랑으로 엄격함의 효과를 증가시킨다."라고 이야기합니다. 즉 아이들에게 엄격한 요구를 할 경우에는 반드시 사랑하는 마음으로 대해야 한다는 것입니다. 가장 좋은 방법은 아이를 훈계한 이후 관심을 기울이는 것입니다.

심리학은 이렇게 분석합니다. 책상을 탁 치고 눈을 부릅뜨고 아이를 훈계하면, 아이들은 종종 자신이 잘못한 것 때문이 아니라 자신이 맘에 들지 않기 때문이라고 여길 수 있습니다. 설령 자신이 잘했더라도 부모는 자신을 꾸짖을 것이라고 여긴다는 것입니다. 왜냐하면 부모가 자신을 좋아하지 않는다고 생각하기 때문입니다.

그런데 만약 아이를 훈계한 후 머리를 쓰다듬고, 맛있는 것을 사주며 그와 함께 게임을 하며 놀면 어린 아이들에게는 인지부조

화가 발생할 수 있습니다. '처음에 나를 나무란 것은 분명 나에 대해 불만이 있어서인데, 그럼 왜 내 머리를 쓰다듬고 나와 게임을 하지? 이는 나를 좋아한다는 이야기인데, 그렇게 좋아하면 왜 방금 나를 나무랬지?'

그래서 아이는 부모가 자신을 꾸짖은 것이 자기를 싫어해서가 아니라고 생각하게 됩니다. '내가 정말 잘못했다고 설명해 주면 나는 곧바로 잘못을 고칠 것인데…….' 이런 바람이 바로 엄격한 가르침의 효과를 증가시키는 것입니다.

간혹 아이를 꾸짖으면서 일관성을 유지하기 위해 한 이틀 아이에게 신경을 쓰지 말아야 한다고 생각하는 사람이 있습니다. 만약 이렇게 생각한다면 그것은 잘못된 것입니다. 즉시 아이에게 관심을 보이고 애정을 가지고 상대해야 비로소 아이가 마음을 움직여 자신의 행위를 고칠 수 있는 것입니다.

전쟁에서도 마찬가지입니다. 적과 싸울 때는 가을바람이 낙엽을 쓸어버리듯이 무정하게 대해야 하지만 포로를 대할 때는 봄날과 같이 온화하게 대해야 합니다. 사람을 변화시키는 데 가장 중요한 것이 바로 사랑에 엄격함을 더하는 것입니다. 사마의 가정의 교육 기초는 바로 여기에 있었습니다. 엄격한 요구와 함께 사랑을 기울이는 것이 자녀의 성장에 아주 좋은 영향을 끼친 것입니다.

사마의 집안의 교육에 영향을 끼친 두 번째 사람은 사마의의 형 사마랑司馬朗입니다. 사

사마랑(171-217)
사마의의 장형. 동한 말의 정치가. 조조가 사공으로 임명된 후 사마랑을 불러 사공의 속관으로 삼았다. 또 성고령, 당양장, 원성령, 승상주부, 예주자사 등의 직을 역임했다. 다 정치적 업적이 있고 백성들의 추앙을 받았다. 후에 사마랑은 하후돈, 장패 등과 오나라 원정을 갈 때 거소에 이르렀다. 군대 내에서 전염병이 유행하자 사마랑은 친히 가서 보고 의약품을 보내주었다. 이로 인해 전염병에 걸려 세상을 떠났는데, 향년 47세였다.

마방에게는 여덟 명의 아들이 있었는데 이름의 끝 글자에 모두 달達자를 붙였습니다. 백달伯達, 중달仲達, 숙달叔達, 계달季達, 현달顯達, 혜달惠達, 아달雅達, 유달幼達. 이 여덟 명은 재능이 모두 뛰어나 역사는 이들을 '사마팔달司馬八達'이라고 불렀습니다. 사마의는 둘째였고, 큰 형이 사마랑이었습니다.

『삼국지』는 동한 말년 천하에 대란이 일어나고 매년 전쟁이 계속되자 수도 낙양과 가까운 사마의의 고향 하남 온현이 가장 심하게 재난을 당한 지역이었다고 기록하고 있습니다. 제후들이 동탁을 토벌하고 여포가 조조와 싸운 곳이 바로 이 일대였습니다. 옛날 중국인들은 "설령 무서운 호랑이를 만날지언정 좋은 군대와는 마주치지 않는다."라고 이야기하곤 했습니다. 매년 전란으로 인해 온현의 인구는 절반 넘게 줄어들었고, 전원은 황폐해지고 도처에 유리걸식하는 피난민이 가득하고 백성들의 생활은 도탄에 빠졌습니다. 이런 어려운 상황에서도 사마랑은 사마가의 교육 전통을 계승하여 종족을 거두어 구휼하고 아이들을 한곳에 모아 자신이 친히 아이들을 공부시켰습니다. 어려울수록 교육을 더 중시하고 또 천재나 인재 때문에 이런 원칙을 바꾸지 않은 것입니다. 이는 우리를 감탄하게 합니다.

"국난은 정도正道를 전해주고 집안의 가난함은 자녀들을 공부하게 한다."라는 말이 있습니다. 설령 천하의 대란이 일어났어도 교편을 놓지 않는다는 것입니다. 교육은 작게는 집안의 운명과 관련되고 크게는 국가의 운명과 관련됩니다. 교육을 중시하지 않는 집안에 아이들의 미래는 없고, 교육을 중시하지 않는 나라에 민족의 미래란 없습니다.

하지만 사마의의 집안에는 이런 영광스런 전통이 있어 어떤 상황에서도 교육을 견지하고 아이들이 공부하도록 격려했습니다.

공부하는 분위기에 관해 전문가들은 여덟 글자로 개괄하는데, 그것은 '법法', '려侶', '재財', '지地', '사師', '덕德', '혜慧', '오悟'입니다. 법은 학습방법이고, 려는 함께 공부하는 친구를 이릅니다. 재는 교육에 대한 투자이고, 지는 학습하는 공간을 가리키고, 사는 적합한 스승이 있어야 한다는 것입니다. 덕은 정확한 학습태도를 말하고, 혜는 일정한 지력 기초와 일정한 지력 투입이 구비되어야 한다는 것을 뜻합니다. 오는 개인 관점을 형성하고 이치를 종합적으로 이해하는 것을 이르는 말입니다. 법, 려, 재, 지, 사, 덕, 혜, 오 이 여덟 글자 중 여섯 개의 글자만 잘 행해도 두각을 나타낼 수 있습니다. 교육이란 가르쳐 이끄는 것이지 질책하는 것이 아니고, 모범을 보이는 것이지 입으로 알려주는 것이 아닙니다. 사마랑 집안에 이런 좋은 교육 이념과 교육 환경이 있었기 때문에 인재들이 배출될 수 있었던 것입니다.

중달의 잠언

교육이란 가르쳐 이끄는 것이지 질책하는 것이 아니고, 모범을 보이는 것이지 입으로 알려주는 것이 아니다.

아이가 어려 세상 물정을 모를 때 아이 교육을 말하는 것은 시기상조라고 말하는 사람들도 있다. 하지만 전문가들의 연구는 아이가 어릴수록 성격형성과 인지능력을 키우는 결정적 시기임을 보여주고 있다. 그리고 이 시기 엄마는 아이와 가장 가까운 사람이기 때문에 엄마가 행하는 교육의 적절성 여부는 아이의 성장에 있어서 지극히 중요하다. 그러면 사마사, 사마소 두 형제의 어머니는 어떤 사람이었을까? 그녀의 교육 방법은 이들의 성장에 또 어떤 도움을 주었을까?

제 2 책 략
어머니의 교육이 좋은 성격을 만든다

여기서 사마의의 첫째 부인 즉, 사마사와 사마소의 모친 장춘화張春華에 대해 이야기하고자 합니다. 이 장춘화 부인에 대해 『진서』는 사마의보다 여덟 살 어리지만, 어려서부터 덕행을 행하고 타고난 자질이 총명하고 담력과 식견이 남달랐다고 기록하고 있습니다.

여러분은 아마도 두 번째 장에서 조조가 사마의를 불러 관직에 임명한 이야기를 기억하고 있을 것입니다. 사마의가 조조의 부름에 나가지 않고 사용한 거절 방법은 병을 가장하는 것이었고, 그 병은 흉내 내기가 아주 어려운 '풍비지증風痹之症' 즉 중풍이었습니다. 그래서 사마의는 중풍에 걸린 환자처럼 매일 침상에 누워 꼼짝하지 않고 지내야 했습니다.

어느 날 사마의가 개인장서를 마당에 내어 말리고 있었는데, 갑자기 먹구름이 몰려와 억수같은 비가 내리기 시작했습니다. 사마가에는 공부하는 전통이 있어 모두들 책을

장춘화(189~247)
서진의 선목황후(宣穆皇后), 하내 평고(지금 하남 온현) 사람. 사마의의 처로 사마사, 사마소의 모친이다. 후에 황후로 추증되었다.

좋아했는데, 사마의는 유독 끔찍하게 책을 아꼈습니다. 비가 오는 것을 보고 자신이 반신불수인 중풍을 앓고 있다는 사실을 잊고 단숨에 침상에서 일어나 마당으로 달려가 민첩하게 책을 거둬들이고 돌아와 다시 침상에 누워 계속 병을 앓는 것처럼 가장했습니다. 이때 사마의의 집에는 사마의, 장부인, 그리고 여종 한 명 모두 세 사람이 있었는데, 사마의가 뛰쳐나와 책을 거둬간 이 일을 그 여종이 보고 말았습니다. 이 일은 그 여종에게 액운을 몰고 왔습니다. 여종은 그 광경을 보고 아무 말도 하지 않고 곧바로 자리를 떠났습니다. 그런데, 장부인이 여종이 이 광경을 목격한 것을 알고 말았습니다. '만일 이 소식이 새어 나가 조조가 알게 되면 집안사람 모두 죽은 목숨이 되겠구나.' 장부인은 고민을 거듭하다 결국 잔인한 수단을 쓰기로 결정했습니다. 그리고 여종을 후원으로 불러 친히 죽였습니다.

이 일을 통해서 우리는 장부인에게 아래의 네 가지 특징이 있음을 알 수 있습니다.

첫 번째, 마음이 독하고 수단이 악랄하다는 점입니다. 그녀의 수완은 결코 사마의에 뒤지지 않았습니다. 결정적인 순간에 과감하게 결정하고 독한 수단을 쓴 것입니다.

두 번째, 대국을 보는 안목과 위험에 대한 인식이 있었다는 점입니다. 그녀는 조조가 어떤 인물인지, 그리고 이 사건의 후과가 얼마나 무서울지를 알 만큼 긴 안목을 가지고 있었습니다.

세 번째 그녀는 남편의 고심을 이해하고 있었다는 점입니다. 남자들이 사업을 하는 것은 쉽지 않습니다. 부인도 당연 이에 관심을 가져야 합니다. 장부인이 주동적으로 남편 사마의를 생각하여 손을 쓴 것입니다.

  네 번째, 장부인은 근본적으로 여종의 목숨을 중시하지 않았다는 점입니다. 당시에 노비 한 사람의 목숨은 초개와 같은 것으로 누구도 이에 개의하지 않았습니다.

  장부인은 여종을 죽인 후 밥을 하고 설거지하고 청소하는 사람이 없자 자신이 소매를 걷어붙이고 여종이 하는 일을 직접 했습니다. 『진서』에는 장춘화가 여종을 죽인 해 그녀의 나이가 20세가 채 되지 않았다고 기록되어 있습니다. 십대의 여성이 이런 일을 할 수 있었다니 얼마나 대단한 의지와 수완입니까? 그래서 사마의는 이 본부인 장춘화를 공경하며 사랑했고, 어느 정도는 두려워했던 것입니다.

  장부인은 21세 때 큰아들 사마사를 낳고, 23세에 둘째 사마소를 낳았습니다. 이 두 아들은 그녀의 정성어린 보살핌 하에서 성장했습니다. 삼국지에는 눈물과 땀으로 자식을 키운 어머니들의 사례가 많이 있습니다. 유비는 어려서 부친이 없이 어머니의 보살핌 하에서 성장했습니다. 강유도 어려서 부친이 없이 어머니 슬하에서 성장했습니다. 등예도 마찬가지로 어머니 밑에서 성장했습니다. 어머니는 이들 영웅들의 교육에서 독특한 역할을 수행했는데 그중 가장 유명한 것이 맹모삼천孟母三遷입니다.

  심리학은 아이가 학습하는 첫 번째 원천을 어머니라고 이야기합니다. 우리는 어머니로부터 많은 것을 배웠습니다. 세계 각국의 언어는 다종다양한데 모든 언어에서 발음이 유사한 것이 바로 '엄마'라는 단어입니다. 이는 전 인류의 어머니에 대한 그리움과 애정을 설명해 주는 근거입니다. 사마사와 사마소 두 형제는 장춘화라는 어머니에게서 어려서부터 은연 중에 영향을 받아 점차 그들의 성격을 형성했습니다. 장춘화의 과감성과 의연함, 대담하게 시도하고 책임을 지는 태도, 모진 마음과 수단은 직접 사마사와 사마소에게 영향을 끼쳤고, 이후의 성장과 성공에 깊은 흔적을 남겼습니다.

하지만 훗날 상황에 변화가 생겼습니다. 사마의가 일이 잘 풀려 성공한 이후 그는 세 명의 부인을 맞아들였습니다. 게다가 이들은 갈수록 어리고 예뻐졌습니다. 하지만 이미 네 명의 아이를 낳은 장부인은 나이가 들면서 얼굴에 주름이 생기자 철저하게 소외되었습니다. 심지어 사마의의 얼굴을 보는 것조차 힘들어졌습니다.

『진서』에 기록된 바에 따르면, 한 번은 사마의가 병이 들었는데, 장부인이 이를 염려하여 먼 길을 달려 사마의를 보러 갔습니다. 두 사람은 당시 분가한 상태로, 사마의는 다른 부인들과 같이 살고 있었습니다. 장부인이 가서 사마의를 보자, 사마의는 그녀가 걸리적거린다고 여겼습니다. 왜냐하면 그녀가 오면 아무도 감히 그의 곁으로 오지 않았기 때문입니다. 사마의는 곧 아주 독한 한마디를 내뱉었습니다.

"늙은 것 얼굴 참 못생겼네. 어찌 이곳에 와 사람을 귀찮게 하는가? 老物面目可憎, 何來煩人!"(『진서』)

오랜 세월 쌓아온 정분을 어디로 던져버린 것일까요? 화가 나기도 하고 한스러운 생각이 든 장부인은 절망한 나머지, 음식을 끊고 죽기로 결심하였습니다. '나를 좋아하지 않는다고? 그럼 내가 죽어주지.'

비록 사마의는 아랑곳하지 않았지만 사마사, 사마소는 어머니를 그대로 내버려둘 수 없었습니다. 두 사람은 어머니와 함께 죽기로 결정했습니다. 이 두 형제가 쌀 한 톨, 물 한 방울 먹지 않자 사마의는 조급해졌습니다. 결국 그는 황급히 장부인에게 사죄하고 서너 차례 용서를 빌었고, 마침내 장춘화는 단식을 그만두었습니다. 이 일이 일어난 후 사마의는 다시는 감히 장부인을 무시하지 못했습니다. 이 사건을 통해 우리는 장부인의 말년이 그다지 행복하지는 않았지만 자녀 교육에 있어서는 크게 성공했음을 알 수 있습니다. 두 아들은 그녀와 사이가 좋았고, 결정적인 순간에 최고의 지원군이 되어 주었습니다. 사마사와 사마소는 과감하고 강인하며 용감했는데, 많은 점에서 어머니 장부인을 꼭 닮았습니다. 어머니가 아이들의 성격 형성에 커다란 역할을 한 것이죠.

　아이의 성격 형성에 관해 현대 교육의 성과를 함께 나누어 보고자 합니다. 어떤 어머니가 자녀의 성격 형성에 긍정적인 영향을 미칠까요? 연구는 어머니의 자애, 근면, 자상함과 같은 요소가 아이의 인격이 건강하게 성장하는 데 결정적인 작용을 한다는 것을 밝혔습니다. 그러면 어머니의 어떤 모습이 아이가 적극적인 생활 태도와 학습 태도를 갖게 하는 데 도움을 줄까요? 첫째는 아이에게 관심을 갖고 지지하는 것, 둘째는 아이와 소통할 줄 아는 것, 셋째는 낙관적이고 명랑한 성격이라고 합니다. 아이들이 공부를 하다가 어려움에 부딪치거나 시험을 겪을 때 책상을 내리치며 "너는 왜 그 모양이냐?"라고 탓하지 않고 낙관적이고 쾌활한 마음으로 "걱정하지 마라, 우리 함께 해결해 보자."라고 말하는 것이 좋다는 말입니다.

어떤 부모들은 아이를 지나치게 사랑한 탓에 어렵고 힘든 일이 생기면 아이 대신 문제를 해결해 주려고 한다. 하지만 과연 이것이 자녀를 바르게 키우는 것일까? 이렇게 키운 아이는 오히려 능력이 떨어지고 뜻밖의 일을 만나면 제대로 감당하지 못하게 된다. 사마의는 이런 원리를 깊이 체득하고 있었다. 그렇다면 아이들의 체험교육을 위해서 사마의는 어떻게 했을까? 우리는 그 속에서 또 어떤 깨우침을 얻을 수 있을까?

제 3 책략
경험을 통해 스스로 익힐 수 있게 한다

유독 교육 분야에서는 뛰어난 사람이 뛰어난 제자를 키워내지 못하는 독특한 현상이 종종 발생합니다. "뛰어난 사람이 못난 제자를 배출하고, 부지런한 어머니는 게으른 딸을 만들어 낸다."는 이야기가 있습니다. 오늘날 많은 여성들이 요리를 할 줄 모르거나 할 줄 알더라도 어머니의 수준에 이르지 못합니다. 어머니의 솜씨가 좋으면 좋을수록 자녀의 음식 솜씨는 더욱 형편없어집니다. 왜 이런 현상이 생기는 것일까요?

딸이 요리를 배우고자 해도, 딸에게 시키면 시간도 걸리고 맛도 장담할 수 없으니 솜씨가 좋은 어머니가 속 편하게 직접 만들고 마는 것입니다. 하지만 어머니들이 생각해야 할 것은 '딸은 언제 어디서 요리하는 법을 배울 수 있을까?' 하는 문제입니다. 이후 "너는 어떻게 밥도 할 줄 모르냐?" 질책해도 딸은 분명 "엄마가 부엌을 차지하고 나에게 내주지 않았기 때문이죠."라고 말할 것입니다.

그렇다면 뛰어난 사람이 부하를 잘 훈련시키기 위해 염두에 두어야 할 것은 무엇일까요? 앞서 말한 사례에서 그 답을 찾을 수 있습니다. 상사가 잘하는 일을 부하에게 직접 하도록 하는 것입니다. 그에게 상사의 무대를 넘겨주는 것입니다. 그가 일을 잘하지 못할 것이 분명해도 그가 직접 하도록 내버려 두고, 잘못을 저지르기 전에는 조급해하지 말고 잘못한 후에도 화를 내서는 안 됩니다. 그가 상사보다 훨씬 못해도 그를 격려할 수 있는 넉넉한 아량을 갖추어야 합니다.

현대 관리학에서는 이를 "B급의 인물이 A급의 일을 하도록 격려한다."라고 말합니다. 즉 잘못을 할 수 있는 무대를 만들어 주면서 키우는 것입니다. 우리는 권한을 부여하여 잘못을 할 수 있도록 허락할 수 있는 용기를 가져야 합니다. 실수는 인생에서 가장 중요한 학습 방법이기 때문입니다. 그가 단숨에 일을 완벽하게 할 것이라고 기대해서는 안 됩니다.

뛰어난 사람이 뛰어난 제자를 배출하지 못하는 이유는 그의 무대를 제자에게 허락하지 않았기 때문입니다. 정말로 사람을 키우고자 하는 사람이면 과감하게 권한을 주어야 합니다. 사마의는 이 점에서 아주 훌륭한 아버지였습니다. 사마의의 독립 교육에 관해 『삼국연의』의 사례를 살펴보겠습니다.

사마의가 대군을 거느리고 가정 부근에 당도하여 군영을 세운 이후 사람을 보내 정탐을 하게 합니다. 이 임무에는 일정한 위험이 따랐는데, 사마의가 보낸 사람은 다름 아닌 아들 사마소였습니다. 원문을 그래도 옮겨 보겠습니다.

> 사마소는 명을 받고 정탐을 한 후 돌아와 아버지에게 말했다.
> "가정은 병사들이 지키고 있었습니다."
> 사마의가 감탄하며 말하길, "제갈량은 참으로 귀신같은 사람이구나! 나는 그에 미치지 못하는구나!"
> 사마소가 웃으며 말했다. "아버님께서는 어찌하여 스스로 기세를 떨어트리십니까? 제가 보기에 가정을 얻는 것은 쉬운 일 같습니다."
> 사마의가 물었다. "네가 뭘 믿고 그렇게 큰소리를 치느냐?"
> 사마소가 말했다. "제가 그곳에 이르러 직접 살펴보고 알아낸 것입니다. 길가에는 아무런 방책이나 목책이 보이지 않고 적병은 모두 산 위로 올라가 진을 치고 있었습니다. 저는 그걸 보고 적을 깨뜨릴 수 있음을 알았습니다."
> 사마의는 기뻐하며 말했다. "만약 적병이 진짜 산 위에 있다면 이는 하늘이 나로 하여금 공을 이루도록 하는 것이리라!"
> 그리고는 얼른 옷을 바꿔 입고 100여 기만을 데리고 직접 보러 갔다.

이 일을 통해서 우리는 사마의가 가장 위험한 최전방의 정찰 임무를 자신의 친아들에게 부여하고, 그가 모험을 무릅쓰는 것을 두려워하지 않았음을 알 수 있습니다. 뿐만 아니라 이 일을 수행하는 과정에서 직접 아들과 소통하고 교류하며, 임무에 대해 토론했습니다. 이는 사마의의 독특한 교육 방법으로 우리는 이를 체험교육이라 부르는데, 바로 작은 일부터 시작해서 아이들이 직접 경험하도록 하는 것입니다.

우리는 흔히 학습을 강화해야 한다고 이야기하곤 합니다. 학습에서 학學이 의미하는 것은 이론을 습득하는 것이고, 습習이 의미하는 것은 실천적 체험을 가리키는 것입니다. 오늘날 많은 대학생들의 가장 큰 문제는 배우는 것 즉 학은 많은데, 습이 너무 적다는 데 있습니다.

이런 경험을 일컬어 "작은 일을 함으로써 큰 능력을 키운다."라고 합니다. 작은 일에서 개선과 진보가 이루어지고, 이것이 조금씩 습관이 되면 마침내 커다란 능력이 키워지는 것입니다. 노자의 『도덕경』에는 이런 말이 있습니다. "천하의 어려운 일도 반드시 쉬운 일에서 시작하고, 천하의 대사도 반드시 작은 일에서 시작한다. 天下難事必作于易, 天下大事必作于細." 위대한 사업도 아주 작은 일에서부터 시작되는 것이고 가장 어려운 일도 매일 하면 조금씩 쉬워지는 법입니다.

작은 일을 행함으로써 큰 능력을 기를 수 있는 근거에는 다음 두 가지가 있습니다.

첫 번째, '확산 효과'입니다. 아이의 성장 특징 중 하나는 하나의 일에 발전이 있으면 다른 방면에서도 발전이 이루어진다는 것입니다. 예를 들어 자녀가 자신이 해야 할 일을 스스로 하는 법을 배우게 되어 직접 책상을 정리하고 방을 청소하거나, 혹은 집안일을 돕게 되면 아이에게는 눈에 띄는 변화가 나타나게 됩니다. 단지

한 가지 일에 발전이 있어도 다른 방면에서 함께 성장하는 현상을 '확산효과'라고 합니다. 그래서 아이들 교육은 눈앞의 작은 일부터 시작하는 것입니다. 사소한 일상생활에서부터 조그만 발전이 있으면 분명 다른 방면에서도 그와 유사한 변화가 있게 될 것입니다.

두 번째는 '내부감응효과'입니다. 전문가들의 연구에 따르면, 능력이 뛰어난 사람일수록 사유방식은 두뇌 로직이 아니라 직관적인 판단에 따른다고 합니다.

수영을 예로 들어 봅시다. 수영 이론을 배운 후 강물에 들어갔다고 합시다. 강물에서 일단 소용돌이를 만나거나, 수초에 발이 걸리거나, 발에 경련이 일어나면 어떻게 해야 할까요? 이때 생명을 구할 수 있는 시간은 단지 1~2초밖에 없습니다. 이런 상황에 빠지면 근본적으로 이론적 판단을 하고 체계적인 분석을 하는 것은 불가능합니다. 그럴 시간이 없기 때문에 전적으로 직관적인 반응에 의지해야 합니다. 이렇게 지식이 본능적인 반응으로 전화되지 않으면 능력이 아니라 지식으로만 남게 됩니다. 책을 좋아하여 머리에는 많은 지식이 있지만, 능력이라고는 하나도 없는 사람은 전화가 이루어지지 않기 때문입니다.

지식이 전화되어 능력이 되는 데 있어 가장 중요한 일환은 실천을 통한 훈련이고, 본능적 반응을 훈련하는 것입니다. 그리고 이런 반응은 반드시 작은 일에서부터 시작해야 합니다. 수준이 떨어지는 사람이 뜻밖의 일을 만나게 되면 책에서 배운 세 가지 원칙이니 네 가지 법칙 등을 생각합니다. 반면 수준이 높은 사람이 일을 할 때 생각하는 것은 이 일은 몇 년 몇 월에 이미 경험한 것으로, 역사상 누군가는 경험한 것이고, 그들은 어떻게 했는지에 대한 성찰입니다. 이것이 바로 경험과 결합하여 지식을 살아 움직이게 하는 것입니다.

그래서 자녀교육에서 가장 중요한 것은 작은 일을 잘해내는 것으로 눈앞에 있는 모든 사소한 일을 그냥 지나치지 않는 것입니다. 책상을 닦고, 방을 청소하며, 음식을 소중히 여기고, 다른 사람을 도와주고, 자신이 할 일은 자신이 하는 것, 이런 것들 모두가 대단한 가치를 가진 일들입니다.

"작은 일이라고 해서 작게 보지 말고, 작은 일이라고 해서 마음대로 하지 말라!"

사마의는 본디 큰 뜻을 품고 있어서 자신의 아들이 믿을 수 있는 후계자가 되기를 희망했습니다. 때문에 아주 일찍부터 독서를 중시하는 교육을 시작했습니다. 이전에 관직을 잃고 실의에 빠져 집에 머무를 때에도 아이들과 함께 낮에는 검술 연습을 하고 밤에는 책을 읽으면서 천하의 대사를 토론하는 등 두 아들의 기량 향상을 감독하였습니다. 훗날 사마의가 대권을 장악했을 때에도 아이들에게 부잣집 귀한 도련님들같이 나태하고 안일한 생활을 하도록 하지 않고, 자신과 함께 풍찬노숙을 하며 전쟁터에 나아가 용감하게 싸우도록 하는 등 인생의 고된 시련과 전쟁의 세례를 받게 했습니다.

사실 사마의는 최고 권력을 가진 태부의 신분이었기 때문에 아이들에게 부귀영화를 누리게 할 수 있는 완전한 조건을 갖추고 있었습니다. 사마사, 사마소가 거리에 나가 "우리 아버지가 사마의다."라고 한마디만 하면 뭐든지 얻을 수 있었을 것입니다. 하지만 사마의는 그렇게 하도록 내버려두지 않았습니다.

부모는 일생을 자식과 함께 할 수 없습니다. 그러면 자식의 장래를 위해 부모는 어떻게 해야 할까요? 자식에게 눈앞의 현실을 주는 것이 아니라 미래를 줘야 합니다. 요즘 많은 부모들이 아이들에게 당장의 안락함만을 제공하고 있습니다. 이렇게 살피고 저렇게 챙기면서 아이가 필요한 것은 다 해 줍니다. 하지만 아이들이 독립적으로 성장할 수 있는 교육에는 신경을 쓰지 않아, 결국 아이들이 커서도 스스로 독립하지 못하는 경우가 많습니다. 이는 아이들에게도 해가 됩니다.

자녀교육은 사마의처럼 해야 합니다. 자녀가 가장 사랑스러운 시기에 자녀에 대한 사랑을 절제해서, 아이들로 하여금 스스로를 단련하게 하고 비바람의 세례를 받도록 하여 생활 속에서 풍부한 경험을 쌓도록 해야 합니다. 과도한 사랑은 오히려 아이를 해치는 것입니다. 아이를 올바로 사랑하려면 유보와 절제가 있어야 합니다. 자식에 대한 사랑을 절제하는 법을 알지 못하면 결국에는 아이를 해치게 될 것입니다. 꽃을 기르는 데 차가운 물을 주어야지 뜨거운 물을 주면 안 됩니다. 현재 많은 부모들이 아이들에게 끓는 물을 주고 있습니다.

중달의 잠언
자녀를 올바로 사랑하려면 유보와 절제가 있어야 한다. 꽃을 기를 때에는 차가운 물을 주어야지 뜨거운 물을 주면 안 된다.

돌이켜 보면 조상은 사마사, 사마소 형제와 완전히 다른 배경에서 성장했습니다. 과거 조진이 사마의와 같이 자신의 아들을 키웠다면 사마의는 고평릉사변에서 그리 쉽게 목적을 이룰 수 없었을 것이고 100명이 넘는 조씨 집안의 남녀노소가 멸문지화를 당하지 않았을 것입니다.

만약 구천에서 조진이 조상에게 "너는 어째 그리 못났냐?" 하고 묻는다면 조상은 바로 조진에게 이렇게 반박할 것입니다. "아버지가 나를 어떻게 키웠는지를 생각해 보세요." 그래서 우리는 인생 최대의 성공은 자녀교육의 성공이고 인생 최대의 실패는 자녀교육의 실패라고 말하는 것입니다.

중달의 잠언
인생 최대의 성공은 자녀교육의 성공이고 인생 최대의 실패는 자녀교육의 실패이다.

사마의에게는 많은 결점이 있고, 많은 부분에서 부정해야 할 점도 있습니다. 반면 우리가 꼭 배울 만한 것이 하나 있는데, 그것은 바로 자녀교육에 공을 들였다는 점입니다. 오늘날의 많은 부모들은 자녀가 올바르게 성장하길 희망하면서도 넘어질까 노심초사합니다. 또 자녀가 재목이 되기를 희망하면서도 결코 대담하게 손을 놓지 못합니다. 하루 내내 떠받들고, 편애하고, 지켜주는 것은 아기 호랑이를 온실 속에서 포동포동 살찐 돼지로 키우는 것과 같습니다. 사마의는 한 마리의 늑대처럼 새끼들을 데리고 황야에 나가 사냥을 했습니다. 한편에서는 사냥을 하고 한편에서는 사냥의 기술을 전수하면서 마침내 사마사, 사마소 형제를 문무를 겸비한 강력한 지도자로 키워냈습니다. 사마의가 생명의 종점을 향해 갈 때 사마사, 사마소 두 형제는 용감하게 나서서 사마의 어깨에 놓인 중임을 이어받았습니다. 그렇다면 사마사와 사마소는 사마씨 집안의 두 번째 지도자가 되어 역사의 무대로 나아가 어떻게 도전을 받아들이고 위기에 대응했을까요?

사마의는 쿠데타로 정권을 장악했다. 그래서 무엇보다 정국을 안정시키는 것이 중요했다. 이 문제를 잘 처리하지 못하면 조직 내 균열이 발생하고 조직은 또 다른 혼란에 빠질 수도 있었다. 사마의는 쿠데타 이후 정국 불안을 야기한 내란을 잠재우고 편안하게 집에서 수명을 다했다. 하지만 사마의와 같은 업적과 카리스마가 없던 사마사와 사마소 형제가 물려받은 권력집단은 이념이나 이상이 아닌 이익으로 뭉쳐진 집단으로 처음부터 분열의 씨앗을 가지고 있었다. 그럼에도 그들은 부친으로부터 물려받은 경험에 의거하여 겹겹이 쌓인 어려움을 극복하고 서진 왕조의 견고한 기초를 수립했다. 그렇다면 사마씨 형제가 국면을 안정시킨 책략은 무엇이었을까?

제10강

이익으로 범인을 꾀고
가치로 인재를 설득하라

새로운 정국을 안정시키다

조직이 발전하려면 무엇보다 안정이 중요하다. 새로 지도자가 부임했을 경우에는 더욱 안정이 필요하다. 그런데 새로운 지도자가 나이가 어리고 경력이 일천하면 보통 조직의 핵심 인사들은 이런저런 이유를 들어 사사건건 트집을 잡고 신임 지도자의 리더십을 곤란하게 하는데, 이런 갈등을 잘 해결하지 못하면 자칫 조직 내에 내분이 생길 수 있다. 사마의가 세상을 뜨기 전에 가장 마음을 놓지 못한 것이 바로 자신의 두 아들이 자신을 대신하여 정국을 장악하고 안정시킬 수 있는지의 여부였다. 하지만 사마씨 형제는 몇 차례의 치열한 대결과 싸움을 거쳐 그들 앞에 놓인 여러 어려움을 극복하고 서진 왕조 건립의 안정적 기초를 세웠다. 그러면 사마씨 형제는 어떻게 조직을 안정시키고 정국의 주도권을 쥘 수 있었을까? 여기서 우리는 또 어떤 관리 지혜를 배울 수 있을까?

"사람이 있으면 인정이 있고, 사람이 떠나면 차가 식는다."라는 말이 있습니다. 사마의는 이런 원리를 아주 잘 이해하고 있었습니다. 사마의가 살아 있을 때는 막강한 권력을 장악하고 있어 주위 사람들은 그의 얼굴을 보고 사마사, 사마소를 인정하고 칭찬했습니다. 하지만 18~19년의 세월은 그의 권세에 눌려 영합한 것임을 사마의는 충분히 알고 있었습니다. 그래서 일흔이 넘은 나이의 사마의가 가장 염려한 것은 만일 자신이 세상을 떠나면 두 아들이 계속해서 이 정도의 지지와 인정을 받을 수 있는지, 그리고 그들이 안정적으로 권력을 장악할 수 있는지의 여부였습니다. 만일 누군가가 문제를 일으키면 이 두 아들이 형세를 통제할 수 있을까? 이것이 바로 사마의가 얽매여 걱정하는 일 중 하나였습니다.

『삼국지』와 『진서』에 따르면, 251년 즉 조위 가평 3년 봄, 수도 낙양에서 조위 정권의 동부 중심인 양주揚州로 통하는 운하에는 병사들로 가득한 함대가 기세등등하게 출발하고 있었습니다. 함대의 병사들은 갑옷과 투구를 걸치고 위풍당당하게 진열해 있었고, 중군의 큰 배 위에는 '사마司馬'라고 쓰인 커다란 깃발이 휘날리고 있었습니다. 당시 이 정예부대의 지휘관은 사마의로, 이해 그의 나이는 73세였습니다.

사마의의 이번 행차는 꽃피는 삼월 양주로 가 경치를 구경하기 위함이 아니라 사람을 잡으러 가는 길이었습니다. 잡아야 할 사람의 이름은 바로 왕릉王凌이었습니다. 『삼국지』에는 특별히 왕릉의 전기가 실려 있는데, 왕릉 이 사람의 출신은 간단하지 않았습니다. 그는 사도 왕윤王允의 조카로, 바로 초선을 통해 '미인계'와 '연환계'를 사용하여 동탁을 멸한 사도 왕윤이었습니다. 동탁이 죽은 이후 왕윤과 여포는 공동으로 조정을 장악하였으나, 동탁의 수하인 이각과 곽사가 반란을 일으켜 결국 왕윤은 전란의 와중에 죽게 됩니다. 하지만 왕릉은 다행히 도망쳐 훗날 조조에게로 투신하였습니다.

왕릉은 조조의 인정을 받아 등용된 이후 조위 정권에서의 직위가 나날이 높아졌고, 사마의가 양주를 향해 출발하던 251년에는 이미 태위에 올랐습니다. 4대에 걸친 원로 대신이 양주를 지키니 위신이나 실력, 모두 갖추었다고 할 수 있었습니다.

처음 왕릉과 사마와의 관계는 나쁘지 않았습니다. 특히 사마의의 친형 사마랑과는 아주 친한 친구였습니다. 그런데 왜 사마의는 왕릉을 잡으러 갔던 것일까요?

251년 사마의는 중대한 정보를 얻게 됩니다. 왕릉 주변에 있던 사람이 사마의에게 와 밀고하길, 왕릉이 그의 외사촌 연주자사兗州刺史 영호우令狐愚와 연합하여 반란을 일으킬 것이라는 것이었습니다. 『한진춘추』에는 "왕릉과 영호우가 모의하길, 황제가 어려 강력한 신하에 제압되어 주인노릇을 하지 못한다. 초왕 표가 나이가 많고 재능도 있으니 그를 맞아들여 조씨를 흥성시키려 했다. 凌, 遇謀, 以帝幼制於强臣, 不堪爲主, 楚王彪長而才, 欲迎立之, 以興曹氏."라고 기록되어 있습니다. 두 사람은 황제 조방이 너무 어려 조위의 대권을 사마의에 의해 뺏겼기 때문에 조금 나이도 들고 능력도 있는 초왕 조표를 옹립하여 사마의 수중에 있는 권력을 되찾으려고 시도한 것입니다.

이 소식을 듣고 사마의는 급해져 즉시 왕릉을 잡아들이기로 결정했습니다. 사마의는 한 번 일을 시작하기로 하면 과단성 있게 했습니다. 그의 일관된 수법은 움직이지 않을 때는 정지하고, 한번 움직이면 바람처럼 빠른 것이었습니다. 왕릉을 잡아들이기로 결정한 다음 사마의는 즉각 부대를 조직하고 왕릉의 반응을 기다리지 않고 곧바로 양주에

왕릉(171~251)
자는 언운(彦雲)이고 태원군 기현 사람이다. 한 사도 왕윤의 조카. 가평3년(251년) 사마씨가 권력을 전횡하는 것에 불만을 품고, 오나라를 토벌한다는 명분으로 군대를 모집하고 양홍을 보내 연주자사 황화와 함께 거사를 계획했다. 양홍과 황화가 밀고하여 사마의가 군대를 이끌고 와 토벌했다. 일이 실패로 끝나자 구두에서 항복하고, 약을 먹고 자살했다.

이르렀습니다. 사마의가 신속하게 양주에 도착하자 왕릉은 어쩔 수 없이 작은 배에 올라 사마의를 찾아갔습니다. "왕릉은 스스로 대세가 다했음을 알고 배를 타고 홀로 사마의를 맞이했다. 대군이 구두에 이르자 왕릉은 스스로 결박하고 물가에서 기다렸다. 사마의는 조서를 받들고 주부를 보내 왕릉의 결박을 풀어준 다음 그를 위로하도록 했다. 凌自知勢窮, 乃乘船單出迎宣王, 軍到丘頭, 凌面縛水次. 宣王承詔遣主簿解縛反服, 見凌, 慰勞之."(『삼국지』)

왕릉은 이 일로 더 이상 아무 일도 없을 것으로 생각했습니다. 하지만 이는 먼저 그를 안심시키려는 사마의의 초식이었습니다.

왕릉은 사마의와 단독으로 이야기를 나누고 싶었습니다. 그는 또 다시 작은 배에 올라 사마의를 찾아갑니다. 사마의 중군의 대장선과는 10여 장 거리에 이르렀을 때 사마의는 사람을 보내 왕릉이 배에 오를 수 없도록 저지하였습니다. 왕릉은 마음속으로 불안한 예감이 들었습니다. 사마의가 자신에게 모진 수단을 쓸 것이라고 예상하고는 70여 세의 왕릉은 배를 사이에 두고 사마의에게 소리쳤습니다.

"나 왕릉이 죄가 있다면, 경이 직접 나를 오라고 서신을 보내면 내 어찌 오지 않겠습니까? 그런데 왜 군대를 이끌고 왔습니까? 凌若有罪, 公当折簡召凌,何苦自来邪?"

사마의는 냉소적으로 말했습니다. "그대는 서신으로 부를 수 있는 손님이 아니기 때문이네. 以君非折簡之客,故耳."(『진서』)

왕릉은 형세가 심상치 않음을 알고 말했습니다. "경이 저를 저버리는군요!" 사마의가 말했습니다. "내가 설령 경을 저버려도 나라를 저버릴 수는 없습니다." 이리하여 왕릉을 잡아 수도로 압송하여 처분할 준비를 했습니다.

하지만 왕릉은 여전히 사마의의 마지막 태도를 파악할 수 없었습니다. 이리하여 생각해 낸 것이 관에 쓰는 못을 달라고 하여 사마의의 속마음을 떠보는 것이었습니다. 주위 사람들은 왕릉이 못으로 뭘 하려고 하는지 알지 못했습니다. 사마의 또한 물었습니다.

"못으로 뭘 하려고 하십니까?"

왕릉이 말합니다. "내 나이가 들어 죽을 때 관에 박을 못이 없을까 걱정이네. 나에게 못을 좀 주어 내가 잘 준비할 수 있게 해 주게." 이 말은 사마의가 만약 못을 주지 않으면 그것은 왕릉을 죽일 마음이 없다는 것을 의미하고, 만약 못을 준다면 그것은 왕릉을 죽일 마음이 있음을 의미했습니다. 왕릉은 사마의에게 관에 쓰는 못을 달라고 하여 이로부터 자신의 운명을 예측하고자 했습니다.

현대인들은 아마도 이렇게 우회적으로 말하지 않고 직접 물어 보는 것이 훨씬 좋다고 여길 것입니다. 차라리 사마의에게 "너 내 목숨을 원하냐? 나를 죽일래 말래?"라고 묻는 것이 더 나은 표현이라고 생각할지 모르겠습니다.

하지만 옛날 사람들은 그렇게 하지 않았습니다. 옛날 사람들은 일종의 습관 혹은 전통이 있었는데, 중대한 이해와 관련된 문제 혹은 중대한 감정 문제에서는 반드시 함축적인 표현 방법을 쓰는 것이었습니다. 이는 중국 문화가 갖는 독특한 현상의 하나로, '이원식 표현'이라고 부릅니다. 제가 아주 좋아하는 고시古詩에 "영영일수간, 맥맥부득어. 盈盈一水間, 脈脈不得語."(고시 19수)라는 표현이 있습니다. 이 말을 오늘날의 표현으로 번역해 보겠습니다.

"사랑하는 두 사람 얕은 도랑을 사이에 두고, 아무 말 없이 서로를 바라보고 있네."

이런 상황은 서양 사람들에게는 답답한 이야기입니다. 그냥 뛰어가 안으면서 "사랑해$^{I\ love\ you}$."라고 말하면 되는 것 아닙니까? 동양 사람들은 그렇지 않습니다. 동양인들은 있는 그대로 말하는 것은 재미가 없고 우아하지 않다고 여깁니다. 동양의 문화는 암시 문화이고 동양의 감정은 함축적인 감정입니다. 두 서양 남녀가 사랑을 속삭일 때, "나는 너를 좋아하는데 너도 나를 좋아하지?"라고 물으면 답은 '예스' 아니면 '노' 입니다. 동양 사람들은 보통 그렇게 대답하지 않습니다. 동양인에게는 세 개의 답안이 있습니다. 남자가 여자에게 "나 너 좋아하는데, 너도 나 좋아하니?"라고 물으면 여성은 말합니다. "맞혀 봐!" 이것이 바로 동양인들의 대표적인 표현 방식인 함축입니다. 동양의 말속에는 또 다른 말이 숨어 있어 항상 배후에 있는 뜻을 알아야 합니다. 이것이 동양문화의 특징이고 동양 미학의 특징입니다. 노골적인 미가 아니라 함축적인 미인 것입니다.

왕릉은 이러한 암시 표현을 써서 사마의에게 "내 목숨을 원하냐?"라고 물은 것입니다. 이에 대해 사마의는 어떤 반응을 보였을까요? 그는 정말이지 두말하지 않고 바로 그에게 못을 주었습니다. 왕릉은 이제 벗어날 수 없음을 알게 되었습니다. 압송 부대가 항성項城에 이르렀을 때 왕릉은 함께 따르던 사람들에게 작별하고 자살합니다. 물가에는 이전에 죽은 대신 가규賈逵(자는 양도梁道)의 사당이 있었는데, 왕릉은 죽기 전에 큰소리로 외쳤습니다. "가양도야, 왕릉은 진실로 위나라의 사직에 충성했네. 네가 정신이 있다면 이를 알 것이다!" 아주 장렬한 죽음이었습니다.

왕릉 사건을 처리한 이후 이해 8월 73세의 사마의는 병들어 누웠습니다. 이번은 가짜 병이 아니라 정말로 병이 난 것이었습니다. 『진서』의 내용에 따르면, 병상에 있던 사마의의 눈에는 왕릉과 가규가 자신을 호되게 야단치는 모습이 보였다고 합니다. 백방으로 치료를 했지만 병세는 좀처럼 호전될 기미를 보이지 않고 갈수록 위중해졌습니다.

임종에 즈음하여 사마의는 두 아들 사마사와 사마소를 병상으로 불러 후사를 부탁했습니다. 후사를 부탁한 내용에 관해서 정사에는 별도의 기록이 없지만 『삼국연의』에는 한 단락이 할애되어 있습니다. 사마의는 두 아들에게 이렇게 말했습니다.

"나는 오랜 세월 위나라를 섬겨 태부의 벼슬까지 받았으니 신하로서는 최고의 자리에 오른 것이다. 사람들이 모두 내게 딴 마음이 있다 의심하여 나는 늘 두려워하고 삼갔다. 내가 죽은 뒤 너희 둘이 국정을 맡아 잘 다스리되, 부디 삼가고 또 삼가거라!"

이 말에는 두 가지 요점이 있습니다. 첫째, 사마의는 살아생전 사람들이 그가 반란을 일으킬 것이라고 말하는 것에 대해 마음속으로 근심하고 있었다는 사실입니다. 과거 조조가 사마의가 '낭고상狼顧相'을 가지고 있다고 하며 그에게 딴 마음이 있다고 의심한 이후 이는 줄곧 사마의의 마음속 근심으로 자리 잡은 것입니다. 둘째, 사마의가 두 아들에게 대권을 장악한 후 반드시 조심하고 조심하며 또 조심하라고 유언한 것입니다.

251년 가을 일대 효웅 사마의는 마침내 73세의 나이로 세상을 떠났습니다. 사마의가 두 아들에게 남긴 것은 커다란 기반과 동시에 도처에 잠재된 위기 국면이었습니다.

왜 위기가 도처에 잠복해 있다고 말하는 것일까요? 『진서』에는 위 가평 4년 춘정월에 사마사가 대장군으로 임명되고, 이에 더해 시중, 지절, 도독중외제군, 녹상서사의 직무가 더해졌다고 기록되어 있습니다.

사마사 수하의 문무백관은 인재가 넘쳐나고 영웅호걸들이 모여들었습니다. 『진서』에는 당시 새롭게 등용된 20여 명에 대한 기록이 나와 있습니다. "제갈탄諸葛誕, 관구검毌丘儉, 영창王昶, 진태陳泰, 호준胡遵을 사방의 都督으로 임명하고, 왕기王基, 주태州泰, 등애鄧艾, 석포石苞는 주군州郡을 관할하게 했으며, 노육盧毓, 李豊은 관리를 선발하게 하고, 부하傅嘏, 우송虞松은 계책을 내는 일에 참석시키고, 종회鍾會, 하후현夏候玄, 왕숙王肅, 진본陳本, 맹강孟康, 조풍趙酆, 장집張緝은 조회에 참여하도록 하니, 천하의 마음이 다 모이고, 조야가 숙연해졌다."

그런데 깊이 음미할 만한 일은 이 20여 명의 핵심 간부 중에서 3분의 1에 가까운 일곱 명이 훗날 반란을 일으킨다는 사실입니다. 이 일 그 자체가 사마의가 두 아들에게 남긴 사업에 위기가 잠재하고 있음을 말해줍니다. 신변에 있던 가장 믿을 만하고 의지할 만한 사람이 동시에 가장 위험하고 믿을 수 없는 사람이 된 것입니다.

그렇다면 왜 이렇게 많은 간부들이 반란을 일으켰을까요? 이런 현상은 현대 관리학에서는 조직의 '정체성의 위기'라고 합니다. 우리는 모든 사람들이 사업을 하는 데 있어 추동력이 필요하다는 사실을 알고 있습니다. 보통 사람들의 추동력은 이익입니다. 이익을 위해 일하고 이익을 위해 특근을 합니다. 하지만 고급 인재는 그렇지 않습니다. 그들도 이익을 필요로 하지만 사업과 리더에 대한 인격적 인정을 더 필요로 합니다. 이를 '정체성 추동'이라고 부릅니다. 조직을 묶어낼 정체성이 없다면 이익이 많을수록 고급 인재는 쉽게 등을 돌리게 됩니다.

일찍이 저는 기업가 한 사람과 이 문제에 대해 토론한 적이 있습니다. 왜 수하 중에서 평범해 보이는 사람이 일을 더 잘하고, 능력이 있어 보이고 학력이 높은 사람일수록 업무 성적이 그저 그런 것일까요?

저는 그 사람에게 이런 말을 했습니다.

"이익으로는 보통 사람의 지지를 얻고, 가치로 뛰어난 사람의 지지를 얻는다. 일을 해서 실질적인 혜택이 있으면 보통 사람이 당신을 따르고, 일을 하는 데 비전이 있으면 뛰어난 사람들이 당신을 따른다."

『수호지』에 나오는 양산박의 영웅들에게 "하늘을 대신해 도를 행한다. 替天行道."라는 원대한 목표가 없고 단지 금은보화나 나누어 먹자고 했다면 아마도 수많은 건달이나 졸개 나부랭이나 모았을 것입니다. 어찌 금은보화만으로 영웅들을 신복하게 할 수 있었겠습니까? 결코 그럴 수 없었을 것입니다.

중달의 잠언

이익으로는 보통 사람의 지지를 얻고, 가치로 뛰어난 사람의 지지를 얻는다.

오늘날 많은 기업의 문제는 대우가 좋지 않아 인재가 머물지 않는 것이 아니라 물질적인 수단만 있고 정신상의 정체성이 없어서 인재가 머물지 않는 것입니다. '사업에 이상이 있고, 처신에 품격이 있는' 리더야말로 고급 인재를 머무르게 할 수 있습니다.

사마사 형제의 수하들은 바로 이런 정체성이 결핍되어 있었고, 그래서 핵심 간부들이 한 사람 한 사람씩 반란을 일으킨 것입니다. 먼저 사마사는 조상이 개혁을 하다 몰락한 교훈을 흡수했습니다. 과거 조상 집단이 몰락한 가장 큰 이유는 권력을 잡자 전면적인 개혁을 단행한 것 때문이었습니다. 개혁이 권문세족의 기득권을 침해하자, 이들 기득권 세력이 결국 적으로 돌변하여 조상 집단의 정치적 토대를 붕괴시킨 것입니다. 이러한 교훈을 흡수한 후 사마사는 "불변으로 만변에 대응한다."라는 원칙을 세웠습니다. 즉 새로 부임한 관리는 공을 세우기 위해 설치지 않고 기존의 제도 어느 것도 바꾸지 않고 그대로 유지한다는 것이었습니다. 『진서』에서는 누군가가 제도를 바꾸자는 청을 하자 사마사가 대답한 내용이 기록되어 있습니다.

> 알고 있는 것도 없고 어찌될지 모르니 앞선 황제들의 법도를 따르는 것은 시인들이 찬미한 일이다. 3대의 전적과 제도는 마땅히 준수되어야 한다. 전쟁과 관련된 일이 아니라면 헛되이 개혁을 해서는 안 된다. 不識不知, 順帝之則, 詩人之美也. 三祖典制, 所宜遵奉, 自非軍事, 不得妄有改革.

사마사는 조조, 조비, 조예 3대에 걸쳐 만들어진 기본 제도와 조례 그리고 이익 분배 모델을 그대로 받아들였습니다. 군사작전에서 임기응변하는 책략 외에는 아무것도 바꾸지 않도록 한 것입니다.

그가 이렇게 한 이유는 기득권층의 이익을 유지하기 위한 것이었고, 권력을 가진 자의 이익을 유지하기 위한 것이었습니다. 즉 "나는 너의 떡을 빼앗지 않을 것이니, 너도 나를 지지해 주길 원한다."는 뜻이었습니다.

우리는 젊은이들이 혁신의 주력임을 알고 있습니다. 보통 젊은 신임 관리가 일을 맡으면 제일 먼저 하는 것이 오래된 폐단을 혁파하고 과감하게 구제도와 오래된 관습에 칼을 대곤 하는 것입니다.

하지만 새로운 지도자인 젊은 사마사가 부임한 후 가장 먼저 내린 명령이 뜻밖에도 "헛되이 개혁을 해서는 안 된다. 不得妄有改革."는 것이었습니다. 이는 아주 음미할 만한 방법이고 또 부득이한 방법이기도 했습니다. 이유는 원망을 사지 않기 위해서였습니다. 누구라도 떡을 빼앗으려 하면 필사적으로 저항하기 때문이었을 것입니다.

이는 관리학의 "이익이 관점을 결정한다."라는 법칙과 관련되어 있습니다. 이 법칙을 좀 더 재미있게 설명하기 위해 전통문화 중 특히 귀신과 요괴가 나오는 이야기를 예로 들어 설명해 보겠습니다.

저는 『산해경山海經』, 『수신기搜神記』, 『열미초당필기閱微草堂筆記』, 『자불어子不語』, 『형창이초螢窓異草』, 『요제지이聊齋志異』와 같은 책을 아주 좋아하여 중학생 때부터 보기 시작했습니다. 이런 유형의 책을 보면서 저는 한 가지 공통점을 발견했는데, 그것은 하늘의 신선과 땅의 귀신, 구미호 등 요괴들이 모두 선비들을 좋아한다는 것입니다. 특히 『요제지이』에 나오는 구미호는 죽도록 서생을 사랑하지만 서생의 반응은 매우 차갑습니다. 어떤 사람은 변심하고, 어떤 사람은 딴 마음을 먹고, 어떤 사람은 바람을 피웁니다. 한 연구에 따르면 『요제지이』에 나오는 서생은 사랑을 속삭이면서도 남자들이 흔히 보이는 여섯 가지 나쁜 근성을 두루 보여주는데, 그것은 '담이 작고, 일을 겁내며, 여자에 빌붙어 살고, 바람 피우고, 호색하며, 책임을 지지 않는 것'입니다. 괘씸하죠. 하지만 현묘한 것은 서생이 잘못을 저지른 이후에도 구미호는 그를 용서하고 과거의 원망을 버리고 다시 결합하려 한다는 것입니다. 시야를 넓혀 중국문화사를 놓고 보면, 모든 아름다운 러브스토리의 남자 주인공은 반드시 서생인 것을 발견할 수 있습니다. 왜 신선이나 귀신 특히 구미호는 모두 한결같이 서생을 그렇게 좋아할까요? 일반적인 관점에서 생각하면 애매합니다. 하지만 관리학의 관점에서 생각하면 답은 아주 간단합니다. 책을 쓴 사람이 서생이기 때문입니다. 그래서 백정이 글을 쓰면 여우는 백정을 좋아할 것이고, 대장장이가 쓰면 여우는 대장장이를 좋아하게 될 것입니다. 이것이 바로 '이익이 관점을 결정하는' 생생한 사례입니다. 사람에게 어떤 이익의 기준이 있으면 자연스럽게 그 방향으로 생각을 하게 됩니다. 이것은 기본 법칙입니다.

중달의 잠언

사람에게 어떤 이익 기준이 있으면 자연스럽게 그 방향으로 생각을 하게 된다.

사마사는 이 문제를 인식하였습니다. 사실 그는 기득권 집단의 이익을 유지하고 보호하는 방식을 이용하여 최대 한도의 강력한 지지를 획득하길 희망한 것입니다.

한 조직에서 일어나는 많은 분쟁은 종종 이익 문제에서 기원한다. 이익 분배 문제를 잘 처리하면 리더는 국면을 장악할 수 있다. 그렇다면 이익 문제를 잘 처리하기만 하면 반드시 안정된 국면이 형성될 수 있을까?

하지만 그는 문제를 너무 간단하게 생각했습니다. 어떤 사람들은 비록 이익을 얻어도 여전히 깃발을 올리고 반란을 꾀하기도 합니다. 이런 현상을 "이익이 없으면 안 되지만, 단순히 이익만으로는 충분하지 않다."라고 하는 것입니다. 사람들은 이익 이외에도 이상, 의미, 공동의 정체성 등을 필요로 합니다. 모든 조위 정권의 핵심 간부는 조정과 국가에 충성하고 있었습니다. 이런 상황 하에서 이익 수단이 문제를 해결하지 못하자, 어떻게 호소하더라도 인정을 얻기 힘들었습니다. 이런 상황이 계속된다면 앞에서는 실익을 다 취하고 뒤에서는 모반을 꾀할 것이었고, 한편에서는 좋은 것은 취하고 다른 한편에서는 칼부림을 일으킬 것이었습니다. 이런 국면에 직면하자 사마사와 사마소는 싸움을 해야 할 지경에 이르러 부득불 손을 쓰게 되었습니다.

사마형제는 적들과 싸울 때 세 가지 방법을 사용했습니다.

첫 번째 방법은 역전力戰으로, 자원과 실력을 있는 힘껏 다 모아 싸우는 것입니다.

두 번째 방법은 심전心戰으로, 민심을 모아 백성의 지지를 모으는 데 힘쓰는 것입니다. 예나 지금이나 최고의 전투는 심전입니다. 민심을 얻고 백성들의 지지를 모을 수 있다면 아무리 맞고 공격당해도 결코 무너지지 않고 최후의 승리를 얻을 수 있습니다.

세 번째 방법은 지전智戰으로, 온갖 머리와 지혜를 짜낸 책략으로 승리를 얻는 것입니다. 사마사, 사마소는 이 세 가지 방법을 사용하여 반대자들을 제거하기로 결정했습니다.

제 1 책 략

역전力戰

첫 번째 싸움은 '역전문관力戰文毌'이었습니다. '문관'은 문흠과 관구검 두 사람을 가리키는 말입니다. 관구검의 당시의 직무는 진동장군鎭東將軍, 도독양주군사都督揚州軍事로 사마의가 데리고 키운 군사 간부였습니다. 요동에서 공손연을 토벌할 때 관구검은 태위 사마의를 수행하며 전공을 세운 사마의의 '혁명전우'였습니다. 문흠은 조상의 수하로 관직은 전장군前將軍에 이르렀고, 양주자사를 제수 받았습니다. 관구검은 사마사가 조방을 너무 막 대한다고 여기고 일어서서 공도公道를 주장하고 이상을 위해 싸워야 한다고 생각했습니다. 반면 문흠은 이익을 위해서 일어났습니다. 과거 조상은 문흠을 아주 잘 대해 주었습니다. 문흠이라는 사람은 일개 무부로 『삼국지』에서는 그를 "날래고 과감했으며 거칠고 사나워 여러 차례 전공을 세웠다. 항상 전리품을 노획하여 상으로 받길 요청하였으나 자주 허락을 얻지 못하자 원한이 날로 심해졌다. 驍果粗猛,

數有戰功, 好增虜獲, 以微寵賞, 多不見許, 怨恨日甚."라고 기록했습니다. 사마사가 문흠을 어느 정도는 대우해 주었으나 전임 보스 조상처럼 하지 않자 사마사에 대해 부정적인 생각을 갖게 되었고, 이것이 점차 원한으로 발전했다는 뜻입니다.

관리학에는 아랫사람을 대우하는 것과 관련해 '대비효과'라는 표현을 씁니다. 예를 들면 따뜻한 물이 있다고 해 봅시다. 여기에 손가락을 넣으면 차다고 느낄까요? 아니면 뜨겁다고 느낄까요? 이것은 전에 손가락이 어디에 있었는가에 따라 결정됩니다. 이전에 손가락이 차가운 물에 있었다면 지금의 물은 따뜻하게 느껴질 것이지만, 이전에 손가락이 뜨거운 물에 있었다면 지금의 따뜻한 물도 차갑게 느껴질 것입니다. 사실 사마사는 문흠에게 잘해 주었습니다. 특별히 공격을 한 것도 아니고 고의로 푸대접을 하지 않았습니다. 하지만 전임 보스 조상이 대해 준 온도에 이르지 못했습니다. 그리고 문흠이라는 사람 또한 이익에 따라 움직이는 사람이어서 사마사에 대해 다른 생각을 갖게 되었고, 관구검과 함께 사마사에 대해 공동의 불만을 표출한 것입니다. 이리하여 문흠과 관구검 두 사람은 쿠데타를 일으키기로 결정하였습니다.

정원正元 2년 정월, 문흠과 관구검은 태후의 조서를 위조하여 병사를 모아 사마사에 대항하는 반란을 일으켰습니다. 대장군 사마사의

관구검(?~255)
자는 중공(仲恭), 하동 문희(지금 산서 문희현) 사람. 위나라 장수. 255년 사마사에 대한 쿠데타를 발동하여 사람들에 의해 '회남삼반(淮南三叛: 왕릉, 관구검, 제갈탄)'의 한 사람으로 불렸다. 하지만 곧 쿠데타가 실패하고 죽음을 당했다.

문흠(?~257)
자는 중약(仲若), 위나라 초군(지금 안휘 호주) 사람. 조조 부장 문속의 아들. 문앙, 문호의 아버지. 전장군, 양주자사로 제수되었는데, 사마사의 조방에 대한 전횡과 폭행에 격노하여 위 정원 2년(255년) 관구검, 문앙, 문호와 함께 사마사 토벌을 기치를 군사를 일으켰으나 패한 후 오나라로 달아났다. 후에 제갈탄이 반란할 마음이 있다고 죽이자 두 아들 문앙, 문호는 다시 위나라로 달아났다.

열한 가지 죄상을 엄숙하게 공포하면서 기세등등하게 시작을 했습니다. 하지만 조금 재미있는 것은 기병을 선포하는 선언서에서 사마의에 대해서는 어떤 폄하도 하지 않고 오히려 수많은 찬사와 긍정을 한 것입니다.

> 과거 상국 사마의는 위나라 종실을 보좌하면서 일마다 충정을 다해 명제(조예)가 후사를 부탁한 것이다. 사마의는 있는 힘과 절개를 다해 중국을 안정시켰다. 또 제왕(조방)이 총명하여 음란하지 않아, 이에 마음을 다해 충성하니 천하가 그를 의지하였다. 故相國懿, 匡輔魏室, 歷事忠貞, 故烈祖明皇帝授以寄託之任. 懿竭力盡節, 以寧華夏. 又以齊王聰明, 無有穢德, 乃心勤盡忠以輔上, 天下賴之.

뿐만 아니라 기병의 목적은 훨씬 더 웃깁니다. 뜻밖에도 사마사를 제거하고 그 대신 사마소를 세우자고 한 것입니다. 그들은 이렇게 말했습니다.

> 동생 사마소는 충성스럽고 엄숙하고 관대하고 사리가 밝아 훌륭한 선비들을 좋아하여 뛰어난 군자의 도량이 있다. 나라를 위해 충성하는 것이 형 사마사와는 다르다. 신들은 머리가 부서지더라도 사마사를 바꾸어 황제를 바르게 인도하고자 한다. 弟昭, 忠肅寬明, 樂善好士, 有高世君子之度, 忠誠爲國, 不與師同. 臣等碎首所保, 可以代師輔導聖躬.

이 일을 통해 우리는 세 가지를 판단할 수 있습니다. 첫째, 사마의는 당시에 여전히 신망이 있어 많은 사람들이 인정할 정도로 대중적인 기반이 있었다는 점입니다. 둘째, 관구검, 문흠의 이번 거사는 사마씨 집단의 분화와 와해를 위해 그들 내부의 분열과 모순을 만들어 냈다는 점입니다. 셋째, 관구검, 문흠 두 사람은 사마사를 반대하기만 하면 충분하다는 환상이 있었다는 점입니다.

이와 같은 쿠데타의 주장과 선언을 통해 우리는 이번의 반란이 결연하지도 철저하지도 않았다고 결론지을 수 있습니다. 사마사는 반대하고, 사마소는 반대하지 않고, 사마의는 숭배한 것입니다. 그야말로 소가 웃을 일이었습니다. 이처럼 결연하지도 않고 철저하지도 않은 거사는 훗날 실패의 복선이 되었습니다.

문흠과 관구검 두 사람의 기병 소식을 들은 사마사는 어떤 주저함도 없이 즉각 대군을 이끌고 이들을 진압하러 떠났습니다.

사마사가 양주에 도착한 후 사용한 책략은 포위만 하고 싸우지 않는 것이었습니다. 그는 세 길로 대군을 거느리고 가 삼면에서 문흠을 포위만 하고 싸우지 않았습니다. 그의 책략은 먼저 적들을 꼼짝달싹 못하게 한 후 군량이 떨어지길 기다리는 것이었습니다. 군량이 떨어졌는데도 나갈 구멍이 없으니 자연스럽게 내란이 일어날 것이고, 그러면 결국에는 투항할 것이라는 것이었습니다. 현실은 과연 사마사가 예측한 대로 전개되었습니다. 반란에 참여한 병사들이 포위가 길어지면서 진퇴가 어려워지고 식량도 떨어지자 다시 사마사의 군영으로 돌아오기 시작한 것입니다.

사마사는 조건이 성숙되었다고 보고 등예(당시 태산군의 군수)로 하여금 관구검과 문흠을 유인하고, 자신은 대군을 통솔하여 반군에 대한 섬멸전을 전개했습니다. 그런데 도중에 사마사가 예상하지 못한 상황이 발생하였습니다.

문흠의 큰아들 문앙文鴦은 18세의 소년 장수로, 자질과 담력이 뛰어났습니다. 처음 문흠과 관구검이 작전에 실패하여 철수 준비를 하고 있었는데 그때 문앙이 문흠에게 말했습니다.

"먼저 적군의 예기를 꺾지 않으면 달아날 수 없습니다. 不先折其勢, 不得去也."

즉 퇴각하려 해도 적들이 쫓아오면 우리는 패할 것이다, 그러므로 먼저 적들을 패퇴시켜야 한다는 말이었습니다. 하지만 사마사의 10만여 대군을 마주한 병사들은 아무도 감히 나서지 못했습니다. 그때 문앙이 용감하게 10여 기의 친병을 데리고 사마사의 10만여 대군 앞으로 돌진했습니다. 『삼국지』에는 이 10여 기가 사마사 군대의 "예봉을 꺾고 진영을 흩뜨리자, 향하는 곳마다 모두 흩어져 달아났다摧鋒陷陣, 所向皆披靡."라고 썼습니다. 『삼국연의』 제110회의 한 장에서는 10여 명의 병사가 10만여 대군에 도전하였을 뿐만 아니라 뜻밖에도 승리를 거두고 전군을 물러나게 했다고 특별히 묘사하고 있습니다.

그런데 문제는 이것만이 아니었습니다. 소년 장군 문앙이 좌충우돌할 때 사마사는 중군 지휘부에서 전방의 적군이 반격한다는 이야기를 듣고 아주 긴장했습니다. 『진서』에는 "문앙이 공격해 오자 사마사는 놀라 눈이 튀어나왔다. 육군六軍이 공황에 빠질 것을 두려워하여 헝겊으로 이를 가렸다. 너무 아파 헝겊을 물어뜯어 찢어졌는데, 주위 사람들은 이를 알지 못했다. 文鴦來攻, 司馬師驚

而目出. 懼六軍之恐, 蒙之以被, 痛甚, 嚙被敗而左右莫知焉."라고 기록되어 있습니다.

사마사는 이전에 눈에 종기가 나는 병을 앓고 있었는데 조급해서 화가 치밀어 오르자 눈이 빠져 나와 눈언저리에서 피가 쏟아져 나온 것입니다. 군심을 안정시키기 위해 눈을 헝겊으로 싸매었지만 너무 아파서 헝겊이 누더기가 될 정도였는데 주위 사람들이 이를 알지 못했다는 이야기입니다.

비록 문앙의 분투가 있었지만 결국 사마사는 이 싸움에서 관구검의 목을 베고 문흠을 달아나게 만들었습니다. 비록 승리했지만 처절한 대가를 치러야 했습니다. 통증이 너무 심하고 눈에서 너무 많은 피를 흘려 생명이 위독해진 것입니다. 사마사가 위독하다는 이야기를 듣고 주야로 달려 군중에 도착한 동생 사마소는 형과 최후의 만남을 가졌습니다. 255년 2월, 사마사는 군중에서 향년 48세로 죽었습니다. 사마사가 죽고 이어 사마소가 대권을 장악했습니다.

여기서 부득불 소년 장군 문앙에 대해 감탄하지 않을 수 없습니다. 강적을 맞아 추호의 두려움을 가지지 않고, 마치 조자룡이 장판파長坂坡에서 보여준 위풍을 가지고 있었습니다. 젊은이는 혁신의 주력이고 돌파의 주요 담당자라고 이야기하곤 합니다. 젊은이는 관성적인 사유가 그리 많지 않고 항상 용감하게 탐색합니다.

나이가 들면 관성적 사유를 하게 되고 탐색의 욕망은 점점 작아집니다. 이와 관련하

문앙(238~291)
본명은 문숙(文俶), 자는 차건(次騫), 초군(譙郡: 지금 안휘 호주) 사람. 위진 시기의 무장으로 문흠의 아들. 처음 위에 출사하였으나 그의 부친이 관구검과 함께 반란을 일으키자 아버지를 따라 오나라에 투항했다. 또 제갈탄이 위나라에 반기를 들었을 때 그를 도왔으나 그 부친이 곧이어 제갈탄에 의해 피살되자 다시 위에 투항했다.

여 동물 실험이 있습니다. 한 전문가가 두 개의 병을 준비하고 한 병에는 길을 찾을 줄 아는 경험 있는 꿀벌을 넣고, 또 다른 병에는 경험이 없는 신참 꿀벌을 집어넣었습니다. 경험 있는 꿀벌은 좌우로 파닥거리다가 결국 빠져나가지 못했습니다. 하지만 신참은 좌충우돌하다가 결국 병에서 빠져나갔습니다. 자신의 경험에만 의지하면 새로운 상황에 적응하지 못하지만, 경험 없는 신참은 관성에 얽매이지 않아 오히려 문제를 돌파할 수 있었던 것입니다.

그래서 어떤 경우 큰일에 젊은이를 쓰면 생각하지도 못한 성과를 거둘 수 있는 것입니다. 적벽대전 시 손권은 27세였고, 제갈량은 27세였습니다. 이렇게 젊은데도 역사를 바꾼 것은 바로 이들 젊은이에게 탐색의 용기가 있었기 때문이었습니다.

조직에서 새로운 리더가 부임하면 각종 문제와 마주하는데 그중에서 조직의 안정이 가장 중요한 관건이 된다. 어떤 리더는 자신의 권위를 보여주기 위해 반대의견을 만나면 종종 강경한 방법을 채택하곤 하는데, 이런 결과는 종종 양패구상을 초래하게 된다. 사마사의 죽음은 전형적인 사례였다. 그러면 대권을 손에 넣은 동생 사마소는 국면을 안정시키기 위해 또 어떠한 책략을 사용했을까?

사마소는 대권을 장악한 이후 진지하게 이전의 투쟁 경험을 총결하여 하나의 결론을 도출했습니다.

'힘으로 싸우는 것은 불가하다. 적 3,000명을 죽이는데 우리 편 800명을 잃기 때문이다. 작은 일에는 모든 역량을 동원하여야 하

지만, 큰일은 머리를 써야 하고, 더욱이 천하대사는 다른 사람의 머리를 써야 한다.'

그래서 사마소는 작은 일은 자신의 머리에 의지하고, 큰일은 다른 사람의 머리 즉 민심에 의지하는 책략을 사용했습니다.

제 2 책략
심전 心戰

257년 5월 조위 진동대장군 제갈탄은 양주자사 악침樂綝을 죽이고 반란을 일으켰습니다. 제갈탄은 제갈량의 집안 동생으로 일찍이 하후현, 등양鄧颺 등과 친밀하게 지냈습니다. 제갈탄은 왕릉, 하후현, 관구검이 차례차례 몰살당하자 불안하고 두려워하면서 회남淮南을 보전하고자 했습니다. 사마소는 제갈탄에 대해 의심이 생기자 감로甘露 2년(257년) 여름 그를 입조시켜 사공으로 삼으려 했습니다. 제갈탄은 이것이 자신을 수도로 불러들여 죄를 묻기 위한 것이라 생각하여 거병하여 반란을 일으켰습니다. 15만의 군중을 모아 성문을 닫아걸고 지키면서 동오로 사자를 보내 구원을 요청했습니다. 그러자 동오는 이전에 투항한 문흠과 대장 당자唐咨 등 3만여 군대를 보내 이에 접응하였습니다. 제갈탄 수하의 총병력은 거의 20만에 이르렀고, 장군도 100여 명을 넘어 한순간에 기세를 크게 떨쳤습니다.

제갈탄은 제갈량의 족제로 산동 사람이었습니다. 조위 정권에서 진동장군, 양주자사를 역임하면서 수중에는 커다란 권력을 가지고 있었습니다. 그는 반란을 일으키며 동오와도 결맹을 맺었습니다. 제갈탄의 반란군은 10만여 명이었고, 동오에서 파견한 3만의 원군을 더하면 전체 반란군은 거의 20만여 명에 이르렀습니다. 그리고 그 세력은 양주에서부터 하남 변경에까지 미쳤습니다. 당시 전국 각계각층은 모두 사마소를 바라보며 관망의 태도를 취하고 있었습니다. '네가 그들을 물리치면 우리는 너를 지지할 것이지만, 그들을 물리치지 못하면 우리는 그들과 함께 너도 무너뜨릴 것이다.'

이렇게 사마소는 1인자가 되자마자 인생의 거대한 도전을 맞닥뜨렸습니다. 하지만 다행이도 사마소는 적절한 훈련이 되어 있었습니다. 그에게 이런 상황은 처음이 아니었습니다. 그는 아주 침착하고 냉정했습니다. 사마소는 사마사가 취한 전략과 같은 작전 전략, 즉 '포위하고 공격하지는 않으면서 적들이 자중지란에 빠지길 기다린다'는 기본 전략을 채택했습니다. 그리고 한발 더 나아가 다음과 같은 세 가지 초식을 사용했습니다.

첫 번째 초식은 시약示弱, 즉 약세를 내보이는 것이었습니다. 시약의 책략은 모든 강자들이 상용하는 책략입니다. 강자는 손을 쓰기 전에 항상 약한 척합니다. 사마소가 처음 보여준 것은 자신의 식량이 충분하지 않고, 자신의 부대 장병들의 자질이 떨어진다는 것이었습니다. 그는 특별히 노쇠하고 어린 병사들만을 모아서 회수 북쪽에 있는 식량창고를 점령하라고 했습니다. 반군에게 '우리의 전투력은 강하지 않고, 식량도 없다.'는 정보를 흘린 것이었습니다. 뿐만 아니라 일부러 동오의 두 번째 원군이 곧 올 것이라는 소문을 퍼뜨렸습니다. 이 소식에 반란군은 크게 기뻐했습니다. 이들은 포위의 와중에서도 신바람을 내며 진탕 먹고 마시다가 며칠 지나지 않아 식량을 다 소모해 버렸습니다. 식량이 다 떨어졌다는 사실을 알았을 때 원군은 오지 않는다는 사실을 알게 되었고, 한차례 싸움을 해 본 연후에 상대가 모두 뛰어난 정병과 장수임을 알게 되었습니다. 그제서야 비로소 그들이 속은 것을 깨달았습니다.

사마소의 두 번째 초식은 적들을 분열시키고 이간하는 것이었습니다. 사마소 수하에는 종회鍾會라는 고수가 있었는데, 종회는 서예 솜씨가 대단히 뛰어났습니다. 그 부친 종요는 삼국시대의 대 서예가였고, 그 아들 종회는 여러 서체를 능란하게 쓸 수 있고, 다른 사람의 글자체를 똑같이 모방하는 특기가 있었습니다. 사마소는 종회에게 서신을 위조하도록 하여 성내의 있던 동오의 군사들을 분열시켜 동오 장수 전정全靜 형제 오인이 군중을 이끌고 투항하도록 유도했습니다. 이 초식 한번으로 성중의 3만여 동오 병사들이 일시에 항복하게 되자 반란군의 군심은 크게 동요했습니다.

세 번째 초식은 덕으로써 사람을 복종시킨 것입니다. 거대한 군사적 압력이 가중되고 물자와 군량이 끊어지자 반란군의 대오에 분열이 발생했습니다. 앞서 이야기했듯이 문흠과 관구검 두 사람이 반란을 일으킨 후 관구검이 피살되자 문흠 부자는 동오로 투항했는데, 이때 동오는 제갈탄의 반란을 지지하여 문흠을 원군으로 보냈습니다. 그런데 두 번째로 반란을 일으킨 제갈탄과 첫 번째 반란군 대장 문흠 사이에 분열이 생겼습니다. 이 분열의 결과 제갈탄이 문흠을 죽이고 맙니다. 소년 장군 문앙은 부친의 복수를 위해 제갈탄을 공격했으나 성공하지 못하자 동생 문호와 함께 성을 나와 투항해 버립니다. 문앙이 투항하자 사마소의 수하들은 모두 큰형 사마사를 죽게 한 사람이 바로 저 어린애다, 그가 스스로 그물에 걸려들었으니 큰 형님을 위해 복수하자고 주장했습니다. 하지만 사마소는 과거의 원한을 떨쳐버리고 복수를 하지 않았을 뿐만 아니라 문앙을 대장군으로 임명하고 후(侯)로 봉하기까지 했습니다. 이 일로 문앙과 문호 형제는 감동하여, 직접 100여 명의 친병들을 데리고 수춘성 주위를 돌면서 "문흠의 아들도 죽이지 않았는데, 너희들은 무얼 두려워하는가? 文欽之子猶不見殺, 其余何懼?"(『삼국지』)라고 소리쳤습니다. '우리와 같은 피맺힌 원수도 투항하자 후로 봉했는데, 성 위에 있는 여러분, 어서 빨리 내려와 잘 지내봅시다.'라고 말한 것이죠. 이렇게 하여 전체 반군의 군심이 와해되고, 사마소는 단 한 번의 싸움으로 성공을 거두었습니다.

그래서 일을 하면서 자원과 역량을 잘 쓰는 사람은 중급의 수준이지만, 모략과 사람의 마음을 잘 쓰는 사람은 고급의 수준이라고 말하는 것입니다. 사마소는 이러한 심전의 방법으로 제갈탄의 반란을 진압하는 데 성공했습니다.

중달의 잠언

일을 하면서 자원과 역량을 잘 쓰는 사람은 중급의 수준이지만, 모략과 사람의 마음을 잘 쓰는 사람은 고급의 수준이다.

수춘성을 얻은 이후 사마소는 심혈을 기울여 정권 내부의 일을 처리합니다. 인사를 재배치하고 몇 년이 지나자 정권은 마침내 공고해집니다. 이후 사마소는 또 하나의 큰일을 벌였습니다. 그것은 바로 촉나라를 정벌하는 것이었습니다. 이 일은 사마의도 생각하지 못한 일이었고, 사마사도 생각하지 못한 일이었습니다. 조조가 시도했지만 성공하지 못했고, 조비도 시도했으나 성공하지 못한 일을 마지막에 사마소가 이뤄낸 것입니다.

그런데 촉나라를 정벌하는 과정에서 앞에서 이야기한 종회가 또 결정적인 역할을 해냈습니다. 하지만 이 종회라는 인물도 모반할 마음을 갖고 있어, 사마소는 종회를 쓰면서도 종회를 방어하기 위해 사전에 많은 생각을 했습니다. 이것이 바로 사마소가 채택한 세 번째 방법입니다.

제 3 책략

지전智戰

사마소는 촉나라 정벌을 준비하자 조위의 서쪽 전선을 지키는 주장 등애를 포함하여 조정의 문무백관 모두가 반대했지만 오직 종회만이 사마소를 지지했습니다. 이런 상황 하에서 사마소는 의연하게 촉나라 정벌을 결정합니다.

사마소의 촉나라 정벌은 세 개의 길로 나누어 진행되었습니다. 정서장군 등애가 3만 여의 군대를 이끌고 적도狄道로부터 감송甘松, 답중沓中으로 진공하고, 옹주자사 제갈서諸葛緖가 3만여 군대를 이끌고 기산으로부터 무가교武街橋쪽으로 진공하여 강유의 귀로를 차단했습니다. 그리고 종회는 10만여 대군을 거느리고 각각 야곡斜谷, 낙곡駱谷, 자오곡子午谷에서 직접 한중으로 진군하였습니다. 전투가 순조롭게 진행되어 종회는 곧 한중을 취했습니다. 서촉 측에서는 군사 배치가 잘못되었고 환관 황호가 조서를 날조하고 가로채 지휘 부서를 교란한 결과, 한중을 잃게 된 것입니다. 이후 강유가 군사를 수습하여 검각劍閣을 지키게 됩니다. 검각은 '일부당관, 만부막개 一夫當關, 萬夫莫開'라고 할 정도로 험악한 요새로, 종회는 10만 대군을 거느리고 검각에서 오랜 시간을 허비하고도 강유를 무너뜨리지 못하고 식량도 모두 소진하게 됩니다. 바로 이때, 등애가 결정적인 역할을 하게 됩니다.

등애는 상대의 허를 찌르는 전략을 채택했습니다. 정예부대를 거느리고 700여 리에 달하는 길을 돌아 적의 후방을 공격하여 촉벌 전역에서 주도권을 획득합니다.

이 행군의 어려움은 상상을 초월한 것이었습니다. 『삼국지』에는 등애가 음평陰平의 소로를 따라 사람이 다니지 않는 700여 리를 지나간 여정을 이렇게 기술하고 있습니다.

> 산을 뚫어서 길을 내고 계곡에 다리를 만들었다. 산은 높고 계곡은 깊었으므로 작업은 매우 어려웠고, 또 식량 수송의 어려움으로 거의 위기에 이르게 되었다. 등애는 포대기로 자신의 몸을 감싸고 산기슭을 따라 내려갔다. 장사와 병사들은 모두 나무를 붙잡고 낭떠러지를 기어오르며 서로 이어서 전진하였다.

이렇게 등애는 측면에서 검각을 돌아 성도 평원의 내지로 진입하여 면죽縣竹의 싸움에서 승리하여 촉군의 주력을 무찔렀습니다. 제갈량의 아들 제갈첨諸葛瞻, 손자 제갈상諸葛尚은 이 싸움에서 등애에 의해 죽임을 당했습니다. 이 전투에서 승리한 후 등애는 쏜살같이 성도로 달려가 성을 포위했습니다. 이미 싸울 의지를 잃은 유선은 관을 들고 항복했습니다. 10만의 대군이 여전히 검각에서 대치하고 있는데 등애는 길을 우회하여 서촉의 수도를 공략한 것이었습니다. 등애는 후방이 없고 원군도 없는 상황에서 2만도 안 되는 병력으로 홀로 적진 깊숙이 잠입한 후 속전속결로 승리를 거두었습니다. 이는 확실히 대단한 일이었습니다. 만약 등애가 없었다면 삼국지의 역사는 더 오래 지속될 수도 있었습니다. 그래서 촉나라 정벌을 성공할 수 있었던 근저에는 성공적인 용인이 있었다고 할 수 있는 것입니다. 그러면 등애는 누가 발굴하고 등용했을까요? 등애는 다름 아닌 사마의가 발굴한 인재였습니다.

등애는 어려서 매우 가난했고 평범한 생김새에 말을 더듬었습니다. 말할 때마다 더듬거려 자신을 더듬거린다는 뜻의 '애艾'라고 칭했습니다. 말을 더듬거린다는 뜻의 성어 '기기애애期期艾艾'는 이 등애에게서 나온 말입니다. 처음 그를 좋아하는 사람이 없어 그에게는 전농중랑장典農中郞將 수하에서 논밭을 보호하는 '도전수초稻田守草'라는 미관말직이 주어졌습니다. 우연히 사마의가 등애가 쓴 글을 보고 그가 큰 재목임을 알아봐 그를 발탁했습니다.

사마의의 백락伯樂과 같은 안목은 감탄할 만합니다. "백락이 있은 연후에 천리마가 있고, 천리마는 항상 있으나, 백락은 항상 있는 것이 아니다. 世有伯樂, 然後有千里馬. 千里馬常有, 而伯樂不常有."라는 말이 있습니다. 왜 백락과 같이 특별한 안목을 가진 이가 적을까요?

등애(197~264)
자는 사재(士載), 의양 극양(棘陽: 지금 하남 신야) 사람. 위나라의 걸출한 군사가, 장군. 263년 종회와 함께 군사를 거느리고 촉한 정벌에 나서, 마지막에 성도로 진입하여 촉한을 멸망시켰다.

예를 들어 보겠습니다. 학교에 백락과 같은 지도교수가 천리마인 박사 한 명을 키웠습니다. 이 박사는 서른이라는 젊은 나이에 두각을 나타냈고, 재능도 있고, 인품도 좋고, 생각도 훌륭했습니다. 지도교수는 이 학생이 뛰어나다는 것을 알고 과학 연구 프로젝트를 제자가 하도록 배려했습니다. 그리고 국제회의에도 자신이 참가하지 않고 제자로 하여금 참가하게 하였습니다. 연구비도 자신이 쓰지 않고 제자에게 주었습니다. 이렇게 그의 세심한 배려를 통해 학계의 샛별이 점차 떠오르기 시작했습니다. 대중과 주위의 지도자도 열렬히 박수를 보내었습니다. 모두들 이 천리마를 좋아하게 되자 경비, 프로젝트, 기회가 모두 그에게 주어졌습니다. 그런데 어느 날 사람들은 이 천리마에게 실험실이 없다는 사실을 알게 되었습니다. 실험실은 바로 지도교수에게 속해 있었습니다. 모두가 상의한 끝에 나온 결론은 "노교수가 실험실이 있다고 뭘 하겠어? 그냥 실험실을 박사에게 넘기도록 하자!"는 것이었습니다. 결국 노교수는 박사를 키워놓고 자신은 실험실조차 빼앗기게 되어 버렸습니다. 노교수는 경지가 높은 사람이라 장강의 물은 뒷물결이 밀어낸다는 이치를 알고 있었고, 그래서 양보했습니다. 하지만 이 일이 있은 후에 주위에 있던 선생들의 마음속에는 커다란 걱정거리가 생기게 되었습니다.

"이것이 바로 흔히 말하는 '제자를 가르쳐 놓고 사부는 굶어 죽는다.'라는 말이구나!"

이것이 세상에 백락이 적은 이유입니다. 천리마를 키워도 아무도 알아주지 않기 때문입니다. 그렇다면 춘추오패 중의 하나인 제 환공 시대 제나라에 인재가 넘쳐난 이유에 대해 알아봅시다.

관중이 제환공을 보좌하여 제후들을 규합하고 천하를 바로잡아 패업을 칭할 때 매번 관중이라는 천리마가 뛰어난 성과를 보이자, 제 환공이 첫 번째로 표창한 사람은 바로 관중을 깨우친 스승이었습니다. 국가를 위해 인재를 키운 것에 감사드린다는 이유였습니다. 두 번째로 표창한 사람은 관중이라는 인물을 발굴한 인력자원부로, 국가를 위해 인재를 발굴한 것을 칭찬한 것이고, 세 번째가 바로 관중이었습니다. 제나라 사람들은 자신이 재능이 없어서 수레를 끌지 못하더라도 천리마를 키우는 재미로 살아가게 된 것입니다. 이리하여 제나라에 인재들이 배출될 수 있었던 것입니다.

백락을 표창하지 않으면 누가 백락이 되려고 하겠습니까? 백락이 불운하고 고독하며 미래가 없고 행복하지 않다면, 아무도 백락이 되려고 하지 않을 것입니다.

그러므로 만약 한 인재가 두각을 나타내고 큰 공헌을 하게 되면 리더는 반드시 이 인재를 누가 추천했는지 그리고 누가 키웠는지를 생각해야 합니다. 인재를 키워낸 사람이 손해 보지 않도록 해야만 비로소 천리마가 배출될 수 있는 것입니다.

사마의라는 백락이 있었기 때문에 등애라는 천리마가 있을 수 있었다. 등애의 허를 찌르는 전략에 힘입어 사마소는 성공적으로 서촉의 정권을 와해시켰다. 그런데 바로 그때 또 다른 문제가 발생했다. 능력 있는 사람이 성과를 내게 되면 기고만장하여 조직에 이롭지 않은 일을 초래하는 경우를 심심치 않게 보게 된다. 사마소도 바로 그런 경우에 직면했다.

촉나라를 정벌하는 과정에서 등애는 홀로 뛰어난 공적을 세워 관직은 태위에 제수되고 식읍으로 2만여 호가 봉해졌습니다. 조위 정권의 역사에서 아주 드문 일이었습니다. 등애는 결정적인 순간에 커다란 공헌을 한 진정으로 뛰어난 천리마였습니다.

하지만 사람이 한번 성공하면 자아팽창을 피하기 어렵습니다. 등애도 보통 사람처럼 커다란 성공을 이룬 후에 자아팽창을 하여 두 가지 결정적인 잘못을 하게 됩니다.

첫 번째로 등애는 중앙의 명의로 제멋대로 간부를 임용합니다.

두 번째로 말을 할 때 분별없이 하지 말아야 할 말을 여러 차례 하게 됩니다.

이것은 또 다른 음모가인 종회의 주목을 끌었습니다. 종회는 모반할 마음이 있었지만 등애는 공을 세울 것만 생각했지, 모반할 생각은 없었습니다. 종회는 먼저 등애를 제거하고 이후에 모반하기로 결정했습니다. 이리하여 종회는 올가미를 만들어 등애를 함정에 빠뜨렸습니다. 앞에서 이야기한 것처럼 종회는 글씨체를 모방하는 데 뛰어난 능력이 있었습니다. 그래서 종회는 등애의 말투와 필체를 모방하여 조정에 한 장의 상주문을 올리는데, 글자의 행간에 도를 넘는 말을 집어넣었습니다. 동시에 종회는 몇몇의 대장들과 연합하여 등애가 모반하려고 한다고 상부에 보고했습니다. 이런 적나라한 모함이 결국에는 통했습니다. 사마소는 즉시 종회에게 성도로 군대를 데리고 가서 등애의 병권을 빼앗고 등애 부자를 붙잡아 낙양으로 압송하라고 명했습니다. 등애가 붙잡히던 그날 원래 등애의 수하였던 병사들은 종회의 군중에 투항하여 맘껏 먹고 마시고 있었고, 중군 막사에는 단지 소수의 주변 몇

종회(225~264)
자는 사계(士季). 영천 장사(지금 하남 장갈동) 사람. 위나라 장군으로 태부 종요의 아들. 264년 등애와 촉을 공격하여 멸망시켰다. 이후 촉에서 자립하여 할거할 생각으로 촉한의 항장 강유와 공모하였으나, 부하의 역쿠데타로 실패하고 부하들에게 살해되었다.

사람만이 남아 있을 뿐이었습니다. 이로 보건데 등애의 인간관계는 아주 좋지 않았습니다. 등애는 호송 수레에 갇힌 후 하늘을 우러르며 장탄식을 하고, 아들인 등충鄧忠은 아버지를 보며 눈물을 흘리며 탄식했습니다. "우리가 이렇게 큰 공을 세웠는데, 결국에는 이렇게 끝나는구나!"

등애를 압송한 후 종회는 모반을 꾀하기로 결정했습니다.

종회의 모반에는 강유의 부추김과 격려가 있었습니다. 강유는 조위의 내부 모순을 이용하여 종회에게 모반을 하도록 하고, 이 둘이 싸우다 양패구상을 하면 자신이 서촉 정권을 되찾을 수 있다고 생각했습니다. 하지만 사실 사마소는 종회가 모반할 것이라고 일찍부터 판단하고 있었습니다. 일찍이 종회가 촉을 정벌하러 떠나기 전에 측근들이 사마소에게 종회는 음모가로 모반할 가능성이 있다고 말한 적이 있었습니다. 사마소는 종회의 모반에 대해 세 가지 판단을 이미 내리고 있었습니다.

첫 번째, 촉나라를 정벌하여 승리하면 종회는 반드시 모반할 것이라고 생각했습니다.

두 번째 촉나라에 대해 말하자면, 패한 군대의 장수는 용맹함을 입에 담지 않고, 망국의 장수는 충심을 입에 담지 않는 법이니, 서촉은 망하고 군대는 패배했는데, 종회가 모반하려 해도 촉나라 사람들은 분명 그를 지지하지 않을 것이라고 생각했습니다.

세 번째, 중원의 병사들은 고향에 금의환향할 생각뿐인데, 종회가 모반하려 해도 그 수하들은 그를 지지하지 않을 것이다, 그가 모반을 하지 않으면 유종의 미를 거둘 것이지만 모반하면 반드시 패할 것이라고 생각했습니다.

사마소의 정치적 안목은 매우 뛰어났습니다. 그래서 촉나라 정벌 전쟁은 먼저 정치적 승리였고, 그 다음이 군사적인 승리였던 것입니다. 종회, 등애는 촉나라 정벌의 전쟁터에서 여러 차례 기묘한 계략을 내보였지만 정치적 안목과 전략적 수준이 부족하여 결국에는 사마소가 깔아놓은 장기판의 졸이 되어버린 것입니다.

등애를 처리한 후 종회의 태도를 시험해보기 위해 사마소는 특별히 종회에게 편지를 보냅니다.

"등애가 혹시 부름을 받고도 나가지 않을지 모르니, 지금 중호군 가충을 보내 보병과 기병 1만 명을 야곡을 거쳐 악성에 주둔하게 하고 나도 친히 10만 대군을 장안에 주둔시킬 것이니 우리는 조만간 서로 만나게 될 것이오."

종회는 이 편지를 보고는 대경실색하여 좌우의 측근들에게 말합니다.

"등애만 잡으면 상국(사마소)이 내가 홀로 일을 벌일 것임을 알고 있소. 지금 내 세력이 커지자 틀림없이 나에게 이상한 점이 있음을 안 것이오. 속히 행동에 들어가야겠소. 만약 일이 이루어지면 천하를 얻고, 일이 실패하면 촉한으로 물러나 지키면 되니, 유비가 가졌던 조건을 잃지 않을 것이오."

264년 정월 15일, 종회는 수하의 장군을 불러 모아 자신이 군사를 일으켜 사마소를 없애고자 하니 지지하길 바라고, 만약 지지하지 않는 사람이 있으면 당장 목을 벨 것이라고 말합니다. 하지만 종회는 이들 장군들이 애초부터 그가 모반하는 것을 지지하지 않는다는 것을 생각하지 못했습니다. 게다가 이들 장수들에게는 자신의 사당이 있어서 비록 장수가 연금되었어도 그들의 수하 사병들이 모여 종회를 포위하여 공격하였습니다. 혼전 중에 종회는 피살되고 강유도 그 와중에 죽었습니다. 최후의 반란이 평정되자 서촉은 사마소의 수중에 떨어졌습니다.

사마귀가 매미를 잡았으나 참새가 뒤에서 노린다는 '당랑포선, 황작재후螳螂捕蟬, 黃雀在後'와 같은 상황이었습니다. 사마소는 종회로 등애를 방비하고, 동시에 등애로 종회를 견제한 후 다시 사람을 써 종회를 낚아챈 것입니다. 그의 심기는 확실히 깊었습니다.

이제 끝맺을 시간이 되었습니다. 많은 사람들이 이런 질문을 합니다. 조위 정권은 여러 차례 서촉 정벌을 시도했지만 성공하지 못했고, 반대로 제갈량의 육출기산과 강유의 구벌중원도 성과를 내지 못했는데, 사마씨 부자는 어떻게 서촉을 공격하여 승리를 챙길 수 있었을까? 『자치통감』은 양양 사람 장제張悌의 관점을 인용하여 이를 설명하고 있는데, 아주 일리가 있다고 생각합니다. 그는 세 가지 이유를 들었습니다.

첫째, 조조라는 사람은 법과 제도로 천하를 통치하려 하여 그 수단이 아주 모질었습니다. 사람들이 경외하지만 경애하지는 않았던 것이지요. '백성들이 그 위세를 두려워하고 그 덕을 흠모하지 않았다.'고 전해지며, 조비와 조예는 공을 세우는 것을 좋아하고 대규모 토목사업을 일으켜 백성들의 고충은 이루 말할 수 없었습니다. 조씨는 민심을 얻지 못했기 때문에 성공하지 못한 것입니다.

둘째, 사마씨의 수단이 잔인하다고 여기지 말라는 것입니다. 권력상층의 정치투쟁의 측면에서는 잔인했을지 모르나 일반 백성들에 대해서 사마씨는 악정을 혁신하고 생산력을 발전시켜 민생을 돌보았습니다. 역사상 사마의의 가장 큰 공헌은 둔전으로 백성들이 땅만 있으면 씨를 뿌릴 수 있게 하여 자식과 부모를 봉양하며 지낼 수 있게한 것입니다. 그래서 사마씨에게는 민심이라는 기초가 있었습니다.

셋째, 앞에서도 이야기한 것처럼 사마씨가 권력을 잡은 이후 양주에서 왕릉, 관구검과 문흠, 제갈탄이 세 번에 걸쳐 모반을 일으켰는데, 이렇게 큰 모반에도 백성들은 아무런 반응을 보이지 않았습니다. 훗날 어린 황제 조모曹髦가 사마소의 전횡에 불만을 품고 300여의 사람을 거느리고 사마사를 토벌할 때에도 사마소 수하에 의해 한칼에 찔려 죽었습니다. 이렇게 큰 사건이 있었는데도 천하의 백성들은 뜻밖에도 아무런 반응을 보이지 않았고 큰 혼란도 생기지 않았습니다. 왜 그랬을까요? 모두 생활이 안정되고 보장되어 아무도 모반할 생각을 하지 않았기 때문입니다.

이를 통해 우리는 민심은 천심이기 때문에 민심을 중히 여기고 민의에 따르며 민생을 발전시켜야 안정된 정권이 가능함을 알 수 있습니다. 사마씨가 이런 전략적 안목에 의거하여 성공을 거둔 것은 아주 영리한 것이었습니다. 이런 점에서 보면 사마씨 부자는 확실히 조씨 부자에 비해 뛰어났고, 그들은 "물은 배를 띄울 수도 있고 또한 배를 뒤집을 수도 있다. 水能載舟, 亦能覆舟."라는 기본 원리를 깨닫고 있었던 것입니다.

다시 중국 역사로 돌아가 성공한 사람들을 살펴보면 우리는 이들을 다음 세 가지 유형으로 분류할 수가 있습니다.

　첫 번째는 정서로 리드하는 사람입니다. 이런 사람은 정서와 직관에 의해 생활합니다. 좋아하는 일은 하고 좋아하지 않는 일은 하지 않습니다. 이런 유형의 사람은 단지 평범한 사람들의 작은 일만 수행할 수 있습니다.

　두 번째는 머리로 리드하는 사람입니다. 이런 유형의 사람은 논리와 판단력이 있어서 일을 할 때 이해분석을 잘하여 이익은 따르고 해되는 것은 피하며, 심기와 지략이 있는 사람입니다. 이런 유형의 사람은 큰일을 할 수 있습니다.

　세 번째는 마음으로 리드하는 사람입니다. 이런 유형의 사람은 신념과 이상을 가지고 있어 일을 할 때 가치관을 기준으로 삼습니다. 응당 해야 할 일을 하고 설령 성공하지 못하더라도 해야 할 일을 했으니 후회하지 않는 사람입니다. 설령 위험천만한 일이라고 해도 가야 한다면 갑니다. 이런 유형의 사람은 위대한 사업을 이룰 수 있는 사람입니다.

　제갈량은 마음으로 리드하는 사람이었습니다. 가치관에 따라 일을 하고, 분명 불가함을 알았어도 그것을 행했습니다. 비록 자신을 희생하고 성공을 이루지 못했어도 수많은 사람들을 그의 길로 이끌었습니다. 이것의 그의 위대함입니다.

　사마의는 제갈량과는 달랐습니다. 사마의는 머리로 리드한 사람이었습니다. 그의 머리는 냉정하고 판단은 정확했습니다. 남다른 담력과 식견 그리고 뛰어난 전략에 의거하여 전쟁에서 하나하나 승리를 얻었습니다. 사마의의 일생은 다음 네 자로 총결할 수 있는데, '은隱', '준準', '한狠', '인忍'이 바로 그것입니다. 그는 보통 사람처럼 사심과 잡념이 있었고 욕망과 권력에 대한 야심이 있는 사람이었습니다. 사마의의 일생을 읽다 보면 아마도 우리 같은 보통 사람들을 깨우치고 본보기가 되는 것들이 아주 많을 것입니다. 왜냐하면 우리의 마음속 세계에는 사마의처럼 사심과 잡념, 욕망과 야심이 깃들어 있기 때문입니다. 요즘같이 유혹으로 충만한 시대에 어떻게 자신의 내면 세계를 잘 관리해야 할 것인가는 모든 사람들이 직면한 커다란 과제입니다.

사마의는 보통 사람보다 더 보통 사람 같았고, 제갈량은 위인보다 더 위인다웠습니다. 만약 비유를 해 본다면, 제갈량은 등댓불과 같은 사람으로 이 등대에서 나오는 불빛은 역사의 희미한 안개를 뚫고 밝게 우리 보통 사람들의 마음속 세계를 비춰줍니다. 사마의는 거울입니다. 이 거울은 우리로 하여금 항상 진실한 자기를 비춰보고 반성하게 하고 깨닫게 합니다. 진실한 자신을 보는 것은 우리 한 개인이 발전하는 시작이고 우리 사회가 발전하는 시작이기도 합니다.

여러분들이 역사와 사람을 거울로 삼아보길 희망합니다. 앞으로 나아가는 길에는 자신의 내면 세계를 밝게 비춰주는 등대도 있고, 자신의 청결함과 부족함을 보도록 도와주는 거울도 있기 마련입니다. 이렇게 해서 우리는 비로소 마음속에 밝은 빛을 갖게 되고 매일 거리낌 없고 충실한 인생의 대도로 나아갈 수 있을 것입니다. 여기에 사마의를 이야기하는 진정한 의미가 있다고 생각합니다.

부록

사마의 열전 _『진서』「선제기」

선황제宣皇帝의 휘는 의懿이고 자는 중달仲達이다. 하내河內 온현溫縣 효경리孝敬里 사람으로 성은 사마司馬다. 그의 선조는 고양高陽의 아들 중려重黎의 후대, 즉 하관夏官 축융祝融이다. 당唐, 우虞, 하夏, 상商 각 왕조를 거치며 대대로 그 관직을 이어받았다. 주周나라에 이르러 하관이 사마로 바꾸었다. 그 후대 정백휴보程伯休父는 주나라 선왕宣王 때 세습 관직의 신분으로 서방徐方을 평정하여 사마를 족성으로 하사받았다. 이때부터 사마는 그들의 성씨가 되었다. 초한楚漢 사이에 사마앙司馬卬은 조趙나라의 장수로 제후군과 더불어 진秦나라를 벌했다. 진나라가 멸망한 후 자립하여 은왕殷王이 되어 도읍을 하내로 삼았다. 한나라가 그 땅을 군郡으로 정하면서 자손 대대로 그곳에 거주하게 되었다. 사마앙 이후 8세손으로 정서장군 사마균司馬鈞이 태어났다. 자는 숙평叔平이다. 사마균은 예장豫章 태수 사마량司馬量을 낳았다. 자는 공도公度이다. 사마량은 영천穎川 태수 사마준司馬儁을 낳았고 자는 원이元異이다. 사마준은 경조윤京兆尹 사마방司馬防을 낳았고, 자는 건공建公이다. 사마의는 사마방의 둘째 아들이다. 사마의는 어렸을 때 비범한 기개가 있었고 총명하고 원대한 지향이 있어 두루 배움에 힘쓰며 견문과 학문에 힘써 마음을 유교에 두었다. 한나라 말기 천하가 어지러워지자 사마의는 항상 감개하여 천하를 걱정하는 마음을 품었다. 같은 군 사람 남양南陽 태수 양준楊俊이 인재를 잘 식별하는 것으로 이름이 났는데, 당시 미성년이었던 사마의를 보고는 특별한 인재라고 여겼다. 청하淸河 사람 상서尙書 최염崔琰은 사마의의 형 사마랑司馬朗과 벗이었는데, 일찍이 사마랑에게 말했다.

"자네의 동생은 총명하고 사리에 밝고 강단이 있고 영특한 것이 보통 사람과 비할 바가 아니네."

한나라 건안建安 6년, 군에서 상계연上計掾(중앙에 파견하는 회계 담당 관리)을 천거했다. 당시 사공司空이던 조조는 사마의의 명성을 듣고 그에게 벼슬을 내리려 했다. 사마의는 한나라의 명운이 바야흐로 쇠퇴하고 있지만 조씨에게 절개를 굽히고 싶지 않아 풍습병 때문에 정상적으로 생활할 수 없다는 이유를 들어 이를 사양했다. 조조는 밤에 몰래 사람을 보내 상황을 정탐하게 했는데 사마의는 누워 미동도 하지 않았다. 조조가 승상이 되었을 때 다시 사마의를 문학연文學掾으로 발탁하려고 사람을 보내면서 "만일 그가 또 한 번 핑계를 대며 미루면 그를 감옥에 집어넣어라."라고 명했다. 사마의는 두려워 직을 받아들였다. 이리하여 태자와 함께 어울리게 되었고, 이어 황문시랑黃門侍郎으로 승진하고 다시 의랑議郎, 승상동조속丞相東曹屬을 거쳐 곧이어 주부主簿로 임명되었다.

사마의는 조조를 따라 장로張魯를 토벌하러 갔을 때 조조에게 진언했다.

"유비는 기만과 무력으로 유장劉璋을 포로로 잡고 있어 촉 사람들이 아직 귀부하지 않았는데도 멀리 있는 강릉江陵을 빼앗으려고 하니 이번 기회는 놓쳐서는 안 됩니다. 지금 우리가 한중漢中으로

가 진열을 갖추고 위엄을 보이면 익주益州는 깜짝 놀라게 될 것입니다. 이 기회를 틈타 군사를 출병하면 세는 반드시 와해될 것입니다. 이런 기세를 이용하면 쉽게 공업을 이룰 것입니다. 성인은 천시를 거슬려서는 안 되고 또한 시기를 잃어서도 안 됩니다."

조조가 말했다.

"사람이 고생스러운 것은 만족을 모르기 때문이다. 이미 농隴의 오른쪽을 얻었는데 다시 촉을 얻으려고 하는구나!"

그리고는 결국 사마의의 의견을 받아들이지 않았다. 얼마 지나지 않아 사마의는 다시 조조를 따라 손권을 토벌하러 가 손권의 군대를 대파했다. 군대가 돌아가자 손권은 사자를 보내 귀순할 것을 애걸하며 상주문에서 신하를 칭하면서 이것이 천명에 따른 것임을 표명했다. 조조가 말했다.

"이 어린 녀석이 나를 화롯불 위에 놓고 구우려고 하는구나!"

사마의가 답하여 말했다.

"한나라의 운명이 이미 끝났습니다. 승상은 천하의 10분의 9를 차지하고 있으니 그것을 보살피소서. 손권이 칭신을 한 것은 하늘과 사람 모두의 뜻입니다. 우, 하, 은, 주가 겸양하고 사양하지 않은 것은 천명을 알고 경외했기 때문입니다."

위나라가 건국되자 사마의는 태자의 중서자中庶子(시종관)로 임명되었다. 매번 중대한 결정에 참여했고 그때마다 뛰어난 계책으로 태자의 신임을 얻어, 진군陳群, 오질吳質, 주삭朱鑠과 더불어 사우四友로 칭해졌다.

사마의는 군사마軍司馬로 승진하여 조조에게 말했다.

"옛날 기자箕子는 치국의 계책을 논하면서 백성들을 먹이는 것을 으뜸으로 삼았습니다. 지금 천하에 밭을 갈지 않는 사람이 20여만호에 이르니 이는 나라를 경영하는 장구한 계책은 아닙니다. 비록 전쟁이 끝나 창과 갑옷을 벗어던지지 않았더라도 응당 한편에서는 밭을 갈면서 변방을 지켜야 합니다."

조조가 이 의견을 받아들여 이로부터 농사에 힘쓰고 양식을 쌓아 국가의 재물이 풍족하게 되었다. 사마의는 또 형주자사 호수胡脩가 잔폭하고 남양태수 부방傅方이 교만하고 사치를 일삼는 것을 상주하여 이들에게 변방을 지키게 하는 일의 불가함을 지적했으나 조조는 이를 살피지 않았다. 촉장 관우가 조인曹仁을 번성樊城에 포위하고 우금于禁 등 7군이 모두 몰사하자, 호수와 부방이 결국 관우에게 투항했다. 이로 인해 조인은 더욱 위급한 상태에 놓이게 되었다.

이때 한나라 황제는 허창許昌을 국도로 하고 있었는데, 조조는 허창이 적과의 거리가 너무 가까워 황하 이북으로 천도할 것을 고려하고 있었다. 사마의는 간하여 말했다.

"우금 등 부대가 수공에 의해 패배했지만 지키는 싸움에서 잃어버린 바가 있는 것은 아닙니다. 국가의 대계로 보면 아직 잃은 바가 없습니다. 그런데 경솔하게 도읍을 옮기면 적들에게 약함을 보이는 것일 뿐 아니라 회淮와 면沔 일대의 백성들을 크게 불안하게 할 것입니다. 손권과 유비는 겉으로는 친한 듯해도 내심으로는 소원하니 관우가 승리하여 뜻을 이루는 것은 손권이 바라는 바가 아닐 것입니다. 손권에게 가 그로 하여금 관우의 후방을 견제하라고 하면 번성의 포위는 자연히 풀릴 것입니다."

조조는 이 의견을 받아들였다. 손권이 과연 여몽을 파견하여 서쪽으로 공안公安을 습격하여 점령하자 관우는 마침내 여몽에 의해 사로잡히게 되었다.

조조가 형주의 유민과 영천의 둔전에서 변방을 지키던 백성들이 남쪽의 적과 너무 가까이 있다고 여겨 이들을 모두 이전시키려고 하였다. 사마의가 말했다.

"형초荊楚의 사람들은 경솔하여 쉽게 소동을 일으키니 안무하기가 어렵습니다. 관우가 막 격파되어 온갖 나쁜 짓을 저지른 무리들은 쥐새끼처럼 숨어 관망하고 있습니다. 지금 선량한 백성들을 이전하라고 명하신다면 그들의 뜻을 상하게 할 뿐만 아니라 도망가 밖에 있던 사람들도 감히 돌아오려고 하지 않을 것입니다."

조조가 이 의견을 따랐다. 그 후 도망간 사람들 모두 돌아와 본업에 종사하였다.

조조가 낙양에서 죽자 조야가 놀라 두려워했다. 사마의가 장례를 주재하여 조정 내외가 숙연했다. 이에 친히 영구를 받들어 업鄴으로 돌아왔다.

위 문제(조비)가 즉위한 후 사마의는 하진정후河津亭侯에 봉해졌고 승상장사丞相長史가 되었다. 때마침 손권이 병사를 이끌고 서쪽을 지나가자 조정에서는 번과 양양에 양식이 없어 이곳에서 적을 막을 수 없을 것이라는 의론이 일었다. 당시 조인이 양양을 지키고 있었는데 조인을 완宛으로 불러들이려고 했다. 사마의는 말했다.

"손권은 최근 관우를 격파했습니다. 이번 일은 그가 스스로 이 일을 매듭지을 때라고 생각하는 것이므로 분명 환란을 일으키지 않을 것입니다. 양양은 수륙 교통의 요지이고 적을 막을 수 있는 요충지이므로 버려서는 안 됩니다."

결국 그의 말은 채택되지 않았다. 이에 조인은 두 성을 불태워 버렸으나 손권이 침범하지 않자 위 문제는 이를 후회했다.

위나라가 한나라를 선양하여 접수한 후 사마의는 상서尙書로 임명되었다. 얼마 안 되어 다시 독군督軍, 어사중승御史中丞으로 임명되고 안국향후安國鄕侯로 봉해졌다.

황초黃初 2년, 독군의 직무에서 면직되고 시중侍中, 상서우복야尙書右僕射로 승진했다.

5년, 천자가 남순하여 오나라 변경에서 군대를 사열했다. 사마의는 남아 허창을 지켰다. 다시 향향후向鄕侯에 봉해졌다 무군撫軍, 가절假節을 받아 5천의 병사를 통솔하고, 급사중給事中, 녹상서사錄尙書事의 직위가 더해졌다. 사마의는 고사하였으나, 천자가 말했다.

"나는 잡다한 많은 일 때문에 날로 밤을 새며 조금도 쉴 틈이 없다. 이는 영예로운 것이 아니라 나와 근심을 나누는 것일 뿐이네."

6년, 천자는 다시 수군을 일으켜 오나라를 정벌하러 가면서 사마의를 남아 지키게 하고, 안으로는 백성을 진무하고 밖으로는 군용물자를 공급하게 했다. 출발에 즈음하여 조서를 내려 말했다.

"나는 후방의 일을 심히 염려하여 경에게 이를 위임하네. 조참曹參의 전공이 있다고 해도 소하蕭何가 더 중요했네. 내가 서쪽(후방)의 일을 걱정하지 않는다면 또한 좋은 일 아니겠는가!"

천자가 광릉廣陵에서 낙양으로 돌아와 사마의에게 말했다.

"내가 동쪽에 있으면 그대는 응당 서쪽의 일을 총괄하고, 내가 서쪽에 있으면 그대는 응당 동쪽의 일을 맡아서 하시오."

이리하여 사마의는 허창에 남아 머물렀다.

천자의 병이 중해지자 사마의는 조진, 진군 등과 숭화전崇華殿의

남당에서 천자를 배알하고 함께 유언을 받들어 정치를 보좌했다. 조서에서 태자에게 "이 세 사람과 사이가 벌어져도 결코 그들을 의심하지 말라."고 했다. 명제가 즉위한 후 다시 무양후舞陽侯에 봉해졌다.

태화太和 원년 6월, 천자는 사마의에게 완을 지키도록 명하고는 형주荊州와 예주豫州 두 주의 군사軍事를 감독하게 했다.

당초 촉나라 장수 맹달孟達이 투항했을 때 위나라 조정은 그를 아주 후대했다. 사마의는 맹달의 언행이 간사하여 신임할 수 없다고 여겨 누차 그를 받아들이지 말 것을 진언했으나 받아들여지지 않았다. 맹달은 신성新城 태수에 임명되어 후에 봉해지고 가절을 받았다. 맹달은 오나라와 연계하고 촉나라에 붙어 중원을 도모하려 했다. 촉 승상 제갈량은 그가 이랬다저랬다 하는 것을 싫어했고 그가 우환이 될 것을 염려했다. 맹달과 위흥魏興 태수 신의申儀 사이에 틈이 생기자, 제갈량은 그로 하여금 병사를 일으켜 거사를 일으키도록 할 요량으로 곽모郭模를 거짓으로 투항하게 해 신의에게 맹달의 음모를 누설하게 했다. 맹달은 자신의 음모가 누설된 것을 알고는 거병할 준비를 했다. 사마의는 맹달이 곧바로 거병하는 것이 두려워 즉시 서신을 보내 말했다.

"장군은 종전에 유비를 배반하고 우리 나라에 투신했습니다. 국가는 변방을 지키는 중임을 장군에게 위임하여 촉나라를 도모하는 일을 맡긴 것은 밝은 태양처럼 분명한 것이라 할 수 있습니다. 촉나라 사람 중에서 어리석은 사람이나 지혜로운 사람이나 모두 장군에게 이를 갈지 않는 사람이 없습니다. 제갈량이 우리 사이를 깨뜨리고자 하나 고생만 할 뿐 방법이 없을 뿐입니다. 곽모가 한 말은 작은 일이 아닙니다. 제갈량이 어찌 가볍게 누설한 것이겠습니까? 이는 아주 쉽게 알 수 있을 것입니다."

맹달은 이 서신을 받고 매우 기뻐하며 거병을 미루고 결정을 내리지 않았다. 이에 사마의는 비밀리에 군사를 일으켜 토벌하러 떠났다. 장군들은 맹달과 오촉이 결탁하고 있다고 여겨 먼저 관망하면서 움직일 것을 주장했다. 사마의가 말했다.

"맹달은 신의가 없어 지금은 그들 서로가 의심하고 있을 때다. 맹달이 아직 결정을 내리지 않은 기회를 틈타서 빨리 결정지어야 한다."

이리하여 빠른 속도로 밤낮으로 달려 8일 만에 성 아래에 이르렀다. 오나라와 촉나라는 각각 서성西城 안교安橋, 목란새木蘭塞에 장수를 보내 맹달을 구원하려 했으나 사마의가 장수들을 나누어 이들을 막게 했다.

당초, 맹달은 제갈량에서 서신을 보낸 적이 있다.

"완은 낙양에서 800리이고 나와는 1,200리 떨어져 있습니다. 내가 거사를 준비한다는 소식이 들리면 그는 응당 먼저 천자에게 상주를 올려야 하고, 이렇게 왔다갔다하면 1개월이 걸릴 것입니다. 그 때면 내 성은 이미 견고해지고 군마도 그런대로 충분할 것입니다. 또한 내가 있는 이곳은 궁벽지고 험하여 사마공은 분명 친히 오지 않을 것입니다. 다른 장수들이 온다면 나 또한 두렵지 않습니다."

대군이 도달했을 때 맹달은 다시 제갈량에게 통보하여 말했다.

"내가 거사를 한 지 겨우 8일인데 적병이 이미 성 아래에 이르렀습니다. 어찌 이리 신속할 수 있단 말입니까!"

상용성上庸城은 삼면이 물로 막혀 있어 맹달은 성 밖에 목책을 설치하고 방어했다. 사마의가 물을 건너 목책을 파괴하고 곧바로 성 아래에까지 이르렀다. 인마를 여덟 길로 나누어 성을 공격하니 16일째 되던 날 맹달의 생질 등현鄧賢, 장수 이보李輔 등이 성문을 열고 투항했다. 사마의는 맹달을 참하고 수급을 경사로 보냈다. 1만여 명을 포로 붙잡아 군사를 거두어 완으로 돌아왔다. 그리고 농사와 양잠을 권하고 사치와 낭비를 금하자 남쪽 땅이 기뻐하며 귀부했다.

당초 신의는 오랫동안 위흥魏興에 주둔하면서 변경에서 멋대로 위세를 부리고 걸핏하면 조정의 뜻이라고 하면서 사사로이 인장을 만들었는데 모두 가짜로 수여한 것이었다. 맹달이 피살된 이후 자신도 의심을 갖게 되었다. 당시 각 군을 지키는 신하들은 사마의가 막 승리를 했다는 소식을 듣고 분분히 예물을 보내 축하를 했는데 모두 받아들였다. 사마의는 사람을 시켜 신의를 타이르고 신의가 오자 성지를 위조하여 조정의 뜻을 전한 상황을 심문하고 그를 포박하여 경사로 압송했다. 또 맹달을 따르던 7,000여 가를 유주幽州로 이주시켰다. 촉장 요정姚靜, 정타鄭他 등이 부하 7,000여 명을 이끌고 투항했다.

당시 변경의 각 군이 막 귀순하여 대부분 호적과 명부가 없었다. 위나라 조정은 실태를 확인하기 위해 사마의가 경사에 와 조정에 보고하도록 했다. 천자가 묻자 사마의가 대답했다.

"적들은 엄한 법으로 백성을 통치해서 백성이 그들을 버렸습니다. 큰 법의 테두리를 널리 알려 관대하게 하면 자연스럽게 안정될 것입니다."

그리고 이어 두 적들을 토벌해야 하는데 어느 쪽을 먼저 할까를 묻자 대답했다.

"오나라는 중원 사람들이 수전에 익숙하지 않다고 여기고는 감히 동관東關에 산거하고 있습니다. 무릇 적을 공격하려면 반드시 그 목을 조르고 심장을 공격해야 합니다. 하구, 동관은 오나라의 심장이고 목구멍입니다. 만약 육군을 환성晥城(안휘성)쪽으로 보내어 손권을 동쪽 아래로 끌어내고 수군을 하구로 보내 그 허실을 타 공격하면 이는 마치 하늘에서 신병이 내려오는 것과 같아 반드시 그들을 격파할 수 있을 것입니다."

천자 또한 그렇게 여기고 사마의에게 완宛에 주둔하라고 명했다.

4년, 대장군으로 승진하고 덧붙여 대도독, 가황월假黃鉞이 되어 조진과 함께 촉을 토벌했다. 사마의가 서성西城에서 산길을 내고, 수륙 양군이 함께 면수를 거슬러 올라 바로 인朐에 이르러 신풍현新豊縣을 공략했다. 군대를 단구丹口에 주둔했으나 큰비를 만나 회군했다.

다음 해 제갈량이 천수天水를 침범하여 장군 가사賈嗣, 위평魏平을 기산祁山에서 포위했다. 천자가 말했다.

"서쪽에 일이 생겼는데 그대가 아니면 맡을 사람이 없네."

이에 사마의에게 서쪽 장안에 주둔하며 옹주雍州와 양주涼州의 군사 업무를 관할하게 하고, 거기장군車騎將軍 장합張郃, 후장군後將軍 비요費曜, 정촉호군征蜀護軍 대릉戴淩, 옹주자사雍州刺史 곽회郭淮 등을 이끌고 제갈량을 토벌하게 했다. 장합이 사마의에게 군사를 나누어 옹雍과 미郿에 주둔시키고 후방에서 지휘할 것을 권하자, 사마의가 말했다.

"만약 전군前軍이 홀로 적군을 막아낼 수 있다면 장군의 의견이

맞습니다. 만약 그렇지 못한데도 군사를 전후 두 부분으로 나누는 것은 초나라의 3군이 경포黥布에게 패배한 이유인 것입니다."

이리하여 유미郿麋로 진군했다. 제갈량은 대군이 곧 도착한다는 이야기를 듣고 친히 병사를 거느리고 상규上邽의 보리를 베려 했다. 여러 장수들이 두려워하자 사마의가 말했다.

"제갈량은 생각은 많지만 결단이 적으니 반드시 영채를 세워 견고하게 한 연후에 보리를 벨 것이다. 우리에게는 이틀의 시간이 있으니 밤낮으로 쉬지 않고 달리면 충분하다."

이리하여 경장으로 밤낮 행군하자 제갈량은 먼지가 이는 것을 보고 달아났다. 사마의가 말했다.

"우리는 밤낮을 쉬지 않고 달려오느라 아주 피로한데, 이는 군사에 밝은 사람이라면 노리는 바다. 제갈량은 감히 위수渭水를 점거하지 못했으니 이는 상대하기 아주 쉬운 일이다."

이어 한양漢陽으로 나가 주둔하고 제갈량과 마주치자 사마의는 진을 갖추고 촉군과 싸움을 벌였다. 장군 우금牛金을 경기병과 함께 보내 촉군을 유인하여 한 차례 교전하고 제갈량이 퇴각하자 기산까지 추격했다. 제갈량이 노성鹵城에 주둔하여 남북 두 개의 산을 점거하고 수원을 끊고 겹겹이 포위했다. 사마의가 포위망을 공격하여 돌파하자 제갈량은 밤을 이용해 도망갔다. 다시 그를 추격하여 격파하고 포로와 참한 사람이 1만여 명에 이르렀다. 천자가 사자를 보내 군을 위로하고 봉읍을 더해 주었다.

당시 군사였던 두습杜襲, 독군 설제薛悌가 내년에 보리가 익으면 제갈량이 반드시 침벌할 것이고, 농서隴西에 식량이 없으니 겨울에 미리 운송하자고 말했다. 사마의가 말했다.

"제갈량이 다시 기산을 나오면 진창陳倉을 공격할 것이고 막히면 돌아갈 것이다. 설명 그가 이후 다시 나온다고 해도 성을 공격하지는 않고 야전을 택할 것이므로 반드시 농동隴東에 있지 농서에 있지 않을 것이다. 제갈량은 항상 식량이 부족한 것을 한으로 여겼기 때문에 돌아가서는 분명 식량을 쌓을 것이다. 내 추측에 따르면 3년이 지나지 않으면 움직이지 않을 것이다."

이리하여 기주冀州의 농부들을 상규上邽로 옮길 것을 상주하고 경조京兆, 천수天水, 남안南安의 감독과 관리를 강화했다.

청룡 원년, 성국거成國渠를 뚫고, 임친피臨晉陂를 건설하여 수천 경의 밭에 물을 대어 나라가 이로 인해 충실해졌다.

2년, 제갈량이 다시 10여 만 군을 이끌고 야곡斜谷을 나와 미郿지역의 위수 남쪽 평원에 보루를 설치했다. 천자가 이를 걱정하여 정촉호군征蜀護軍 진랑秦朗과 보병과 기병 2만을 파견하여 사마의의 지휘를 받게 했다. 여러 장수들이 위수 북쪽에서 싸우려고 했다. 사마의가 말했다.

"백성들이 모두 위수 남쪽에 모여 살고 있으니, 이곳이 반드시 싸워야 할 곳이다."

이리하여 군대를 이끌고 강을 건너 강을 등지고 보루를 설치했다. 그리고 이어 말했다.

"제갈량이 만약 용감하다면 반드시 무공武功에서 출발하여 산을 끼고 동쪽으로 진군해야 한다. 만약 서쪽 오장원五丈原으로 올라온다면 각 군사들은 평안할 것이다."

제갈량이 과연 평원으로 올라와 북쪽에서 위수를 건널 준비를 하자 사마의는 장수 주당周當을 보내 양수陽遂에 진을 치고 촉군을 유인했다. 수일 제갈량은 움직이지 않았다. 사마의가 말했다.

"제갈량이 평원에서 싸우려 하고 양수로 가지 않은 의도를 알만 하다."

장수 호준胡遵, 옹주 자사 곽회를 보내 함께 양수를 경계하게 하고 제갈량과는 적석積石에서 만났다. 평원에 이르러 싸웠으나 제갈량은 나아가지 못하고 다시 오장원으로 돌아왔다. 혜성이 제갈량의 영내에 떨어지자 사마의는 제갈량이 분명 실패할 것임을 알고는 기병奇兵을 보내 제갈량의 후방을 견제하여 500여 명을 베고 1,000여 명을 사로잡고 투항한 자도 600여 명에 이르렀다.

당시 조정에서는 제갈량이 먼 곳에서 온 원정군이어서 속전속결이 유리하기 때문에 매번 사마의로 하여금 신중하게 그 변화를 기다릴 것을 명했다. 제갈량이 여러 차례 도전했지만 사마의는 나가 싸우지 않았다. 그러자 제갈량이 사마의에게 여인의 의복을 보냈다. 사마의가 대노하여 결전을 청하는 표를 올렸으나 천자가 허가하지 않고 강직한 신하인 위위衛尉 신비辛毗를 부절을 가진 군사로 임명하여 사마의를 제지했다. 후에 제갈량이 다시 싸움을 걸자 사마의는 나아가 싸우려 했다. 신비가 손에 부절을 들고 군문에 서서 막자 사마의는 멈출 수밖에 없었다. 당초, 촉장 강유姜維가 신비가 왔다는 이야기를 듣고 제갈량에게 말했다.

"신비가 부절을 가지고 왔으니 적들은 더 이상 싸우려 나오지 않을 것입니다."

제갈량이 말했다.

"그는 본래 싸울 마음이 없었다. 그가 단호하게 싸움을 청한 까닭은 병사들 앞에서 그의 무위를 보여주려고 한 것일 뿐이다. 장수가 군중에 있으면 임금의 명이 있어도 받지 않는 법인데, 진실로 나와 싸우려고 한다면 어찌 천리 멀리 떨어진 곳에 가서 싸움을 청하겠는가?"

사마의의 동생 사마부司馬孚가 군사에 관한 일을 묻는 서신을 보내자 사마의는 답신에 이렇게 썼다.

"제갈량은 뜻은 크지만 기회를 볼 줄 모르고, 모략은 많지만 결단은 적고, 용병을 좋아하지만 임기응변이 없어 비록 10만 사졸을 거느리고 있을지라도 이미 내 그림 속에 들어와 있어 이를 깨뜨리는 것은 의심할 필요가 없다."

제갈량과 100여 일을 대치하다 때마침 제갈량이 병사하자 장수들이 군영에 불을 지르고 몰래 도망갔다. 백성들이 달려와 보고하자 사마의는 출병하여 그들을 추격했다. 제갈량의 장사長史인 양의楊儀가 군기를 돌려 북을 울리며 마치 사마의와 싸우려고 했다. 사마의가 몰린 적은 몰아붙이지 않아야 한다고 여겨 양의는 진을 유지하며 물러갔다. 며칠이 지나 사마의가 제갈량의 군영에 이르러 남은 물건들을 살피고 많은 서적과 군량을 노획했다. 사마의는 제갈량이 죽었음을 확인하며 말했다. "천하의 기재구나."

신비는 아직 알 수 없다고 여겼다. 사마의가 말했다.

"병가에서 중하게 여기는 것은 군사 문서와 병마 양초인데 지금 모두 버렸다. 어찌 오장을 버리고 살 수 있는 사람이 있을 수 있겠는가? 지금 바로 추격해야 한다."

관중에는 질려(가시달린 풀)가 많았는데 사마의는 2,000여 군사에게 바닥이 부드럽고 굽이 낮은 왜나막신을 신고 전진할 것을 명하고, 질려가 모두 왜나막신에 붙은 후 기병과 보병이 같이 출발하게 했다. 적안赤岸까지 추격하니 제갈량이 죽었다는 소식이 확실해졌다. 당시 백성들은 이 일에 대해 노래를 지어 불렀다.

"죽은 공명이 산 중달을 달아나게 했다."

사마의는 이 말을 듣고 웃으며 말했다.

"나는 산 사람을 잘 알지 죽은 사람을 잘 알지 못하기 때문이다."

이전에 제갈량이 사자를 보낸 적이 있었는데, 사마의가 물었다.

"제갈공의 기거는 어떠하고, 얼마나 먹는가?" 이에 "삼사승을 정도입니다."라고 답했다. 이어 정사를 묻자 "곤장 20대 이상의 벌은 모두 친히 처리하십니다."라고 했다. 사마의는 후에 사람들에게 말했다.

"제갈공명이 어찌 오래 살 수 있겠는가!"

결국 그 말과 같았다. 제갈량 부장 양의와 위연魏延이 서로 권력을 다투어 양의가 위연을 죽이자 그의 군대를 병탐했다. 사마의는 이 기회를 틈타 진군하려 했으나 이를 불허하는 조서가 내려와 그만두었다.

3년, 사마의는 태위로 승진하고 봉읍이 더해졌다. 촉장 마대馬岱가 침입하자 사마의는 장군 우금을 보내 격퇴하고 1,000여 명의 수급을 베었다.

무도武都의 저왕氐王 부쌍付雙, 강단强端이 부하 6,000여 명을 이끌고 투항했다.

관동에 기황이 들자 사마의는 장안에서 경사로 500만 곡斛의 양식을 운송했다.

4년, 사마의는 백록白鹿을 잡아 천자에서 바쳤다. 천자가 말했다.

"옛날 주공 단旦이 성왕成王을 보좌할 때 백치白雉(꿩)를 바친 적이 있습니다. 지금 그대가 섬서를 관할하면서 백록을 바치니 이 어찌 그 충성스러움이 서로 부합하는 것이 아니겠습니까? 천년이 같은 마음으로 이어져 함께 나라를 다스리니 이 경사가 영원히 계속되는구나!"

요동 태수 공손문의公孫文懿가 모반했을 때 사마의를 경사로 불러들였다. 천자가 말했다.

"애초 그대를 수고롭게 하지 않으려 했으나 이번 일은 반드시 이겨야 하는 것이기 때문에 그대를 번거롭게 하는 것이오. 그대는 그가 어떤 계책을 갖고 있을 것으로 생각하시오?"

이에 사마의가 답했다.

"성을 버리고 사전에 떠나는 것이 상책입니다. 요수를 점거하고 대군으로 가로막는 것은 중책입니다. 앉아서 양평을 지키면 반드시 사로잡히게 될 것입니다."

천자가 말했다.

"그렇다면 그는 어떤 계책으로 나올까요?"

이에 사마의가 답했다.

"오직 밝은 사람만이 상대와 자신을 깊이 헤아릴 수 있습니다. 사전에 버리는 것은 그가 할 수 있는 바가 아닙니다. 지금 멀리 떨어져 원정을 한 우리 군대가 지구전을 할 수 없다고 여겨 반드시 먼저 요수를 점거하고 지키려 할 것인데, 이는 중·하책입니다." 천자가 말했다.

"갔다가 돌아오려면 얼마나 걸릴 것 같소?"

이에 사마의가 답했다.

"가는 데 100일, 돌아오는 데 100일, 공격하는 데 100일, 그리고 60일은 휴식하는 데 쓰면 1년이면 충분할 것입니다."

당시는 대규모로 궁실을 짓고 있었다. 여기에 군대를 편성하는 것이 더해지니 백성들이 굶주리고 피폐해졌다. 사마의는 군대를 꾸리려 하면서 간하여 말했다.

"옛날 주공은 낙읍을 건설하고, 소하는 미앙궁未央宮을 세웠습니다. 지금 궁실이 아직 갖추어지지 않은 것은 신의 책임입니다. 하지만 황하 북쪽의 백성들이 곤궁하고 안팎으로 노역에 시달리고 있으니 동시에 일을 일으킬 수 있는 상황이 아닙니다. 마땅히 궁전을 짓는 일을 잠시 멈추고 시급한 일부터 먼저 해결하소서."

경초景初 2년, 우금, 호준 등 보병과 기병 4만을 거느리고 경도에서 출발했다. 천자가 서명문西明門까지 나와 환송하고, 동생 사마부와 아들 사마사에게 명하여 온溫현을 지나며 송별하도록 하고 곡穀, 백帛, 우牛, 주酒를 내리고 군수와 전농典農 이하의 관리는 모두 사마의에게 가 인사하도록 칙령을 내렸다. 사마의는 부로와 옛 친구들을 만나 며칠간 연회를 베풀었다. 사마의는 탄식하고 울적한 마음을 노래했다.

> 천지개벽하여 일월이 다시 빛나네. 天地開闢, 日月重光
> 때마침 시기를 얻어 힘을 다해 나라를 지켰네. 遭遇際會, 畢力遐方.
> 장차 적의 무리를 소탕하러 가며 고향을 지나게 되었네. 將掃群穢, 還過故鄉.
> 만 리를 숙청하여 천하를 통일하려네. 肅清萬里, 總齊八荒.
> 공을 이루고 물러나 무양에서 죄받길 기다리겠네. 告成歸老,

待罪舞陽.

그리고 진군하여 고죽孤竹을 지나 갈석碣石을 넘어 요수遼水에 진을 쳤다. 공손문의는 과연 보병과 기병 수만을 파견하여 요수遼隧를 차단하고 성벽을 견고히 하고 지키며 남북 60~70리에 걸쳐 사마의에 대항했다. 사마의가 중무장한 병사와 무수한 깃발을 남쪽에서 내보이자 적의 정예가 모두 달려 나왔다. 이에 사마의는 배를 이용해 몰래 대군을 그 북쪽으로 출격하게 하고 적진과 가까워지자 배를 침몰시키고 교량을 불태우고 요수를 따라 긴 포위망을 구축하고는 적군을 내버려두고 양평을 향해 출발했다. 여러 장수들이 말했다.

"적군을 공격하지 않고 포위망만 구축하는 것은 병사들에게 보여줄 좋은 방법이 아닙니다."

사마의가 말했다. "적들이 영채를 견고히 하고 보루를 높이는 것은 우리 병사들을 피로하게 하려는 것이다. 그들을 공격하면 그 계책에 당하는 것으로, 이는 왕읍王邑(왕망의 종제)이 곤양昆陽에서 치욕을 당했던 이유이다. 옛사람이 이르길, '적이 비록 성벽을 높이 쌓고 보루를 견고히 해도 부득불 우리와 싸우는 까닭은 그들이 반드시 구해야 할 곳을 공격하기 때문인 것이다.'라 했다. 적의 대군이 이곳에 모여 있으니 그들의 소굴은 비어 있을 것이다. 우리가 곧바로 양평을 공격하면 적들의 마음속에 두려움이 생길 것이고 그들이 두려움을 품고 싸움을 구하면 반드시 패배할 것이다."

이리하여 진을 정돈하고 출발했다. 적군이 그들의 후방에 군대가 나타난 것을 보고는 과연 싸우러 나왔다. 사마의는 제장들에게 말했다.

"그들의 군영을 공격하지 않았던 까닭은 바로 이런 상황을 유도하고자 한 것이니 이 기회를 잃어서는 안 된다."

이에 병사를 거느리고 반격하여 대파하고, 세 번 싸워 모두 대승을 거두었다. 적군이 양평을 지키기 위해 퇴각하자 진군하여 그곳을 포위했다.

당초, 공손문의는 위군이 출발했다는 소식을 들은 후 손권에게 구원을 청했다. 손권도 멀리서 출병하여 그를 성원하며 공손문의에게 서신을 보내 말했다.

"사마공은 용병에 능하고 그 변화가 신과 같아 당해낼 자가 없으니 그대 때문에 심히 걱정이 되네."

때마침 연일 큰비가 내려 평지가 수척이나 물로 덮이자 삼군의 장사들이 두려워 군영을 옮기고자 했다. 사마의는 군중에 영을 내려 감히 옮기는 자는 참한다고 했다. 도독 영사令史 장정張靜이 영을 어겨 그를 참하자 군중이 곧 안정되었다. 적들은 물을 믿고 땔감을 베고 방목하는 등 태연하게 있었다. 제장들이 그들을 붙잡으려고 했으나 사마의가 허락하지 않았다. 사마 진규陳珪가 말했다.

"이전에 상용을 공격할 때는 8부가 동시에 밤낮으로 진군하여 5~6일 만에 견고하게 지키던 성을 함락시키고 맹달을 죽였습니다. 지금은 멀리서 와 오히려 편안하고 느긋하게 있으니 어리석은 저는 잘 모르겠습니다."

사마의가 말했다.

"맹달은 병사는 적으나 먹을거리는 1년을 버틸 수 있었고, 우리 쪽 병사는 맹달의 네 배에 이르렀지만 식량은 1개월치밖에 없었다. 1개월을 버틸 수 있는 병력으로 1년을 버틸 수 있는 병력을 상대해야 하는데 어찌 속전하지 않을 수 있겠느냐? 4로써 1과 싸우는데 설령 절반을 잃는다 해도 응당 이렇게 해야 하는 것이다. 이처럼 사상자가 얼마인지를 고려하지 않은 까닭은 식량과 경쟁해야 했기 때문이다. 지금 적은 많고 우리는 적어, 적은 굶주리고 우리는 배부르다. 비 또한 이렇게 내리니 효과를 낼 방도가 없다. 비록 속도를 가해 진행한다고 뭘 더 할 수 있겠느냐? 경사에서 출발한 이래 적군이 공격하는 것을 걱정한 것이 아니라 적군이 도망가는 것을 걱정했다. 지금 적군의 양초는 곧 떨어질 것이다. 그런데 포위가 아직 완전하지 않은데도 그들의 우마를 빼앗고 그들의 땔감을 약탈하는 것은 그들을 달아나게 몰아가는 것이다. 무릇 싸움이란 속이는 것이고 상황에 따라 임기응변을 잘 해야 한다. 적병은 사람이 많고 큰비에 의지하여 비록 배고프고 피곤해도 아직 항복하지 않고 있으니, 마땅히 무능한 듯 보여 그들을 안심시키고자 하는 것이다. 작은 이익을 취함으로써 그들을 놀라게 하는 것은 계책이 아니다."

　조정에서는 군대가 큰비를 맞았다는 소식을 듣고 모두들 군대를 돌릴 것을 주청했다. 천자가 말했다.

　"사마공은 위기에도 능히 응변할 능력이 있으니 머지않아 적들을 사로잡을 것이다."

　이윽고 비가 그치자 다시 포위를 했다. 토산을 쌓고 굴을 뚫고 커다란 방패와 망루, 사다리차를 준비하여 화살과 돌을 비처럼 쏘아 부으며 밤낮으로 성을 공격했다.

　당시 혜성이 떨어졌는데 백색으로 꼬리가 빛이 났다. 양평성 서

남쪽에서 동북방 양수梁水로 떨어지자 성안 사람들이 놀라고 두려워했다. 공손문의는 크게 두려워하여 상국相國 왕건王建, 어사대부 류보柳甫를 시켜 항복을 구걸하고 포위를 풀면 자신들이 손을 묶고 항복할 것을 청했다. 사마의는 이를 허락하지 않고 왕건 등을 모두 붙잡아 참했다. 격문으로 문의에게 말했다.

"과거 초楚와 정鄭은 같은 제후국이었으나 정나라 제후는 상의를 벗고 살아 있는 양을 끌고 초나라 군대를 영접했다. 나는 왕인王人이고 지위가 상공上公인데 왕건 등이 포위를 해제하고 군대를 철수하도록 요구한 것이 어찌 초와 정의 관계라 할 수 있겠는가! 이 두 사람은 나이가 들어 분명 말을 전하면서 뜻을 왜곡했을 것이므로 그대를 위해 참한 것이오. 만약 더 할 말이 있다면 다시 젊고 판단력 있는 이를 보내시오."

공손문의는 다시 시중 위연衛演을 보내 기한 내에 인질을 보낼 것을 애걸했다. 사마의는 위연에게 말했다.

"군사의 요체는 다섯 가지가 있다. 싸울 수 있으면 당연히 싸워야 하고, 싸울 수 없으면 지켜야 하고, 지킬 수 없으면 도망가야 하고, 나머지 두 가지는 항복하든가 죽는 것뿐이다. 너희가 손을 뒤로 묶고 투항하지 않는 것은 일전을 불사하겠다는 것이니 인질을 보낼 필요가 없다."

공손문의는 남쪽 포위망을 뚫고 달아나려고 했으나 사마의가 군사를 지휘하여 격파하고 혜성이 떨어진 양수에서 그를 참수했다. 성에 들어간 이후 두 개의 표지를 세워 신구를 구별했다. 15세 이상 된 남자 7,000여 명을 모두 죽이고 시체를 모아 무덤을 만들었다. 공경 이하의 관리는 모두 사형에 처하고 장군 필성畢盛

등 2,000여 명을 참수했다. 거둬들인 호구가 4만이고 인구는 30만이었다.

당초 공손문의는 그 숙부 공손공公孫恭의 권좌를 빼앗고 그를 구금했다. 모반을 일으키고자 할 때 장군 윤직綸直과 가범賈範 등이 쓴소리로 간했으나 문의는 그들을 모두 죽였다. 사마의는 공손공을 석방하고 윤직 등의 분묘를 세우고 그들의 후손을 표창했다. 영을 내려 말했다.

"옛날 한 나라를 정벌하는 것은 특별히 흉악한 사람을 죽이고자 하는 것이었다. 문의 때문에 잘못 연루된 다른 사람들은 다 용서할 것이다. 중원 사람으로 옛 고향으로 돌아가고자 하면 각자 자신이 원하는 대로 해라."

당시 어떤 병사가 너무 추워 짧은 저고리를 요청했는데 사마의는 주지 않았다. 누군가 말했다. "다행히 오래된 저고리가 많이 있으니 그들에게 주시지요." 사마의가 말했다.

"저고리는 관물이다. 신하된 사람은 사사로이 그것을 나누어 줄 수 없다."

그리고 조정에 상주하여 60세 이상의 군인 1,000여 명을 돌려보내고 관리들에게는 전쟁 중 사망한 집에 가 상을 치르게 했다. 그리고 군대를 철수했다. 천자가 사람을 계薊로 보내 군대를 위로하고 곤양을 하사하고 전에 봉읍으로 받은 두 현과 함께 식읍으로 삼게 했다.

애초에 사마의가 양평에 이르렀을 때 천자가 꿈에 나타나 천자가 자신의 무릎에 머리를 베고 이르길, "내 얼굴을 보시오."라고 했다. 내려다보니 평상시와 다른 모습을 보고는 마음속으로 두려워했다. 앞서 사마의에게 지름길로 관중에 들어가 지키라는 조서가 있었다. 백옥白屋에 이르렀을 때 사마의를 소환하는 조서가 있었는데 3일 사이에 다섯 번의 조서가 있었다. 손으로 쓴 조서에는 "최근 항상 두렵고 불안한 마음으로 그대가 오기를 기다리고 있으니, 오면 직접 문을 열고 들어와 나의 얼굴을 보시오."라고 쓰여 있었다. 사마의는 매우 놀라 추봉거追鋒車를 타고 밤낮으로 달려 백옥에서 400여 리를 하루 만에 도착했다. 가경전嘉福殿의 침실에 들어가 황제의 침상 앞으로 이르렀다. 사마의가 눈물을 흘리며 병세를 묻자 천자가 사마의의 손을 잡고 제왕齊王을 보며 말했다.

"후사를 그대에게 넘긴다. 죽음이란 뜻밖에도 참아낼 수 있는 것이구나. 내가 죽지 않고 그대를 기다려 이렇게 서로 보게 되었으니 더 이상 한이 없구나."

사마의는 대장군 조상曹爽과 함께 어린 주인을 보좌하는 유조를 받았다.

제왕이 즉위한 후 사마의는 시중, 지절, 도독중외제군, 녹상서사로 승진했고 조상과 함께 각각 병사 3,000명을 거느리고 공동으로 조정의 일을 맡고 돌아가며 조정에서 당번을 서며 수레를 타고 조정에 들어갈 수 있었다. 조상은 상서가 상주할 때 먼저 자신을 통할 생각으로 천자에게 진언하여 사마의를 대사마로 자리를 옮겨 임명했다. 이전의 대사마가 모두 재직할 때 죽은 것에 대한 의론이 조정에 있어 이에 사마의를 태부로 임명하고 어전에 들어갈 때 종종걸음으로 걸을 필요가 없고 천자를 알현할 때 이름을 대지 않으며 입궐할 때 검을 찰 수 있게 하는 등 모든 것을 한나라 소하의 구례를 따르게 했다. 사마의 집안의 관혼상제의 비용은 전부

관에서 제공하고 장남 사師를 산기상시散騎常侍로 임명하고 자제 3인을 열후로 삼고, 네 명은 기도위騎都尉로 삼았다. 사마의가 고집스럽게 사양하여 자제들은 관직을 받지 않았다.

정시正始 원년 봄 정월, 동왜東倭가 납공하고, 언기焉耆, 위수危須 각국과 약수弱水 이남, 선비鮮卑의 이름난 왕이 모두 사자를 보내 공납했다. 천자는 공로를 재상에게 돌려 사마의의 봉읍을 더해주었다.

처음 위 명제明帝는 궁실을 짓는 것을 좋아했고 양식도 호화롭고 사치스러워 백성들이 고통스러워했다. 사마의가 요동에서 돌아왔을 때 노역에 종사하는 사람이 1만여 명에 이르렀고, 조각과 완상품이 걸핏하면 수천을 헤아렸다. 이 때 이를 그만둘 것을 주청하여 비용을 절약하고 농사일에 힘써 천하가 안심하고 의지할 수 있도록 했다.

2년 여름 5월, 오나라 장수 전종全琮이 작피芍陂를 침범하고, 주연朱然, 손윤孫倫이 번성을 포위하고, 제갈근, 보즐步騭이 조중租中을 약탈하자 사마의는 친히 이들을 토벌할 것을 청했다. 의론자들은 모두 적들이 멀리까지 나와 번성을 포위하고 있으나 빠르게 성을 점령하지는 못할 것이라 하며, 그들을 견고한 성 아래에서 막으면 저절로 그 세가 무너질 것임으로 긴 계책으로 이를 막으면 된다고 주장했다. 사마의가 말했다.

"변경의 성이 적의 공격을 받았는데도 묘당에서 편안히 앉아만 있고, 변경에 소동이 생기면 백성들에게 의혹하는 마음이 생길 것인데, 이는 사직의 커다란 우환입니다."

6월, 각로 군마를 이끌고 남정하자 천자가 진양문津陽門에 나와 환송했다. 사마의는 남방의 날씨가 덥고 습하여 싸움을 오래 끌

수 없다고 생각하여 경기병을 보내 도전하게 하니 주연은 감히 출동하지 못했다. 이리하여 병사를 쉬게 하며 정돈하고 정예 군대를 정선하고 솔선하여 성에 오를 용사를 모집하여 호령을 내려 반드시 공격할 기세를 보여주었다. 오군이 야간이 도주하자 삼주구三州口까지 추격하여 죽이거나 포로로 잡은 수가 1만여에 이르렀고, 그들의 배와 물자를 거두고 돌아왔다. 천자는 시중상시侍中常侍를 파견하여 완에서 군대를 위로했다.

가을 7월 언鄢, 임영臨潁을 봉읍으로 추가하여 이전의 네 현을 모두 합치면 식읍이 만호에 이르렀고, 자제 열한 명도 모두 열후가 되었다. 사마의의 공훈과 명망이 날로 높아졌으나 더욱더 겸손하고 겸양했다. 태상太常 상림常林은 동향의 덕망 있는 장자였는데 사마의는 그를 볼 때마다 항상 절을 했다. 항상 자제들에게 경계하며 말했다.

"교만과 자만은 도가에서 금기시하는 것이다. 사시는 항상 추이에 따라 변하는 것인데, 내가 무슨 덕이 있어 이를 감당할 수 있겠느냐. 겸손하고 겸손해야 대체로 재앙을 면할 수 있을 것이로다!"

정시 3년 봄, 천자는 사마의의 부친 경조윤 사마방을 무양성후舞陽成侯로 추봉했다.

3월, 사마의는 광조거廣漕渠를 뚫어 황하의 물을 끌어 변하汴河에 흘러들게 하고 동남쪽의 경사진 밭에 물을 대어 비로소 회하淮河 이북에서도 대대적으로 농사를 지을 수 있게 되었다.

이전에 오나라가 제갈각諸葛恪을 파견하여 환晥(안휘)에 주둔하게 하고 변경의 마을들을 괴롭히자 사마의는 친히 제갈각을 공격하고자 했다. 조정의 많은 사람들은 적이 견고한 성에 의거하여 양식을 쌓아 놓고 관군을 유인하려는 것이므로, 지금 군대가 홀로 떨어져 멀리 원정을 가 공격하면 그들의 구원병이 금방 도착할 것이고, 그렇게 되면 우리 군의 진퇴가 어려워 이득이 없다고 생각했다. 사마의가 말했다.

"적들의 장점은 수전인데, 지금 그들의 성을 공격하는 것은 그 변화를 보고자 하는 것이다. 만약 그들이 장점을 발휘하여 성을 버리고 도망가면 이는 바로 조정이 승리하는 것이다. 만약 적들이 감히 고수한다면 호수는 겨울에 얕아져 배가 움직일 수 없으니 반드시 물을 버리고 서로를 구원하려고 할 형세가 될 것인데, 이는 그들의 단점이면서 또한 우리의 유리한 일이다."

4년 가을 9월, 사마의는 여러 군사를 이끌고 제갈각을 치러 나섰고, 천자가 진양문에서 환송했다. 군대가 서舒에 이르자 제갈각은 쌓아놓은 물자를 불지르고 성을 버리고 도망갔다.

사마의는 적들을 소멸할 관건은 식량을 축적하는 데 있다고 여기고 대규모로 둔전을 개간하며 지키려고 했다. 회양淮陽, 백척百尺 두 수로를 넓히고, 영潁 남북의 비탈진 곳을 정비하여 만여 경을 확보했다. 이로부터 회북 지역에는 도처에 식량 창고가 있게 되었고, 수양壽陽에서 경성까지 농관農官과 둔병이 연접하게 되었다.

5년 봄 정월, 사마의가 회남에서 경성으로 돌아오자 천자는 부절을 지닌 특사를 보내 군대를 위로했다.

상서 등양鄧颺, 이승李勝 등이 조상이 공을 세울 수 있도록 하기 위해 그에게 촉나라를 정벌할 것을 권했다. 사마의가 그를 말렸으나 듣지 않았고, 결국 조상은 공을 이루지 못하고 돌아왔다.

6년 가을 8월, 조상은 중루중견영中壘中堅營을 없애고 병사들을 그의 동생 중령군中領軍 조희曹羲에게 속하게 했다. 사마의는 이것이 선제의 옛날 제도를 바꾸는 것이라 여기고 그를 제지했으나 성공하지 못했다.

겨울 12월, 천자가 조서를 내려 사마의가 조회 시 가마를 타고 입궐하도록 했다.

7년 봄 정월, 오나라 군대가 조중柤中을 침범하자 내지의 이민족과 중원인夷夏 1만여 가가 적을 피해 북쪽으로 면수沔水를 건너왔다. 사마의는 면수 남쪽에 적들이 왔는데도 백성들을 돌아가게 하면 반드시 적들에게 화를 입을 것이라 생각하여 잠시 백성들을 머무르게 했다. 조상이 "지금은 면수 남쪽을 지킬 수 없으니 백성을 머무르게 하는 것은 장구한 계책은 아닙니다."라고 하자 사마의가 말했다.

"그렇지 않습니다. 무릇 사물은 안전한 곳에 두어야 안전하고 위험한 지역에 두면 위험합니다. 고로 병서에 이르길 '성패는 형形이고, 안위는 세勢다'라고 한 것입니다. 형과 세는 사람들을 이끄는 요체로 살펴 대하지 않으면 안 됩니다. 만약 적들이 2만의 병력으로 면수를 끊고 3만의 병력으로 면수 이남의 군대를 상대하며, 1만의 병력으로 조중柤中에서 횡행한다면 장차 어떤 방법으로 그들을 구할 수 있겠습니까?"

조상은 이 의견에 동의하지 않아 결국 백성들을 남쪽으로 돌려보냈다. 적군이 과연 조중柤中을 습격하여 점령하자 그 손실이 셀 수 없이 많았다.

8년 여름 4월, 부인 장씨張氏가 죽었다.

조상이 하안何晏, 등양, 정밀丁謐의 계책을 써 태후를 영령궁永寧宮

으로 옮기고 조정을 장악했다. 조상 형제가 금병禁兵을 장악하고 곳곳에 친당을 심어 여러 차례 제도를 바꾸었다. 사마의는 이를 막을 수 없었고, 이로부터 조상과 틈이 생기게 되었다.

5월, 사마의는 병을 핑계로 조정 대사에 참여하지 않았다. 당시 사람들이 노래를 지어 불렀다. "하, 등, 정이 경성을 어지럽힌다네."

9년 봄 3월, 황문黃門(내시) 장당張當이 사사로이 후궁의 재인才人 석영石英 등 열한 명을 빼돌려 조상에게 바치고 기인伎人으로 삼았다. 조상, 하안은 사마의의 병이 위중하다고 여기고 군주를 폐할 생각을 하기에 이르러, 장당과 밀모하여 황위를 찬탈할 날만 기다리고 있었다. 사마의 또한 이에 대해 비밀리에 준비하고 있었고, 조상의 무리들 또한 사마의를 의심하고 있었다. 마침 하남윤河南尹 이승이 형주로 가려 할 때 사마의를 문병했다. 사마의는 거짓으로 병이 위중한 듯이 가장했다. 여 시종 둘이 시중들게 하고 옷을 들다 땅에 떨어뜨리고 입을 가리키며 목마르다고 하고 시녀가 죽을 올리자 스스로 죽을 들고 먹지도 못하고 가슴에 흘리기까지 했다. 이승이 말했다.

"모두들 공께서 지난 병이 다시 발작했다고 하던데, 몸이 이런 줄은 미처 몰랐습니다."

사마의가 숨찬 듯이 미약한 목소리로 말했다.

"나이가 들어 병들어 누워 있으니 오늘 내일 죽을 듯하네. 그대가 병주幷州로 간다고 하는데, 병주는 호인들과 가까우니 잘 방비해야 할 것이네. 이제 더 이상 보지 못할 듯하니 아들 사마사, 사마소 형제를 자네에게 부탁하네."

이승이 말했다.

"제가 이곳本州에 와 직을 받아 가는 곳은 병주가 아닙니다."

사마의가 고의로 헷갈린 듯이 말했다.

"그대가 곧 병주에 간다고?"

이승이 다시 말했다.

"형주로 갑니다."

사마의가 말했다.

"나이가 이미 늙어 정신이 오락가락하니 자네 말이 무슨 말인지 모르겠네. 지금 본주로 돌아와 덕이 높고 늠름하니 공업을 잘 세우시게!"

이승이 돌아간 후 조상에게 보고했다.

"사마공은 시체나 다름없고 죽기까지 얼마 안 남았습니다. 몸과 정신이 이미 분리되었으니 걱정할 필요가 없습니다."

며칠 지나 또 말했다.

"태부가 더 이상 어떤 일도 할 수 없다니, 참으로 슬프구나!"

그리하여 조상 등은 더 이상 대비를 하지 않았다.

가평嘉平 원년 봄 정월 갑오, 천자가 고평릉高平陵에 제사를 지내로 가자 조상 형제들이 모두 따라갔다. 그날, 태백성太白星이 달빛을 가렸다. 사마의는 이에 영령태후에게 조상 형제를 파면할 것을 상주했다. 당시 경제景帝(사마사)는 중호군으로 병사를 이끌고 사마문司馬門에 주둔했다. 사마의는 궁궐 아래에서 대열을 정렬하고 조상의 문 앞을 지나갔다. 조상의 장하독帳下督 엄세嚴世가 성루에 올라 사마의에게 노를 발사하려 했는데, 손겸孫謙이 그를 저지하며 말했다.

"일이 어찌 될지 아직 알 수 없네."

세 번 화살을 매겼으나 세 번 다 저지당했다. 매번 그의 팔을 붙잡고 활을 쏠 수 없게 했다. 대사농 환범桓範이 성을 나가 조상에게 가자, 장제蔣濟가 사마의에게 말했다.

"지낭이 도망갔습니다."

사마의가 말했다.

"조상은 환범과 내심 소원하고 지모 또한 미치지 못하네. 어리석은 말은 마방의 콩만을 탐하니, 그는 분명 환범을 쓰지 않을 것이네."

이리하여 사도 고유高柔에게 부절을 주고 대장군의 직권을 행사하여 조상의 부대를 접수하도록 하며 고유에게 말했다.

"그대는 바로 주발周勃입니다."

태복太僕 왕관王觀에게 명하여 중령군을 맡게 하고 조희의 부대를 접수하게 했다. 사마의는 친히 태위 장제 등과 함께 병사들을 이끌고 천자를 맞으러 나가 낙수에 군대를 주둔시키고 다리를 띄우고 조서를 올렸다.

"선제께서 폐하와 진왕 그리고 저를 침상 앞에 불러 신의 손을 잡고 이르길 '심히 후사가 걱정된다'고 하셨습니다. 지금 대장군 조상이 선제의 고명顧命을 거스르고 나라의 규범을 어지럽히니, 안으로는 주제를 넘어 멋대로 행동하고 밖으로는 권력을 독점하고 제멋대로 날뛰고 있습니다. 각종 관직과 요직을 모두 그의 측근에게 맡겼고, 궁궐을 보위하는 숙위의 옛 사람들도 모두 내쫓아 버렸습니다. 그들은 서로 결탁하여 방자함이 날로 심해지고 있습니다. 또 황문 장당을 도감都監으로 삼아 멋대로 자기들끼리 내통하며 정권을 엿보고 있습니다. 천하가 시끄럽고 사람들이 두려움을 품고 있습니다. 폐하께서 도리어 자리를 의탁하고 있으니 어찌 오래도록 편안하게 다스릴 수 있겠습니까? 이는 선제께서 폐하와 저를 침상 앞으로 불러들인 본뜻은 아닙니다. 신은 비록 나이들로 몸이 약하지만 감히 선제의 유언을 잊지 않고 있습니다. 옛날 조고趙高가 멋대로 날뛰어 진나라가 망했고, 여치呂雉와 곽성군霍成君 두 황후를 일찍 잘라내어 한나라는 오래토록 지속될 수 있었습니다. 이는 바로 폐하가 거울로 삼아야 할 전대의 일이고, 지금은 신이 명을 받들어야 할 시기입니다. 공경 군신들은 모두 조상에게 군주를 무시하는 마음이 있으니 그 형제들이 병사를 거느리고 숙위하는 것은 마땅하지 않다고 여기고 있습니다. 황태후에게 상주하자 황태후는 상주한 대로 시행하도록 칙령을 내렸습니다. 신은 이에 곧바로 주관인과 황문에게 지시하여 조상, 조희, 조훈의 병권을 회수하고 이들의 원래 관후官侯에서 물러나 집으로 돌아가게 했습니다. 만약 천자를 억류한다면 군법에 따라 처리할 것입니다. 신이 곧바로 있는 힘을 다해 군대를 거느리고 낙수에 이르러 다리를 띄운 뜻은 비정상적인 상황을 살펴보고자 함입니다."

　　조상은 사마의의 상소를 통보하지 않고 천자를 억류하고 이수伊水 남쪽에 머물며 나무를 베어 울타리를 만들어 둔전병 수천을 징발하여 지키게 했다. 환범이 조상에게 천자를 허창으로 옮기고 격문을 보내 전국의 병마를 모을 것을 권했다. 조상이 이를 받아들이지 않고 밤에 시중 허윤許允, 상서 진태陳泰를 사마의에게 보내 동향을 관망하게 했다. 사마의는 수차례 그의 과실을 말하고 처벌은 관직에서 물러나는 것으로 끝내겠다고 했다. 진태가 돌아와 조상에게 보고하고 조서를 황제에게 통보할 것을 권했다. 사마의도 조상이 신임하는 전중교위殿中校尉 윤대목尹大目을 보내 낙수를 가리키며 맹세한다고 하자 조상은 이를 믿게 되었다. 환범 등이 고금의 사례를 들어 백방으로 말렸으나 끝내 듣지 않고 말했다.

"사마공은 나의 권력을 박탈하고자 하는 것뿐이다. 나는 관직을 버리고 후侯로써 집으로 돌아가는 것이니 부옹의 지위를 잃는 것은 아니다."

환범이 가슴을 치며 말했다.

"경에게 연루되었으니 내 집안은 멸족할 것이다!"

이리하여 사마의의 상소를 천자에게 통보했다. 이어 주관 관리가 환관 장당을 탄핵하고 조상과 하안 등의 반역음모를 들춰내어 조상 형제와 그 도당 하안, 정밀, 등양, 필궤畢軌, 이승, 환범을 모두 사형에 처했다. 장제가 "조진의 공훈이 있으니 제사를 지내지 못하게 하는 것은 안 됩니다."라고 했으나 사마의가 듣지 않았다.

당초 조상의 사마인 노지魯芝와 주부 양종楊綜이 성문을 지키는 병사를 죽이고 조상에게 달아났었다. 조상이 자신의 죄를 인정하려 할 때 노지와 양종은 울며 간했다.

"공께서는 이윤과 주공의 임무를 맡아 천자를 보살피며 하늘의 위엄에 기대고 있는데, 누가 감히 따르지 않겠습니까? 이를 버리고 형장으로 가시려 하지 어찌 마음 아프지 않으리오!"

관리가 노지와 양종을 붙잡아 죄를 물으려 하자 사마의는 그들을 사면하며 말했다.

"이로써 군주를 섬기는 일을 권장하려 한다."

2월 천자가 사마의를 승상으로 임명하고 영천潁川의 번창繁昌, 언릉鄢陵, 신급新汲, 부성父城을 봉읍으로 더해주었다. 이전에 받은 봉읍과 합쳐 여덟 개 현, 2만 호가 되었고, 상주할 때 이름을 대지 않도록 했다. 사마의는 단호하게 승상의 직을 사절했다.

겨울 12월, 구석九錫의 대우가 더해져 조회 시 절하지 않았으나 단호히 구석을 사양했다.

2년 봄 정월, 천자는 사마의에게 명하여 낙양에 종묘를 세우고, 좌우장사左右長史를 설치하여 관속과 사인을 모두 열 명으로 채우고, 매년 관속 중에서 어사御史와 수재秀才 각 한 명을 천거하고, 관기官騎 100인과 고취수鼓吹手를 40인으로 늘리고, 아들 사마융司馬肜을 평락정후平樂亭侯, 사마륜은 안락정후安樂亭侯로 삼았다. 사마의가 오랜 병으로 조정에 나가지 못하자 매번 대사가 있을 때마다 천자가 친히 집으로 와 자문을 구했다.

연주兗州 자사 영호우令狐愚와 태위 왕릉王凌이 사마의에 다른 마음을 품고 초왕 조표曹彪를 천자로 세울 음모를 꾸몄다.

3년 봄 정월, 왕릉이 오나라 사람이 도수涂水를 막았다고 거짓으로 보고하고는 군대를 보내 토벌할 것을 청했다. 사마의는 암중으로 그의 음모를 알아채고 응하지 않았다.

여름 4월, 사마의는 친히 중군中軍을 이끌고 배를 타고 물길을 따라 내려가 9일 만에 감성甘城에 이르렀다. 왕릉은 계책을 실현할 방법이 없자 무구武丘에 나와 영접하며 물가에 자신을 묶고 말했다.

"나 왕릉에게 죄가 있다면 공께서 서찰을 보내 나를 소환하면 될 터인데, 어찌 고생스럽게 친히 왔습니까!"

사마의가 말했다.

"그대는 서찰로 부를 만큼 믿을 수 있는 사람이 아니기 때문이네."

이윽고 왕릉을 경사로 압송했다. 가규賈逵의 묘를 지나면서 왕릉은 큰 소리로 말했다.

"가량도賈梁道야! 왕릉은 위나라의 충신이다. 그대에게 신명이 있다면 이를 알 것이다."

항項에 이르러 독약을 먹고 자살했다. 그 여당을 잡아 삼족을 멸하고 조표를 죽였다. 위나라의 왕공들을 모두 업鄴으로 불러들여 관리를 두어 감찰하고 마음대로 교류하지 못하도록 했다.

천자가 시중 위연韋誕에게 부절을 가지고 오지五池에서 군대를 위로했다. 사마의가 감성에서 돌아온 후 천자는 다시 대홍려大鴻臚, 태복太僕 유억庾嶷에게 명하여 부절을 들고 사마의를 상국相國에 임명하고 안평군공安平郡公으로 봉했다. 그리고 손자와 형의 아들 각 한 사람을 열후에 봉하니 봉읍이 5만 호에 이르렀고, 족 중에 후로 봉해진 사람은 열아홉 명이나 되었다. 사마의는 단호히 상국과 군공을 사양하고 받지 않았다.

6월, 사마의가 병들어 누웠다. 꿈속에서 가규와 왕릉이 해를 끼치자 매우 싫어했다. 가을 8월 무인戊寅, 경사에서 73세의 나이로 세상을 떠났다. 천자는 소복을 입고 친히 조문했고, 장례의 규모는 한나라 곽광霍光의 구례를 따랐고 상국과 군공을 추증했다. 동생 사마부가 표를 올려 사마의 생전의 뜻을 이야기하고 군공과 온량거轀輬車를 사절했다.

9월 경신庚申, 하음河陰에서 장사지내고 시호는 문文으로 했고 후에 다시 선문宣文으로 시호를 바꾸었다. 이 이전에 사마의는 미리 후사를 당부하길 수양산首陽山에 토장하고 봉분과 비석을 만들지 말라고 했다. 『고명顧命』 3편을 짓고, 당시의 복장으로 염하고 부장품을 준비하지 말라고 하고 뒤에 죽은 사람과 합장하지 말라고 했다. 모든 일을 그의 유언에 따랐다. 진晉나라가 처음 세워졌을 때 선왕宣王으로 추존되었다. 무제(사마염)가 선양을 받은 후 선황제宣皇帝로 높여 불려졌고, 능묘를 고원高原이라 하고 묘호를 고조高祖로 칭했다.

사마의는 안으로는 시기하면서도 겉으로는 관후한 척 했고 시기가 많고 권술에 뛰어났다. 위무제 조조가 사마의에게 웅대한 뜻이 있음을 알아챘고, 그가 낭고상狼顧相이라는 이야기를 듣고 이를 시험하고자 했다. 이에 그를 불러 앞으로 걸어가게 하고 그로 하여금 고개를 돌리게 하자 사마의의 얼굴은 뒤를 돌아보는데 몸은 움직이지 않았다. 조조는 또 일찍이 세 마리의 말이 한 구유에서 먹이를 먹는 꿈을 꾼 적이 있어 이를 아주 싫어했다. 그 때문에 태자 조비에게 말했다. "사마의는 다른 사람의 신하될 사람이 아니니 반드시 너의 집안일에 간여할 것이다." 태자가 항상 사마의와 잘 지내 매번 서로를 지켜주어 결국 화를 면할 수 있었다. 사마의는 이 때문에 관리로서 아주 근면하게 일을 했다. 밤에도 잠을 잊고 일을 했고 풀을 베고 방목하는 작은 일에 이르기까지 모두 친히 관여하고 이로 인해 위 무제는 비로소 마음을 놓았다. 공손문의의 반란을 평정할 때에는 대규모 살육을 저질렀다. 조상을 주벌할 때에는 그 도당의 삼족을 멸하고 남녀노소를 가리지 않고 이미 출가한 여자들까지 모두 죽였고, 얼마 안 있어 위나라 정권을 찬탈했다.

동진東晉 명제明帝 시 왕도王導가 곁에서 시좌했다. 명제가 전 세대에 천하를 얻을 일을 묻자 왕도는 사마의가 창업할 때와 문제(사마소) 말년 고귀향공高貴鄕公의 일을 이야기해 주었다. 명제가 얼굴을 침상에 가리며 말했다.

"만약 공의 말과 같다면 진나라의 천하가 어찌 오래갈 수 있겠는가!"

그의 시샘과 잔인함의 원인을 분석해 보면 대체로 낭고상의 특성에 부합한다.

제왈制曰*, "무릇 천지의 큼은 여림黎民을 본으로 하고 나라의 귀함은 임금을 우선으로 한다." 평화와 전란이 무상하고 흥망성쇠 또한 시운이 있다. 그래서 오제 이상은 만승의 나라에 거하는 것을 근심으로 여겼으나, 삼왕 이래에는 그 근심에 처하는 것을 즐거움으로 삼았다. 지력을 겨루고 이해를 다투면서 크고 작은 나라가 서로를 병탄하고 강국과 약소국이 서로를 침공했다. 위나라에 이르러 삼국이 정립하여 대치하니 창과 방패가 끊이지 않고 도처가 혼란했다. 사마의는 천부적인 자질로 시운에 순응하며 제왕을 보좌하여 문으로는 다스림을 계승하고 무로는 적을 제압할 수 있었다. 사람을 쓰는 일은 마치 자신을 쓰듯이 하고 현인을 등용하는 데 미치지 못할 것을 두려워했다. 감정을 깊이 감추어 헤아릴 수가 없었고 성격은 관후하여 능히 사람을 포용했다. 빛을 감추고 세속에 섞이고 시세에 순응하며 나아가서 물러났고, 날개를 감추고 때를 기다리며 수시로 풍운의 변화를 중시했다. 자신의 교활한 마음을 충성으로 분장하여 위급한 상황에서 평안을 구할 수 있었다. 웅대한 계략을 안으로 품고 영명한 계책을 밖으로 맺어 공손문의의 반란을 100일 만에 소멸시키고, 10여 일 만에 맹달을

---

* 「진서」를 편찬한 당 태종이 사마의에 대해 평한 말이다.

붙잡았다. 스스로 병사를 움직이는 것이 신과 같고 계책은 더 이상 비할 바가 없다고 여겼다. 이윽고 대군을 이끌고 서쪽을 토벌할 때 제갈량과 대치했다. 그 군대를 통제하며 본래는 싸울 뜻이 없었다. 하지만 제갈량이 여인의 옷을 보내자 비로소 분한 마음을 내보였다. 사자가 부절을 들고 문 앞에서 막아서자 잠시 굽히고 1,000리 밖에 싸움을 청한 것은 거짓으로 시위하고자 한 것이었다.

또한 진秦과 촉 사람들의 용맹함과 겁이 많음이 서로 필적하지 않고, 길의 평탄함과 험악함, 고생스러움과 편안함이 같지 않은데도 이로부터 공을 다투는 일에 있어 그의 유리한 점은 가히 알 수 있다. 그런데도 군영을 닫고 보루를 지키며 감히 싸우려하지 않았으니 살아 있을 때는 두려워 감히 나아가지 못하고 죽은 후에도 의심하여 거짓 꾸밈에 도리어 달아났으니 뛰어난 장수의 모략을 여기서는 잃어버렸던 것인가! 문제 시에는 조정을 보좌하는 중신으로 허창에서 과거 소하와 같은 중임을 받았고, 숭화전에서는 곽광을 넘어서는 신뢰를 얻었다. 만약 충성과 절의를 다했다면 이윤, 부열傳說과 이름을 나란히 했을 것이다. 명제가 임종할 때 국가 대사를 부탁받았고, 두 군주의 유조를 받들어 3대를 보좌했다. 기왕 죽음을 참아가면서 자식을 부탁하는 명을 받았으면서도 몸을 바쳐 보답함이 없었다. 천자가 궁 밖에 있을 때 안에서 갑병을 일으키고 능묘의 흙이 마르기도 전에 서로 주살했으니 올곧은 신하의 몸으로써 어찌 이와 같을 수 있단 말인가! 최선의 방책이었다고 해도 이에 대해서는 의혹이 풀리지 않는다. 무릇 정벌의 책략이 어찌 동쪽에서는 지혜롭고 서쪽에서는 어리석을 수 있단 말인가? 군주를 보좌하는 마음이 어찌 앞에서는 충성스럽고 뒤에서는 모반을 할 수 있단 말인가? 그래서 동진의 명제는 얼굴을 숨기고 들으며 거짓과 위선으로 성공한 것을 부끄럽게 여겼고, 석륵石勒은 간사하고 사악한 방법으로 제업의 기초를 닦은 것을 비웃었던 것이다. 옛 사람이 "3년의 선행을 쌓아도 아는 사람은 적지만, 하루라도 잘못된 일을 하면 천하가 다 알게 된다."고 했는데, 과연 그렇다고 할 수 있지 않은가! 비록 당시에는 허물을 숨길 수 있겠지만 종국에서 후세의 비웃음을 사게 되었다. 이는 또한 귀를 막고 방울 도둑질하며 사람들이 듣지 못할 것이라고 여기는 것과 같고, 금을 도적질할 단호한 마음을 갖고 있으면서도 시중에서 보는 사람이 없다고 여기는 것과 같은 것이다.

　그래서 이르길 눈앞에 있는 가까운 것을 탐하는 사람은 멀리 있는 것을 잃게 되고, 이익에 매몰된 사람은 이름을 상하게 된다고 한 것이다. 만약 자신이 손해를 보고 다른 사람에게 보탬이 되게 하지 않았다면 분명 다른 사람(자손)에게 화를 입히더라도 자신의 복만을 챙겼을 것이다. 순리에 따르면 항상 쉽게 일을 이루고 시운을 거스르면 항상 공을 이루기 어렵다. 하물며 진(서촉)의 기틀이 아직 이루어지지 않았음에도 국운이 남아 있는 위나라를 핍박하는 것임에랴! 비록 도를 행함이 사방에 미치고 은덕이 백성들에게 펼쳐졌다고 해도 하늘이 아직 열리지 않았을 때이고 보위가 가로막고 있어, 지혜로써 경쟁할 수 없고 힘으로 다툴 수가 없었던 것이다. 비록 복택이 후대에 유전되었다고 해도 자신은 줄곧 북면하고 칭신한 것이다.

사마의 연보

179년	출생.
201년	조조가 일을 맡기려 했으나 중풍을 앓고 있다는 구실로 사양함.
208년	조조가 강제로 문학연文學掾으로 임명함. 태자와 왕래하며 황문시랑黃門侍郎, 의랑議郎, 승상동조속丞相東曹屬, 승상주부丞相主簿 등을 역임.
215년	조조를 따라 장로를 토벌하는 원정에 참가함.
219년	조조가 태자중서자太子中庶子로 삼아 조비를 보좌하게 함. 곧이어 승상군사마丞相軍司馬로 옮김.
220년	조조가 죽자 장례에 관한 제반 일을 관리함. 조비가 위왕魏王으로 즉위하자 하진정후河津亭侯에 봉해지고 승상장사丞相長史가 됨. 이어 조비가 황제로 즉위해 상서尙書로 임명됨. 곧이어 독군督軍, 어사중승御使中丞이 되었고, 안국향후安國鄕侯로 봉해짐.
221년	독군 관직에서 면직되고 시중侍中, 상서우복야尙書右僕射로 승진함.
222년, 224년	조비가 두 차례에 걸쳐 오나라를 정벌하러 떠나면서

	허창을 지키게 하고 향향후向鄕侯로 봉함.
225년 2월	무군대장군撫軍大將軍, 가절假節로 임명되어 5,000명의 병사를 거느리며, 급사중給事中, 녹상서사錄尙書事의 직책이 더해짐.
226년 5월	조비가 죽고 조진, 진군, 조휴와 함께 고명대신으로 임명됨.
226년 8월	손권이 출병하여 위나라를 공격함. 이에 제갈근을 격퇴하고 오나라 장수 장패張霸와 1,000여 명의 수급을 벰.
226년 12월	표기장군驃騎將軍으로 승진.
227년 6월	완성宛城에 주둔하며 형주荊州와 예주豫州의 군사를 관리함.
228년 1월	맹달을 붙잡아 참수하고 포로 1만여 명을 붙잡음.
230년	대장군에 임명되고 대도독, 가황월假黃鉞이 되어 대사마 조진과 함께 촉나라를 침.
230년 8월	서성西城에서 면수沔水를 따라 올라와 단구丹口에 주둔했으나 비를 만나 군사를 돌림. 이후 표를 올려 상방上邦

	에 둔전을 둘 것을 제안함.
231년	옹주雍州와 양주凉州 두 주의 군사를 관리하며 제갈량의 북벌을 막고 촉나라와의 전쟁을 주관함.
233년 9월	흉노 수령이 반란을 일으키자 부장 호준胡遵을 파견하여 평정함.
234년 2월	제갈량이 10만 대군을 이끌고 야곡을 나와 위나라를 공격하자, 군사를 이끌고 위수를 건너 보루를 쌓고 대치함.
234년 5월	오나라 10만 군대가 세 갈래 길로 위나라를 공격, 촉군과 합동작전을 벌임.
234년 7월	위 명제가 친정하자 오나라 군대가 철수함.
234년 8월	제갈량과 100여 일을 대치함. 제갈량이 오장원 군중에서 병으로 사망하자 촉군이 철군함.
235년	태위太尉로 승진.
238년	우금牛金, 호준 등 보병과 기병 4만을 이끌고 공손연公孫淵의 양평襄平을 점령함.
239년 정월	조상曹爽과 함께 어린 군주 조방曹芳을 보좌하라는 유

	조를 받음. 시중侍中, 지절持節, 독군중외제군督軍中外諸軍, 녹상서사로 임명되어 조상과 더불어 공동으로 집정함.
241년 4월	손권이 위나라를 공격함.
241년 6월	증원군을 거느리고 오군을 물리침. 등예에게 회남과 회북에 둔전을 설치하도록 함.
241년 7월	식언食郾, 임영臨潁 두 지역의 식읍이 더해져 모두 네 개 현 1만 호의 식읍이 되었고, 자녀 열한 명 모두 열후列侯에 오름.
243년 9월	군대를 이끌고 오나라 정벌함.
247년 5월	병을 가장하여 정사에 나가지 않음.
249년 정월	조상과 그 도당 하안何晏, 정밀丁謐, 등양鄧颺, 이승李勝, 필궤畢軌, 환범桓范 등을 죽임.
251년 4월	군사를 이끌고 왕릉王凌을 토벌함.
251년 9월	향년 73세로 세상을 뜸.

자기 통제의 승부사
사마의

초판 1쇄 발행 2013년 10월 7일
초판 35쇄 발행 2025년 9월 3일

지은이 자오위핑
옮긴이 박찬철
펴낸이 최순영

출판2 본부장 박태근
지식교양 팀장 송두나

펴낸곳 ㈜위즈덤하우스 **출판등록** 2000년 5월 23일 제13-1071호
주소 서울특별시 마포구 양화로 19 합정오피스빌딩 17층
전화 02) 2179-5600 **홈페이지** www.wisdomhouse.co.kr

ISBN 978-89-6086-623-2 13320

- 이 책의 전부 또는 일부 내용을 재사용하려면 반드시 사전에 저작권자와
  ㈜위즈덤하우스의 동의를 받아야 합니다.
- 인쇄·제작 및 유통상의 파본 도서는 구입하신 서점에서 바꿔드립니다.
- 책값은 뒤표지에 있습니다.